重返64處心理學案發現場，揭露最陰暗的人性

那些
你不願承認的
邪惡

李麗——著

目錄

目錄

目錄

前言

大象是一種力大無窮的動物，但馬戲團裡的大象不表演的時候，卻能夠被一條麻繩乖乖拴在木樁上。為什麼這個龐然大物，會被區區一根麻繩控制住？

讓我們來分析一下：大象原本應該在草原上自由漫步，可就在牠小時候卻被人類捕獲，被賣給了馬戲團，並被粗粗的鐵鍊拴住。此時的小象絕對不服氣，因為牠天生嚮往自由，所以即使牠知道腳上的鐵鍊無法掙脫，牠還是會不斷掙扎想要逃走，而每一次掙扎，都會帶來巨大的疼痛，可是牠為了獲得自由，仍然堅持。就這樣，一天，兩天，三天……儘管厚厚的皮被磨破、鮮血流出，但牠還是不斷往前衝。一天一天過去，巨大的疼痛最終使牠放棄，牠深深記住了掙扎所帶來的所有痛苦。在之後的日子裡，為了獲得食物與生存，牠不再掙扎，而是學會各種表演。儘管牠後來體型大了幾倍、力量大了許多，卻被一根麻繩拴住了，因為此時牠根本無法意識到，區區一根麻繩根本拴不住牠。

我們也是如此，也在內心深處纏繞著無奈的無形繩索。當我們努力尋求改變，總感覺困難重重，而那些真正的障礙其實是來自我們的內心深處，而非源於外部。比如：小時候為了讓爸爸媽媽講故事給自己聽，卻遭到訓斥；所以當我們成年後，站在一些權威人士的面前，也會永遠低頭不語，不敢發出不同的聲音，因為兒時的心理暗示已經深深烙在腦海中。

在我們的人生成長當中，無論接觸什麼樣的人，身處什麼樣的環境，都

前言

會對我們的內心產生諸多微妙的影響。這些心理經驗慢慢隨著歲月不斷變化，而在遇到一定條件之時，就會迅速浮現。當然，它們有的對我們的健康和工作有益，有的則嚴重干擾了我們正常的生理週期，甚至危及個人或他人安危。

這就是我們每個人都需要懂一點心理常識的意義所在，書中所描寫的那些讓人難以置信的故事，也許在明天或者不遠的將來，就會在我們自己或者周邊人群中的某一位、或某一個群體中上演。因此在遺憾發生之前，多了解一些故事背後的真相，並及時控制危險，這對於我們的生活來講，意義非凡。

每個人都愛看故事，因為它能啟發思考，給我們以警示。本書所選擇的這些心理學故事，與我們的工作和生活休戚相關，它清晰地告訴你：這些奇特的心理問題或生活現象，究竟是如何發生的？是否能夠被有效預防？如何盡量避免類似問題，以及哪些原理或效應可以有效運用到日常當中？讓我們在邊閱讀心理學故事的同時，邊重新審視我們的生活本身，找到長期困惑自己內心的答案。它們會如雨後春筍般，悄悄鑽出我們溼漉漉的心房，敲開那些不經意間引發諸多思考的記憶之門。

法國文豪雨果曾說：「世界上最廣闊的是海洋，比海洋更廣闊的是天空，比天空更浩瀚的是人的心胸。」如果本書能幫助讀者掌握心理學的知識，並在工作、生活中加以應用，那麼，我將感到莫大的榮幸。

畢馬龍的象牙雕像

在古希臘賽普勒斯有一位年輕的王子，名叫畢馬龍，他很喜歡雕塑。有一天，他得到了一塊潔白無瑕的象牙，就想用它雕刻一個美麗的少女。從這天開始，王子躲在房間裡再也不出來，每天都認真的刻呀鑿呀的。終於，皇天不負苦心人，王子把這塊象牙變成了一座美麗的少女雕像。王子的雕刻非常成功，他的作品實在太像個真正的美麗公主了：身材婀娜多姿，眼睛充滿希望之光。王子愛不釋手，每天都以憐愛的目光深切的注視著象牙雕像，熱切的希望「她」有血有肉會說話，是個能跟他談心的真正的少女。

王子每天都在深切的體驗著痛苦的煎熬，因「她」只是一塊象牙而暗自神傷——他是那樣愛「她」，可是「她」卻只是塊象牙。王子到了結婚的年齡，卻遲遲不願結婚，依舊每天坐在「她」的對面，關注著「她」，呼喊著「她」，希望著「她」終有一天能變成真正的少女。終於，王子的愛情感動了天神，天神使這位象牙少女擁有了真正的生命，成為了真正的公主。這裡講的故事僅僅是個神話，但古人也許正是想透過這樣一個神話故事說明一個現象：熱切的期望會使被你期望的人實現你的預言。

在現實生活中，我們也經常能看到期望成真的奇蹟。那麼，這種神奇作用是如何發生的呢？心理學家經過研究認為，這是透過對對方的暗示作用實現的。美國心理學家羅森塔爾和雅可布森為了研究暗示的作用，做了一個非常有名的實驗。

他們在一所小學裡對一至六年級的十八個班的學生進行了一次煞有介事的「發展測驗」，等測驗結束後，他們給每個班級的教師發了一份學生名單，

並告知教師說，根據本次發展測驗的結果，這名單上列出的全班學生的百分之二十是班上最有優異發展可能的學生。

教師們看了看名單，發現有些學生的成績是很優異的，而有些學生則不然，甚至成績很差。兩個心理學家便解釋道，「請你們注意，我們講的是他們的發展，而非現在的情況」。教師們最終解除了疑惑。心理學家們反覆叮囑教師們不要將這個名單外傳，只准教師自己知道。

發展測驗結束八個月以後，心理學家們又來到了這所學校，對十八個班的學生的學業成績進行了追蹤檢測，結果發現他們先前提供給教師的名單上的那百分之二十的學生們的學業成績都有了顯著的進步，而且這些學生的情感健康，好奇心強，敢於在課堂上發言，學習努力，與教師和同學的關係也特別融洽。教師們連連點頭說，兩位心理學家的測驗可真準，有很多學生是他們原先根本想不到的，竟會有這麼大的發展潛力！

難道兩位心理學家真的能預測學生的發展潛力嗎？其實，心理學家只是想透過這個實驗研究證明教師對學生的期望所起的作用！事實上，各個班級的這百分之二十的所謂更有發展可能的學生，是心理學家們隨機抽取出來的，根本不是依據學生的知識水準與智力水準。但是，心理學家們透過「權威」的暗示，堅定了教師對這些學生發展的信心，也調動了教師對這些學生的感情，教師們「知道了」教室中坐著一些與眾不同的孩子，他們將來必定要成為棟梁之材。

於是，無論是在課堂上，還是在課堂外，教師對這些孩子都會充滿熱切的期望。教師的熱切期待會時時展現在他們的眼神、話語、動作之中，而這些學生也會時時感受到老師的熱切期望，並在不知不覺中接受老師的暗示，最終真的實現了老師的預言，像老師們想像的那樣去發展了。

這正如同畢馬龍王子對象牙雕像的期望，而使象牙雕像真的有了生命一樣，是熱切期望的神奇作用。因此，後來人們就把教師對學生的期望被學生

接受，繼而轉化為自我暗示，最終發生自我實現這樣一種現象，稱為「畢馬龍效應」或「羅森塔爾效應」。

心理學家還曾經做過這樣的實驗。實驗的主角是個長相一般的女大學生。心理學家請她周圍的同學配合，在以後的日子裡，說她長得很漂亮，很有氣質。結果，奇蹟出現了，三個月後醜小鴨真的變成了天鵝，女孩的眼睛充滿活力，嘴角掛著笑容，眉宇之間充滿著自信與快樂！是的，日常生活中，我們會發現有些女孩子被別人說她長得很美時，她便真的慢慢漂亮起來。當我們感受到他人的期望時，我們就會對自我進行肯定，覺得自己還不錯，為了使他人不失望就要做得更好！這就是成為大鵝的祕密，只一句話「別人認為我是漂亮的，是的，我很美」。

與此相反，對少年犯罪兒童的研究表明，許多孩子成為少年犯的原因之一，就在於不良期望的影響。他們因為在小時候偶爾犯過的錯誤而被貼上了「不良少年」的標籤，這種消極的期望引導著孩子們，使他們也越來越相信自己就是「不良少年」，最終走向犯罪的深淵。

在家庭教育中，有的家長發現孩子成績沒進步時，不是細心的找原因、想辦法，而是一味的埋怨孩子「笨」，這恰恰是孩子變「笨」的一個重要原因。

因此，在家庭教育中，家長不要一味的埋怨孩子，不要在孩子面前說有損自尊心的話。孩子的智力發展水準是不平衡的，家長要注意啟發，幫助孩子改進學習方法。要知道「期望效應」才是一種高智商的培養方法。

知識窗

暗示是指在無對抗條件下，用某種間接的方法對人們的心理和行為產生影響，從而使人們按照一定的方式去行為或接受一定的意見、思想。暗示的結果會使一個人發生改變，甚至是很巨大的改變。

夢境成真之謎

　　夢，是世界上最古老的心理現象之一。大約在四千年前，古埃及人已開始根據夢境的徵兆預言未來，在一本在莎草紙上寫就的《夢書》中，記載了諸如夢見鋸木頭代表敵人死亡，夢見牙齒脫落代表親人被殺害等的條文 ——如今這份珍貴的文獻收藏在大英博物館中。

　　《三國演義》中描寫蜀將魏延做了個「頭上生角」的夢，為他圓夢的趙直告訴他，唯蒼龍有角，這是變化飛騰之象；可是轉眼之間趙直又對費神說：「角」乃「用刀」二字，頭上用刀預示有異常的凶險。後來魏延果然不服諸葛孔明班師回朝的遺令，被孔明安排下的伏兵馬岱所殺。

　　《聖經‧舊約》中同樣有圓夢的故事：

　　有一天夜裡，埃及國王做了兩個夢。

　　第一個夢：他夢見自己站在河邊，從河裡冒出來七隻又美又肥又壯的母牛，牠們在河邊吃草；隨後，從河裡又上來七隻又醜又乾瘦的母牛，站在前七隻母牛旁邊。後上來的七隻乾瘦的母牛把前七隻肥壯的母牛吃掉了。

　　第二個夢：有一棵麥子上長了七個肥大飽滿的穗子，隨後又長出七個被東風吹得細弱乾瘪的穗子。後長出的七個穗子吞吃了先長出的七個穗子。

　　到了早晨，國王將夢講給約瑟聽。

　　約瑟對國王解夢說：「你做的兩個夢，實際上是一回事。七頭肥牛和七個肥穗是七年，預示著七個豐收年；那七頭瘦牛和七個弱穗也是七年，預示著七個飢荒年。就是說，埃及大地上必將有七個豐收年，隨後是七個飢荒年。七個飢荒年必將勝過七個豐收年。所以，國王必須早做準備。」

後來，約瑟的話得以應驗，七個豐收之年後果然是七個大災之年。

夢境成真的大多數都只是傳說或故事，但現實生活中仍有據說是真實發生了的。

西元一八八三年八月某日晚八點鐘，美國波士頓某報的專欄作家愛德華・薩姆森夢到火山爆發，無意中把夢境的慘狀寫於紙上並留在桌面。第二天被編輯看到並誤為採訪事實而刊登了出來，這件事令他十分不安。又怎知數日後竟成為了事實，附近的一次火山爆發居然導致數萬人死亡。

一九四七年，拳擊手休格・魯賓孫在一場中量級錦標比賽中打死了對手吉米・多伊爾。本來，他是不想參加這場比賽的，因為他曾經做了一個把對手活活打死的怪夢。但因人人都不相信，還譏笑說：「如果夢境也會成為事實，我早就是百萬富翁了。」他始終拒絕出賽，只因後來被神父遊說才上場的。

美國總統林肯，在他遇刺身亡前的十天，就曾經夢到白宮東廳有一大群人正在哀哭，還有很多士兵守衛。當他在夢中上前查問時，才知道是因為總統先生被人槍殺而死。第二天他把自己的夢境內容原原本本的叫他的親信記錄下來，結果於西元一八六五年四月十四日，林肯總統真的被人槍殺而死，其棺材屍體也是安放於白宮的東廳。

那麼，夢裡面到底有沒有超自然的東西呢？心理學家對此展開了研究。一九六二年，在幾個基金會的資助下，美國紐約一間叫做邁門尼德的睡夢實驗室中，做了大量有關精神感應的實驗。

所謂的精神感應，又叫做傳心術，是指兩個不同的人之間不透過感官，進行直接的思想傳遞。睡夢實驗的基本方式是，把一些人帶到一間有特殊隔音設備的屋子內睡覺，並且連上腦電波儀；同時在另一間相隔約一百公尺（後改為三百公尺）的房間裡安排一位傳送者；傳送者完全與其他人隔離，只能夠透過內部通訊系統與控制室內的研究人員聯繫。當被試睡著時，傳送者會

隨機從十二幅名畫的臨摹圖中挑出一張，整個晚上全神貫注的注視它，寫下自己的評論，並且努力把自己的想法「傳給」實驗室中的接收者。而控制室中的研究人員則負責監視腦電波儀，當儀器顯示接收者在做夢時，就把他叫醒，讓他描述自己的夢，同時透過錄音記錄下他們的描述。最後，關於夢境的描述被送給三個裁判員，他們負責對夢境內容與十二幅畫之間是否一致按一至十二的標準打分數，一分表示完全一致，十二則是完全無關。

實驗結果發現接收者的得分比完全撞運氣要好一些，而且有幾次挑選的圖畫與夢境的內容百分之百吻合。對於支持超心理現象的人來說，這個實驗結果是一個有利的證據，但是類似的實驗還太少，遠遠不足以做出肯定的結論。

姑且不論夢是否帶有預言性，關於夢的作用，心理學家也是眾說紛紜。有的提出夢主要起了捍衛睡眠的用途，它負責把外界的聲音整合入夢，從而使人不至於隨便驚醒；有的主張夢是把需要保留的記憶歸檔時至關重要的一個環節，當夢與記憶中的內容互相吻合，大腦就會強化記憶，否則夢境就會顯得十分怪異。另外，夢也可能是對你提出的一大警訊。連續不斷出現的噩夢有可能是疾病的徵兆。如果夢見呼吸困難，應該去查查是否有肺病；夢見一再被刺傷，也許是身體內部器官出現了病變。比如有一位中年男子連續夢見自己被人卡住頸子，以致幾乎透不過氣來而驚醒。喉科檢查發現，他的咽喉部長了一個很小的膿瘡，經過治療後，類似的噩夢也就消失了。

有時候，人在夢中能進行發明創造，白天苦思冥想解決不了的難題卻在夢裡得到了解決。有不少這樣的例子。

十九世紀英國著名的發明家豪威在設計縫紉機的時候，起初的許多實驗都失敗了，這使他非常苦惱。一天夜裡，他做了一個奇怪的夢，夢見國王向他發布了一道命令，如果在二十四小時內造不出縫紉機，就要用長矛將他處死。但是，豪威並沒有被處死，他看到長矛慢慢升起，又慢慢降下，

突然，他驚奇的看到所有的長矛在矛尖上都有一個眼睛般的小洞。豪威一陣激動醒了過來。他意識到對於他的縫紉機來說，針眼應該靠近針尖，而不是在針的中間或尾部。豪威立刻回到實驗室，找到形狀合適的針，在針尖上磨了一個洞，裝到機器上。就這樣，靠這個夢的啟發，世界上的第一臺縫紉機問世了。

　　當然，不要認為什麼事都不用做，只要躺著做夢就可以發明創造新事物，夢中的創造性不是偶然的，而是創造者辛勤努力的結晶，是對已經儲存的經驗的理解和綜合，是長時間一系列準備過程的必然結果。

　　對於夢境所呈現出的或喜或悲的一切故事，我們都應以科學、客觀的態度取看待它，還應努力完善我們的內心，踏實工作、用心生活，而不要因為一個夢而改變我們一生的做事計畫。

知識窗

精神分析學派的鼻祖佛洛伊德認為，人之所以做夢，是由於人的某些願望在意識清醒的時候受到壓抑，在意識放鬆警惕的睡眠中它們就改頭換面，以夢的形式粉墨登場。因此，也流傳這樣一種說法，如果你老是夢到相同的內容，一定是你的夢要告訴你一些你自己都沒有意識到的問題，比如健康隱患等。從這個意義上說，夢對人是有用的：夢本身就是一名優秀的「診斷師」。

史丹佛模擬監獄實驗

美國加州夏季的一個週日，一陣警笛聲打破了大學生湯米・懷特洛平靜的早晨。一輛警車在他家門口急促的戛然而止。幾分鐘內，湯米因為一種嚴重的罪名被捕，有人宣讀了憲法賦予他的權利，經過搜身，並被帶上了手銬。經過登記和留下指紋，湯米被蒙上眼睛，押送史丹佛監獄。在監獄裡，他被脫光衣服，噴灑了消毒劑，穿上工作服一樣的制服，制服前後都有一個表示身分的數字。湯米變成了六四七號囚犯。另外八名大學生也這樣被捕並被指定了不同的號碼。

湯米和他同牢房的室友都是志願者，他們看到報紙廣告後應徵而來，同意參加研究，體驗一段為期兩週的監獄生活。透過隨機擲硬幣的方式，有些志願者被分配擔當囚犯的角色，其他人則成為看守。所有人選都經過了很多心理測驗、面試，是從大量的學生志願者當中挑選出來的，他們被確認為遵紀守法、情緒穩定、身體健康的普普通通的平常人。囚犯整天待在監獄裡，看守則八小時輪值上班。

這些學生一旦接受了隨機分配給他們的角色之後會發生什麼情況？處於看守角色時，原本溫文爾雅的大學生變得盛氣凌人 —— 有時殘酷成性。看守們強調囚犯必須無條件遵守所有規則。做不到這一點。就會失去某種基本權利。

一開始的時候，基本權利包括讀書、寫作或與其他牢友交談的機會。後來。最輕微的抵抗也會導致失去諸如吃飯、睡覺或盥洗這樣的「基本權利」。違背規則還會受罰做一些卑鄙、機械的工作，如直接用手清洗廁所，做伏地

挺身時看守踩著囚犯的後背，關幾個小時的禁閉。看守們總是構思一些新的花招讓囚犯們感到自己卑微無力。

作為囚犯，原本心理穩定的大學生很快就行為怪異，意外的命運讓他們無奈的要求退出。這幫人被捕不到三十六小時，囚犯的一次反抗活動流產，作為其中的一個小頭目，八四一二號囚犯早晨醒來開始痛哭失聲。他變得有些情緒激動、思維混亂，而且嚴重憂鬱。第二天，又有三名囚犯出現類似的症狀。還有一名囚犯，當假釋委員會拒絕他的假釋請求之後，他全身都起了皮膚疹。

其中五名有偏激反應的囚犯被提前釋放，心理學家在第六天就被迫結束了計劃兩週的實驗。參與該實驗的志願者事後都表示這段經歷很有價值，使他們對自己、對人性都有了更深刻的認識。他們從這個高度緊張的狀態中逐步恢復過來後，經過多年的追蹤研究，並沒有什麼副作用。正因為有這些志願者的貢獻，心理學家才發現模擬情境可以創造社會現實。角色創造了在監獄情境中行之有效的地位和權利的差別。

沒有人告訴他們如何扮演角色，也沒有參觀過真實監獄，但他們學會了某些東西，知道有權有勢和無權無勢者之間應該如何互動。角色和規則會帶來令人吃驚的力量。

殺人、搶劫、虐待……這些充斥於報紙、電視的類似新聞總是不免引人深思，到底是人性固有的殘暴還是後天的環境造就了這些悲劇？心理學家試圖用科學的方法來揭示這個問題的答案。以上故事，就是津巴多教授的一個嘗試。津巴多的研究發現，實驗的結果可以用「角色效應」和「環境壓力」兩個因素進行解釋。

首先，社會生活中的每一個人都在不斷探尋和確認自己的社會角色，並按照角色的標準來要求自己。在我們的社會中，保全、貴婦就是一些已經有明確定義的角色，無論是誰，處在角色的位置上，要麼完全融入這個角色，

要麼就會被人指責不像是這個角色。

其次，社會環境會影響一個人的行為。天性善良的人們在承擔具有暴力性的工作，且處於混亂的、高壓力的環境中一樣，人格都會發生扭曲。

人的角色的形成首先是建立在社會和他人對角色的期待上的。角色效應的產生要經歷三個過程：

1 社會和他人對角色的期待。

就教育情況而言，普遍存在著對孩子社會角色期望的偏差，比如「好學生」在不少家長教師心目中就是「功課好」，「功課好」就是分數高。由此引發出教育指導思想的失誤，造成教育重智育，輕德、體、美和勞動教育的傾向，降低了教育品質。

2 對自己扮演的社會角色的認知。

在現實生活中，教師往往忽視了孩子角色概念的認識的偏差，一些孩子常以「我爸是經理」、「我爺爺是立委」而自負，把自己與長輩的角色等同起來，顛倒了角色概念的關係，致使這類孩子養成了狂妄自大、目中無人的畸形心態。尤其是現在孩子在家庭裡嬌生慣養，是百分之百的受到寵愛，而到了一個班級後，往往無法享受到那種至尊的榮耀，於是心理上發生偏差，認為老師不重視。

3 在角色期望和角色認知的基礎上，透過具體的角色規範，實現角色期待和角色行為。

日本心理學家長島真夫等人，研究了班級指導對「角色」加工的意義。他們在小學五年級的一個班上進行了實驗。這個班有四十七名學生，他們挑選了在班級中地位較低的八名學生，任命他們為股長，在他們完成工作任務

的過程中給予適當的指導；一個學期過後進行測定，發現他們在班級中的地位有顯著的變化，第二學期選股長時，這八名學生中有六名又被選為股長。另外，也觀察到這六名新股長在性格方面，諸如自尊心、安定感、明朗性、活動能力、協調性、責任心等特徵都有所變化。從全班的統計來看，原來不積極參加班級活動的孤獨、孤僻兒童的比例也大大下降了，整個班級的風氣也有所改變。

學生的性格形成在基本上是受「角色」影響的。那麼，怎樣來發揮角色的良好效應呢？

第一，教師可以運用夥伴選擇法（即社會測量法），描成人際關係圖和人際矩形圖，從中可以看出每個學生在班級中所處的地位。如哪些是「有人緣」，哪些是「沒人緣」，哪些是中間型的。然後採取措施，用充當角色的方式促使「沒人緣」發生變化，如讓「沒人緣」充當圖書管理員或其他一些必定要與同學們發生交際的角色。

第二，股長等角色最好也能讓每一個同學都有機會擔任。

心理學家羅傑說過：「一旦真誠，對個人的尊重，理解學生的內心世界等態度出現時，激動人心的事情就發生了。所得的報償不僅僅在像分數和閱讀成績一類事情方面，而且也在較難捉摸的特質上，諸如更強的自信心，與日俱增的創造性，對他人更大的喜愛。」這位心理學家十分明確的指出了心理位置互換這種教育藝術所產生的「整體效應」。在教育教學過程中，如果教師缺乏心理位置互換，教學效果將會適得其反。「感人心者，莫先乎情」，因此，教師應站在學生的位置上設身處地去體驗、理解學生的各種感受，而且注意把自己真摯的愛傳遞給學生，使學生在心靈上產生感召力、推動力。教師的教育教學行為要充滿著愛，教師用心靈了解學生，對學生施以誠摯的愛。讓學生了解到教師期望自己有怎樣的行為，促使學生形成與之相對的行為，從而使學生一步一個臺階的全面發展。

最後，還要真誠勸告一下所有的家長和教師，使用帶有攻擊性的語言和行為都只會潛移默化的強化你的孩子對攻擊和暴力是最好的處事之道的認識，而這點將使孩子內心烙下深深的痛苦。

知識窗

學生的性格形成在基本上是受「角色」影響的。發揮角色的良好效應有助於孩子的健康成長。在教育實踐中，教師要不斷創設情境，讓學生能經常設身處地的站在他人的角度來思考問題，比如：有的班導嘗試將班級幹部等角色讓每一個同學都有機會充當，讓學生當小班導，在實踐中體驗管理班級事務，學習管理班級的方法，學會與同學友善相處，學會幫助同學等，讓學生在工作中學習負責任，學習為他人服務，在這樣的道德實踐中，體悟、理解別人，要比許多空洞的說教更有效。

讓人迷糊的「鬼打牆」

　　下面講述的這則故事，是很典型的一個關於「鬼打牆」的故事。

　　有一年秋天公司同事結婚，需要在家待客要我提前去幫忙。從我家到他家要經過一座浮橋。忙碌一天謝絕同事家人極力挽留執意騎自行車回家，當時大約是晚上九點多天已經暗了下來，下河堤過浮橋再上河堤有十分鐘就能到家。過浮橋後要上河堤時奇怪的事情發生了，幾乎是天天走卻找不到了上河堤的路，看著是路，推著自行車往前走卻進了一片墳地，調轉車頭退回浮橋，順著路上河堤卻又走到了墳地，再退回河堤，又推車上河堤卻神鬼差使進了墳地，此時，我心裡已經開始發慌，感覺頭髮梋立了起來，渾身冒冷汗，又急忙推著自行車重新返回浮橋，環顧左右前後一個人也沒有，心裡更加沒底。當時也想繞路回家（要多走五公里）又恐再有什麼不測，無奈，站在浮橋上連著抽了三根菸，心想再走一次，不行就住同事家。騎上自行車往前走，奇蹟發生了，還是按照原路，一下上了河堤，看到了寬闊的馬路和路燈，飛奔往家趕，到家後沒有給家人說什麼倒床便睡。

　　第二天，越想這事越覺蹊蹺，為了一探究竟，又騎自行車到浮橋邊，看到據浮橋東北大約三百公尺（河堤下面）確實是有一片墳，不過是麥田並沒有路可走。

　　帶著疑問又回到家，過了很長時間跟別人講起這件事，其他人說，是遇到了「鬼打牆」，那個地方本來就很「詭異」，據說以前是刑場。

　　經歷了「鬼打牆」，很長一段時間我不敢再從浮橋走了。

　　所謂鬼打牆大家都知道，就是在夜晚或郊外，會在一個圈子裡走不出

去。這種現象首先是真實存在的。有很多人經歷過。

那麼這種現象是怎麼造成的呢，其實生物學已經有了明確的答案。

首先做一個實驗。把一隻野鴨的眼睛蒙上，再把牠扔向天空，牠就開始飛，但如果是開闊的天空，你會發現，牠肯定是飛出的一個圓圈。

你不信，可以自己再試一下，把自己的眼睛蒙住，在學校的操場上，憑自己的感覺走直線，最後你發現你走的也是一個大大的圓圈。

一言概括，生物運動的本質是圓周運動。如果沒有目標，任何生物的本能運動都是圓周。

為什麼呢？因為生物的身體結構有細微的差別，比如鳥的翅膀，兩個翅膀的力量和肌肉發達程度有細微的差別。人的兩條腿的長短和力量也有差別，這樣邁出的步的距離會有差別，比如左腿邁的腳步距離長，右腿邁的距離短，累積走下來，肯定是一個大大的圓圈，其他生物也是這個道理。

但是為什麼生物能保持直線運動呢，比如人為什麼走出的是直線呢。因為我們用眼睛在不斷的修正方向，也就是我們大腦在做定位和修正。不斷的修正我們的差距，所以就走成了直線。

好了，說到鬼打牆了，這個時候肯定是你失去了方向感，也就是說，你迷路了。你的眼睛和大腦的修正功能不存在了，或者是給你的修正訊號是假的是混亂的，你感覺你在按照直線走，其實是在按照本能走，走出來必然是圓圈。

鬼打牆本身具有一定的神祕性，從前科學技術不發達，無法理直氣壯的給它一個合理的解釋，而人們對於未知的事物總是懷著敬畏或者說是恐懼的心理，所以才覺得它可怕。時至今日，它身上的神祕元素仍然存在，那就是，鬼打牆發生的時候，大多情況下都是：時間 —— 黑夜，地點 —— 空曠野外、墳場、荒郊草地；人物 —— 隻身一人或兩人。越著急，越走不出這個迷局，最後精疲力竭，精神惶恐。

為什麼總是在荒郊野外、墳場、犄角旮旯會遇到鬼打牆呢？這好像更神祕了。其實這是因為這些地方的標誌物，容易讓你混淆，因為人認清方向主要靠地面的標誌物，當這些標誌物有時候會造成假象，也就是給你錯誤的資訊，這樣，你覺得自己仍有方向感，其實也已經迷路了，當人迷路的時候，如果不停下來繼續走，那麼一定是本能運動，走出來是一個圓圈。所以，萬事其實都是有其內在道理的。

　　古代的風水術士，其實早就掌握了這個簡單的科學祕密，他們在建造帝王的陵墓的時候，會運用這個規律，人為的布置一些地面標誌物，讓人很容易在此迷路，感覺遇到了鬼打牆。金庸小說裡有個傳奇人物便精於此道，那就是桃花島上黃藥師。他能用些開滿美麗桃花的桃樹和石頭，擺成奇門陣，人一走進去就很難轉出來，其實也是這個道理。

　　如果蒙上你的雙眼試圖走直線，是做不到的，總要或左或右偏向一邊，如果繼續走下去，你走的路線將是一條圓弧線。「鬼打牆」就是這個原理。

　　平時我們走路，兩條腿是聽大腦調遣的，大腦根據眼睛得到的資訊自動對方向進行校正，所以人想往哪裡走就往哪裡走。但是，如果眼睛得不到外界的資訊，大腦就無法有效的控制行走的方向。因為人的兩條腿跨出的腳步長短有微小的差別，由此形成步差，而兩隻腳之間又有十多公分的距離，步差就導致了行走方向的偏轉，任由這樣走下去，兩隻腳行走的線路就是兩個同心圓弧，人就會轉圈子。因此在漆黑或大霧籠罩的荒野行走，眼睛接收不到周圍的景物參照資訊，大腦無法調整步差帶來的影響，就可能發生「鬼打牆」的現象，其實就是迷路。

　　一旦碰到鬼打牆情況，解決的方法是：走出一段距離後，要向右調整角度，轉幾度就行，這樣才能保證直線前進，不至於原地轉圈。

讓人迷糊的「鬼打牆」

知識窗

鬼打牆，是因為人的左腿本來就比右腿短，當人在黑夜的山中走時，一不熟，二沒有一定的目標，此時夜晚環境就會給人帶來恐懼感，當人恐懼的時候方向感就會降低，也會加快腳步，在這種情況下兩隻腿的長短就會發生不受正常思想是的控制，就圍著原地打圈。

嗜酒如命是為了什麼

美國總統布希二〇〇八年一月二十九日難得主動談起了自己曾經的酗酒行為，並稱是信仰幫助自己成功戒酒。布希在講話中還用到了「癮」字。美國民眾認為，這可能是布希最坦誠的一次講話。

「癮是很難戒的。你們可能還記得，我曾經很愛喝酒，」布希在參加一項幫助出獄者重新立足社會的活動時說。

布希親自接見了兩名剛剛戒毒的出獄者，他說：「我了解上癮這回事，戒毒癮和戒酒癮有共通之處。」

他介紹自己戒酒的經驗說：「首先要意識到上帝的存在，就是這種信仰幫我戒了酒。」

一九八六年，布希在過完四十歲生日後就決定戒酒。生日當天，他喝得酩酊大醉。他後來總是說，是對上帝的信仰和充足的運動讓他堅定了戒酒的決心。現在，他只喝啤酒。

但是，當布希在二〇〇〇年首次競選總統時，他總是在這個話題上支支吾吾，答非所問。他從來沒在公開場合講過，自己是否曾經酗酒。酗酒的話題很少出現在布希口中，就算說到了，也經常用開玩笑的口吻，或者乾脆輕描淡寫，一筆帶過。就好像二〇〇〇年十一月，他承認自己曾在一九七六年酒後違規開車那樣，布希總是說自己年輕時「偶爾喝多了」。

但近來，可能是因為他不再有競選的顧慮，也可能是覺得說實話有正面的作用，布希講話越來越坦誠。二〇〇六年十二月，布希和一群戒酒的年輕人分享經驗時就說過，「你們的總統曾經做出了和你們一樣的決定 —— 戒

酒。酒癮可能會糟蹋你的愛情，因為你愛上了酒。」

二〇〇八年二月，全球知名前「披頭四」樂隊成員保羅·麥卡特尼與前妻希瑟·米爾斯雙雙出庭聆聽他們的離婚判決，那麼，到底是什麼導致這對老夫少妻在已經有了一個共同的女兒之後仍然堅持要分手呢？更何況此前兩人為了財產分配的事情還吵得不可開交，可謂已經撕破臉皮。英國媒體透露，主要的一個原因就是米爾斯要求麥卡特尼出於他的健康考慮戒酒，而後者卻是酗酒成性，根本對她的話置若罔聞，這最終成了導致他們無法共同生活的導火線。

麥卡特尼從年輕的時候起就喜歡飲酒，而且酒量很大，為此他還罹患了心臟疾病，米爾斯一直勸麥卡特尼不再碰酒，可他就是不聽，直到診斷發現他的心臟病更嚴重了，兩人還為此發生了很大的矛盾。米爾斯曾為了勸服麥卡特尼去接受戒酒治療甚至連自己的腿部手術都延宕了，但結果兩人卻是不歡而散。

相關人士指出：「醫生告訴麥卡特尼他必須做到滴酒不沾才行，但他卻無法做到這一點，這讓米爾斯很生氣。米爾斯其實很愛麥卡特尼，甚至把他的健康看得比自己的身體還重要，但他卻是喜歡自毀身體，見到酒就沒命。」

細心的人會發現飲酒有民族差異，比如有些人喜歡喝白酒，而在西方則差不多都喝果酒。提到俄羅斯，我們則會想起以前俄羅斯文學作品描述的情況 —— 酒鬼在酒後總是打罵自己的妻子和兒女。

美國心理學家傑林曾經從傳統的角度闡述自己關於酒精中毒的觀點。他認為，酒精中毒是性格缺陷或者對環境順應不良的結果。潛在酒精中毒者，其焦慮和緊張情緒要比其他大多數人都嚴重，遇到挫折時，很難振作起來。這種人一旦接觸到酒，會發現原來酒是如此奇妙的、使人愜意的源泉，於是染上酒癮。染上酒癮通常要經歷幾個階段，在起初一兩年的第一階段（又叫前酒精中毒者階段），剛剛嘗到甜頭的飲酒者，灑量越來越大，慢慢發展到幾

乎每日飲酒才能生活的地步。

接下來就是前兆症狀階段，這時他們會出現若干性質嚴重的特徵偷著飲酒、內疚感和陣眩。幾年後，起決定性的關鍵時期開始了。這時飲酒者已經深深上癮，幾乎完全不能自制，其間也許會因為一些事情內疚而停止飲酒；但他們的意志力很薄弱，即使臨死的老父懇請他們戒酒，他們仍會在父親逝世後不久重拾酒杯。最後階段被稱為慢性階段，在這個階段，酒精完全主宰了他們的生活，這時，相對少量的酒也足以使他大醉，甚至不省人事。他們的酒量已經不能和正常人相比。

慢性酒精中毒常會造成十足的妄想狀態，讓酗酒者認為親人不再忠誠於他了，並由這種虛假的想法而產生極端的嫉妒。這往往導致對受猜疑對象或自身的攻擊和敵視，甚至可能造成殺人或自殺的後果，有很多案件都是酒徒在大醉時做出來的。酒精中毒還伴有很多生理症狀，如食慾喪失、虛弱、腹部疼痛、高燒、大量出汗，並伴有不安和易怒，甚至有很多人猝死。

澳洲昆士蘭大學教授羅斯瑪麗和同事，在對酗酒者和正常人的對比研究中發現，酗酒者腦扁桃腺區內七百多種基因的表達不同於正常人，其中三分之二基因的表達水準低於常人。這可能導致人體神經細胞退化並加速酒精在人腦中的代謝，使人體生理時鐘紊亂，令嗜酒者更加沉湎於「杯中物」。

那麼，怎樣幫助這些酒癮極大的人戒酒呢？

生理戒斷酒精中毒只是戒毒的前奏。心理學家認為，酒精中毒是一種症狀，應把幫助嗜酒者的重心放在使他們的人格得到整合的任務上，幫助他們重新樹立生活和工作的信心。但這種做法對於嗜酒者來說實在是太難了，因為他們一般都聽不進親屬和心理學家的建議。另外，嗜酒者往往不願主動接受這種重建人格的幫助，他們認為自己沒有人格障礙。

為了幫助嗜酒者重建幸福。美國於一九三五年成立了飲酒者互誠協會，這是第一個全國性的（後來發展成世界性的）旨在幫助嗜酒者的組織。飲酒

者互誠協會每週聚會數次，透過說服、宗教誓約、友誼和一些心理治療等方法，協助飲酒者戒酒。飲酒者互誠協會採取的最重要的一條措施是，模仿了給自殺者在自殺之前提供電話熱線的方法，即讓酗酒者在戒酒的決心動搖時打電話給其他會員。

　　對輕度中毒者，首先要制止他再繼續飲酒；其次可找些梨子、西瓜之類的水果給他解酒；也可以用刺激咽喉的辦法（如用手指等）引起嘔吐反射，將酒等胃內容物盡快嘔吐出來（對於已出現昏睡的患者不適宜用此方法），然後要安排他臥床休息，注意保暖，注意避免嘔吐物阻塞呼吸道；觀察呼吸和脈搏的情況，如無特別，一覺醒來即可自行康復。如臥床休息後，還有脈搏加快、呼吸減慢、皮膚溼冷、煩躁的現象，則應馬上送醫院救治。

　　嚴重的急性酒精中毒，會出現煩躁、昏睡、脫水、抽搐、休克、呼吸微弱等症狀，應該快速送往醫院進行急救。

知識窗

我們通常所說的酗酒，在心理學的術語上被稱為「酒精中毒」。

美國內科醫生學會提交的論文傾向於強調過量飲酒的生理作用，認為酒精中毒是一種以軀體對酒精產生依賴為特徵的、伴有肝和腦損害的慢性病。飲酒者互誠協會以及其他各種精神病學者協會和社會組織也提出酒精中毒的定義，其意蘊較寬，較為強調心理和社會因素。他們相信，如果面臨家庭解體或丟掉工作的後果仍不能節制飲酒，不能停止或減少酒精消費，那就是酒精中毒。

被魔鬼支配的大腦

　　在心理諮商室裡，湯姆在醫生面前坐好之後，非常苦惱的對諮詢師說道：「我叫湯姆，今年二十三歲，近來我發現自己的頭腦中總是產生一種古怪的想法。每次走到樓上就想從上面跳下去。」

　　「剛開始，我並沒有在意，可後來呢？這種想法一直惡化，竟然發展到開車出去，走在橋上以及其他高出地面的建築物上都有跳下去的衝動。」

　　「我有時候站在地面上往上看的時候，一想到如果自己真的從上面跳下來了，生命真的就這樣結束了，那時候我真的好怕。」

　　「我還很年輕，當然不甘心就此結束生命。正因如此，我才不得不時時強迫自己放棄這種念頭，可是，隨著時間的推移，這種欲望卻越來越強烈，越來越難以控制了。」

　　「有一次，我搭公車經過一條繁華大街時，實在控制不住自己，就從車窗跳下去了，後來那一剎那自己在想什麼，什麼感覺等等竟然全都不記得了。」

　　「那件事情沒過幾天，有個週末，我去郊遊，我覺得這樣也許會好一些。不過，我特意挑選了那些人比較多的地方，以防發生什麼不測。」

　　「然而，就在那天中午，我經過一個交流道的時候，腦海中卻又閃過跳下去的念頭，在我還沒有來得及控制心神的時候，人已經不聽大腦指揮，糊塗的跳了下去。我跳下的那段交流道的橋身距離地面不算太高，但我依舊慌亂的整理身上的塵土，內心充滿了對死亡的恐懼。我的不可思議的舉動，讓很多好心人以為我是企圖自殺的傢伙，並報了警。後來我的主管和同事們開車

29

來接我回去。」

「第二天，全公司的人都知道出了個瘋子，主管則認為我可能是失戀了，想不開才跳橋自殺。其實，只有我自己心裡清楚，我的腦子裡有錯亂的地方，所以才做出這樣丟人的事來。」

「我的這些反常，使得女友跟我分手了，由於注意力不集中，前不久我被公司解雇了。」

湯姆患的是強迫性精神官能症，簡稱「強迫症」，即使事後將這種境遇說給旁觀者聽，給旁觀者的第一感覺就是魔鬼在支配著這個人的大腦。我們再來看看下面兩個例子。

美國電影《神鬼玩家》，描繪了民用航空業的先驅者霍華德．休斯被強迫症困擾的一生。休斯創造了人類飛行史上的多項記錄，在美國的電影業、飛機製造業、航空航太業，都是舉足輕重的人物，但是，他卻無法控制自己的越來越嚴重的強迫症。

晚年的休斯，由於恐懼細菌，把自己和外界完全隔離開來，甚至不敢穿衣服，最後，在孤獨中悲慘的死去。

英格蘭著名球星貝克漢日前接受《星期日鏡報》採訪時，自曝患有強迫症，坦承自己經常重複一些行為，如反覆將家裡的東西整齊的排放好，反覆做清潔，追求完美等等，他的老婆維多利亞也感到受不了，說他是個怪人。

強迫症也叫強迫性精神官能症，是指患者有某些重複的、不合理的、無意義的觀念、意向或行為，患者能意識到這是不正常的，甚至是病態的，非常想擺脫它們，但卻無能為力，並為此十分苦惱。

另外，強迫症如果細分的話，還分為強迫觀念和強迫行為。強迫觀念主要有強迫回憶（對做過的事反覆進行回憶、分析、總結）、強迫疑慮（對自己的行為產生不必要的疑慮，如常懷疑門沒鎖、信上的地址寫錯、上課時想小便怎麼辦）、強迫性窮思竭慮（一段時間裡總是想一件事情，無法使自己

的腦子停下來）、對立觀念（有了一個觀念，馬上會出現與之對立的另一個觀念）。強迫性意向是個體感到內心有某種強烈的衝動要做某件事情，如某女生感到自己一發現別人發音錯誤就有立刻告訴人家的衝動。強迫恐懼，是個體害怕喪失自我控制能力，害怕會做出違反習俗甚至傷天害理的事。如某女生看見別人的好東西就怕自己控制不住去搶，為此她焦慮、緊張，走路時不敢看人。

強迫行為是強迫觀念的外在表現，如不停的洗手、計數與反覆核查。強迫行為可以分為屈從性強迫動作（動作與強迫觀念在內容上是一致的，如汙染的觀念導致反覆洗滌；擔心上課要小便的觀念導致課間一定去小便）與對抗性動作（動作是為了控制強迫觀念，如為了對抗淫穢內容的強迫觀念，患者反覆背誦道德箴言）。其中反覆洗手者占病人總數的一半，反覆檢查者占四分之一，沒有強迫行為的占四分之一。

有權威資料表明，第一次出現強迫症狀的年齡平均為二十歲。所以，強迫症是精神官能症的基本類別之一。

正常的人是否也會出現強迫現象呢？大多數的正常人也曾出現過強迫觀念，例如：不自主的反覆思考某一問題，或念某兩句話，或唱一兩句歌，反覆如此，但不影響正常心理活動和行為，所以不能看作是強迫症。只要強迫觀念和強迫行為干擾了患者本人的正常心理活動，並且影響他的能力和行為，影響到人際關係或家庭的幸福，那麼便可確認他患上了強迫症。

強迫症一般是由某些強烈的精神因素作為起病誘因。那些性格主觀、任性、急躁、好勝、自制能力差的人容易得強迫症，少數強迫症的當事人具有精神薄弱性格，自幼膽小怕事、怕犯錯誤、對自己的能力缺乏信心，遇事十分謹慎，反覆思量，事後不斷嘀咕並多次檢查，總希望達到盡善盡美。在眾人面前十分拘謹，容易發窘，對自己過度克制，要求嚴格，生活習慣較為呆板，墨守成規，興趣和愛好不多，對現實生活中的具體事物注意不夠，但對

可能發生的事情特別關注，甚至早就為之擔憂，工作認真負責，但主動性往往不足。

強迫症與人的強迫人格密切相關，所以，要想擺脫強迫症，就要重塑自己的人格。這要從以下幾方面入手：

1 樹立必勝信心，盡力克服心理上的誘因，以消除不良情緒。

必勝的信心是相信自己的欲望或預想一定能夠實現的心態。它建立在顯示的基礎上，是足夠的準備、高超的見識、卓越的能力的展現。這種由知識、見識和能力所形成的信心，能夠清楚的預知事情的必然發展趨勢，並將你引向成功之路。

2 用堅強的意志力去克服不符合常理的行為和思維。

意志力就是人在為達到既定目標的活動中，自發行動，堅持不懈，克服困難所表現出的心理素養。一種人 GREE 的增強只有透過與這種人 GREE 相關的行為來增強。對於每一個要克服的障礙，都離不開意志力；面對著所執行的甚至一個艱難的決定，我們所依靠的是內心的力量。事實上，主動的意志力能讓你克服惰性，把注意力集中於未來。

3 循序漸進，並持之以恆。

要想矯正強迫症行為和思維就需要循序漸進，並持之以恆，不斷總結成功的經驗。

意志的堅韌，能發出神氣的功效。不後退，不放棄，就必定能達到目標。在別人都已經停止時，你要繼續做下去，別人都已經放棄希望時，你仍進行，這是需要相當大的勇氣的。但也正是這份勇氣，使你能成就更美好的未來。

4 順應自己的欲望，做自己力所能及的事。

強迫症持續存在的原因之一是我們強烈的渴望盡快的消除它的強迫態度造成的惡性循環。所以，我們要打破這種惡性循環，學會與自己的症狀同在。

首先，不要阻止自己的思想。我們都不是神仙，都有嫉妒、享樂、占有、報復等各種念頭，但再下流的想法只要沒有付諸行動，就不會造成對他人的傷害，不會犯法，而且別人也看不出來。所以，我們沒必要為之慚愧進而壓抑它。其次，要學會與自身的疑慮和平共處，帶著它去學習、工作。是的，疑慮使我們深感痛苦，但這是我們自然人生的一部分。佛教說人生是苦的，俗語說「家家有本難念的經」，我們憑什麼要求上天的偏袒，使我們的生活沒有痛苦？成熟的人能面對痛苦，帶著痛苦生活。當我們與痛苦同在，在痛苦中奮鬥時，我們的人生會更有滋味，我們也將更能感受到自己的力量。

我們的努力無法驅逐我們的症狀，卻能使我們在自己擅長的活動中表現出色。所以，發現自己的特質與優勢，並積極的投入，你將會讓人刮目相看。不知不覺中，你的症狀也就消失了。

5 豐富業餘生活。

多參加團體性活動及藝文及體育活動，多從事有理想有興趣的工作，培養生活中的愛好，以建立新的興奮點去抑制病態的興奮點。

6 以練字進行自我調節。

「字如其人」，「心手相通」，筆跡是人內在心理的外在顯露。我們完全可以透過對一個人的筆跡的分析，了解其個性心理特徵。反過來，我們也可以透過練字來培養某種個性心理特徵。

強迫症患者一貫寫字認真、細緻。不論多急，寫起字來一個筆畫也不敢

少，甚至有時出現添補筆畫現象。針對此，可以練行書，尤其要認識相掌握行書筆畫省略方法，使所寫的字運筆線路少而簡練。久而久之，其強迫性人格特徵會得到改善。

知識窗

在我們的日常生活中，有時會看到一些人重複一些無意義的動作，如反覆檢查門是否關好，鎖是否鎖好，反覆洗手，一件衣服洗多次仍嫌不乾淨，有些人反覆考慮一些無實際意義的問題，如人為什麼會有兩條腿，為什麼是按照一二三四五……排列，而不是反過來排列等等，這種行為和觀念，在醫學上稱為強迫症，屬於精神官能症的範疇。

獎賞的隱蔽代價

有位老人住在靠海邊的一座房子裡，每天，他都坐在那裡享受愜意的海風和迷人的黃昏。剛開始的一段時間裡，這裡非常安靜，但不知道從哪一天開始，住在附近的幾個孩子總愛到這裡玩樂。他們整天在那裡互相追逐打鬧，喧嘩的吵鬧聲經常讓老人無法好好休息。於是，老人不時的出來阻止，但似乎根本就不管用，每次勸阻之後，他們又會反覆前來這裡繼續打鬧。

有一天，老人想到了一個辦法，於是，他把孩子們都叫到一起，然後拿出一些零錢，並告訴他們，誰叫的聲音越大，誰得到的報酬就越多。於是，這些孩子就在那裡拼命的叫著。而老人也根據孩子們每次吵鬧的情況，給予他們不同的獎勵。

但這種情況一直延續了一週之後，來這裡吵鬧的孩子們已經習慣了這種獲取獎勵的方式。這時候，老人開始逐漸減少所給的獎勵，有的孩子就不同意了，他們覺得不應該減少自己的獎勵。但無論他們怎麼說，老人始終不妥協。孩子們沒有辦法，覺得獎勵雖然少點，可也總比沒有獎勵要強得多了。

結果，又經過了一週左右之後，老人拒絕了向他們支付獎勵。最後無論孩子們怎麼吵，老人一分錢也不再給了。於是，孩子們全都認為這實在是太可惡了，自己受到的待遇越來越不公平，覺得「不給錢了誰還給你叫，那樣不是自己吃虧嗎？」從此之後，孩子們再也不到老人所住的房子附近大聲吵鬧了，即便有時候路過老人住的地方，也全都靜悄悄的離開了，他們認為，就應該這樣報復老人對自己的不公平。

這個故事有意思吧，故事結局是符合心理學原理的，老人提供了一個雖

獎賞的隱蔽代價

然說服力並不是很強，但對孩子卻有足夠吸引力的理由，把這些孩子引進了一個心理學上的一個盲點，使他們如果只用外在理由（得到報酬）來解釋自己的行為（吵鬧），那麼，一旦外在理由不再存在（沒有報酬了），這種行為也將趨於終止。這一現象在心理學上有一個專門的名詞，叫做「獎賞的隱蔽代價」。

從心理學角度上說，獎賞的本質就是強化。我們看馬戲團動物的表演，當動物能夠正確的完成任務時，便會得到食物作為獎勵，而得到了食物獎勵的動物又會更加投入的表演，這道理與給工作中表現出色的人員頒發獎金的道理是一樣的。

如果細分的話，強化有兩種，一種被稱為正強化，或積極強化，它是指在被試已經做出適當的反應之後，呈現獎賞性的刺激，也就是說給予對方想要的或者喜歡的東西：比如：小孩子考試得了滿分，給他一份禮物：或者當鸚鵡答對了問題時，給牠一顆糖。呈現獎賞刺激的目的是為了讓被試能更多的去做他們正在做的事情，科學的說，就是使反應的頻率增加。另一種強化被稱為負強化，或消極強化，它是指被試做出適當的反應之後，撤走傷害性的刺激。需要注意的是，這也是帶有獎勵性質的，比如：一個囚犯在監獄中表現良好獲得了減刑。正強化與負強化其實是一致的，它們都是在某一種行為的出現後給予獎賞，達到了鼓勵這種行為的發生以及鞏固這種行為的作用。

心理學家的實驗也證明，來自外部的報酬會削弱一個人的內在動機。一九七一年，德西和他的助手以學生為實驗對象者，請他們分別單獨解決測量智力的問題。

實驗分三個階段：

第一階段，每個實驗對象者自己解題，不給獎勵；

第二階段，實驗對象者分為兩組，實驗組每解決一個問題就得到一美元

的報酬；

第三階段，自由休息時間，實驗對象者可以自由活動。目的存在考察實驗對象者是否維持對解題的興趣。

最終結果顯示，與獎勵組相比較，無獎勵休息時仍繼續解題，而獎勵組雖然在有報酬時解題十分努力，而在不能獲得報酬的休息時間，明顯失去對解題的興趣。

實驗說明，人們為了使自己的行為看起來合理，人們總是喜歡為發生過的行為尋找原因。在尋找原因的過程中，還往往是先找那些顯而易見的。如果找到的理由足以對行為做出解釋，人們也就不再往更深處追尋了。

說完了獎勵，我們再談談心理學意義上的懲罰。負強化是透過使一個傷害性刺激停止而加強某種行為。懲罰的原理是透過呈現一個傷害性或不愉快的刺激去抑制某一種行為，比如當孩子說髒話時母親走過去斥責他。但是懲罰技術並不是很容易把握的。譬如：母親沒有意識到母親的關注（放下手中的工作本身意味著一種關注）對孩子恰恰又是一次獎賞，當獎賞伴隨著輕微的懲罰同時出現時，它反而鞏固了孩子的不良行為。

還有一個重要的問題是懲罰往往只是把不良行為暫時壓制而不是實質性的消退它，當懲罰的影響消失後，它便會再一次出現，而且也許表現得更頑固也更劇烈。此外，嚴厲的懲罰還伴隨著其他的副作用，其中最具破壞性的就是，懲罰會使得行為的控制方與被控制方之間的互動出現裂痕，只是一味的懲罰卻沒有相對的指導，甚至會引發某些神經官能症。因此，心理學家與教育學家提倡使用一種被稱為「對抗性條件作用」的方法，即尋求以一種習慣取代另一種不好的習慣，而不是簡單粗暴的謀求消除某一種習慣。

當然，懲罰作為行為控制技術的一種，仍然有著其特殊的效力，心理學家洛根曾為適當的懲罰擬定了幾條原則，包括：

　　· 懲罰不能太輕，太輕的懲罰無異於鼓勵。如果一個殺人犯最後卻只被

判罰款，顯然結果只會適得其反。

· 如果有可能的話，應該立即懲罰。當然，如果能在不良行為反應的那一瞬間懲罰效果是最好的。比如：在客人面前蹺起二郎腿十分不雅觀，因此在他正在舉動時，就應該馬上懲罰以消除反應。

· 如果不能立即給予懲罰，那麼應該重現原來的情況，或者類比當初的情景，並要求被懲罰者做出一個與不良的反應不相容的反應。比如：有的人進屋脫鞋後，喜歡把鞋子亂扔，這個時候就應該讓他重新穿好鞋子，離開房間，然後重新進來，脫鞋，並把鞋子放好才行。在這種情況下，簡單的訓斥或責罵都無助於良好習慣的形成。

· 不應在懲罰後再次獎賞。有許多人會犯這種錯誤，結果使懲罰與獎賞之間形成聯繫，不良習慣更加頑固，難以消退。

· 不要為了個體不能自己控制的行為而實施懲罰，同時也要注意給受罰者提供一個其他的選擇。有許多行為的背後有著種種複雜的原因，比如：尿床、含手指，是青春期以前的兒童很容易發生的不良行為，父母往往會為此而責罵甚至責打孩子。但是有許多孩子是因為無法習得因膀胱緊張而醒來的反應，這時去看一下心理門診才是上策，單純懲罰不會有任何效果，反而會引起孩子的焦慮與緊張，同時也更難改掉這一毛病。

知識窗

在日常生活中，獎勵與懲罰是我們運用的最為普遍的兩種行為控制技術。美國前總統希歐多爾·羅斯福曾把自己的外交政策比喻為「胡蘿蔔加大棒」，可以說非常形象的道出了獎賞與懲罰交替作用的奧祕。

你的神經虛弱嗎

「我看電影、看電視或看小說時，非常容易受感動。我過去不是這樣的，不知道為什麼現在變得這麼脆弱了。

「或者我眼睛在看電視，自己腦子常也在「放電影」。尤其是睡覺以前本應該靜心入睡，而且本來睡覺前還有點睡意，但躺在床上後卻十分精神了，我用各種辦法，如數數字、想像自己很輕鬆等強迫自己入眠。結果是到了夜深人靜，別人都進入了夢鄉，自己卻越來越清醒。

「在街上或公車上遇見不講理的人就忍不住跟別人吵架，而且大部分時候比當事者更加氣憤，久久不能平靜。」

「一和朋友談及我感興趣的事情，我就特別興奮。談上一兩個小時都不覺得累。」

「我有時就感到頭痛、頭脹或頸椎疼，而且頸椎疼起來時，不是像針刺一樣疼就是感覺到一種鈍疼。」

「我現在非常容易生氣和發怒，一點小事就急得如熱鍋上的螞蟻，按捺不住。看見什麼都覺得不順眼，或者有時會冒出一些幸災樂禍的思想來。有時也很容易就高興起來，比如：生氣的時候碰到好消息，馬上就大喜過望、熱淚盈眶，不能自制。我都不知道自己怎麼了，真煩啊！」

這是大二學生張潔在心理諮商所對心理醫生的內心傾訴。

張潔的問題明顯是患了神經衰弱症。神經衰弱是一種早期難以發現、容易拖延病情的精神官能症，它產生的原因主要有精神和先天性格兩種因素。

「神經衰弱」直譯為「神經的虛弱」。這一名稱是美國著名心理學家格·

你的神經虛弱嗎

姆‧比爾德首先提出來的，他認為神經衰弱是與神經系統器質性疾患不同的一種功能性疾病，患者大都具有神經素養質。目前認為神經衰弱是指由於某些長期存在的精神因素引起腦功能活動過度緊張，從而產生了精神活動能力的減弱。其主要臨床特點是易於興奮又易於疲勞。常伴有各種軀體不適感和睡眠障礙，不少患者病前具有某種易感素養或不良個性。學生中，由於學習壓力大，起居不正常，也可能出現神經衰弱症狀。需要改善睡眠、注意調養。

但是，有些人常年加班，大腦長期處於緊張狀態，也未發生過神經衰弱。這到底是什麼原因呢？因為除了外在的精神因素外，當事人本身的性格特點也是神經衰弱產生的內在原因。從性格特點上看，神經衰弱的當事人偏向於膽怯、自信不足、敏感、依賴性強；也有的當事人任性、好勝、難以自制。這種性格的人，當長期處於精神刺激或者處境不利時，相對於擁有健康性格的人，很容易引起自律神經失調，出現神經衰弱。

有神經衰弱的人，主要是注意力不集中。有兩個方面的表現，一個是當事人容易因為外在環境的偶然無關刺激或變動而被動的轉移了注意；另外一個方面是思考不能關注於某一個主題，聯想和回憶不斷的把思想引向歧途，甚至離題萬丈。對於後一種情況，當事人往往把它形容為腦子很亂。所以，當事人經常感到精力不足、萎靡不振、不能用腦，或反應遲鈍、不能集中注意力、記憶力減退、工作效率降低。

但是，任何事都不是絕對的，對於神經衰弱的預防，應該記住「有勞有逸」。

那麼，神經衰弱應如何調節呢？

神經衰弱者往往過度關注、擔心自己的症狀，這種不恰當的態度和情緒往往使病情進一步惡化，所以，我們應該積極的、平靜的面對自己的症狀，不強迫自己立即消除和擺脫它，帶著它生活，在此基礎上重新界定適合自己

的恰當的目標，並適當的安排時間，科學用腦，相信這種失調會逐步被調整過來的。

另外，應改變對睡眠的過度關注。當我們睡不著的時候，不必刻意強迫自己睡，應順其自然，利用那段沒有人打擾的時間做一點有益的事情，該睡的時候自然會睡著。對此，不妨試試自我催眠法。

運用這個方法時應選擇較為安靜的環境，在午間和晚上臨睡前進行。在眼前二十公分處掛一個直徑兩公分的小球，使小球稍低於視平線。眼睛盯著小球，不要輕易眨動，用輕聲緩慢的默念語言指導自己放鬆和入眠（有條件者可以將放鬆指導語和催眠語錄製好，需要催眠時放錄音就可以了）。

放鬆指導語：

「現在我舒適、安靜的躺著，我感到額部放鬆了，頭頂部放鬆了，後腦勺放鬆了，臉部放鬆了，耳部放鬆了，下巴放鬆了，頸部放鬆了，雙肩放鬆了，雙臂也放鬆了，雙肘也放鬆了，雙手也放鬆了，一股溫暖的感覺在手心流動 —— 現在，這種溫暖、鬆弛的感覺從手心傳到了前臂、上臂、肩部，肩部更加放鬆了 —— 溫暖的感覺來到了胸部，胸部也放鬆了，無力了，呼吸越來越平穩 —— 鬆弛、無力的感覺傳到了腹部，腹部也放鬆了，現在大腿根部也放鬆了，鬆軟的感覺傳到了大腿膝部，傳到了小腿，傳到了雙腳，雙腳放鬆了，無力了。腳心有一股暖流在流動 —— 放鬆、無力感又回到了雙腿，雙腿很沉，我已不想挪動它們。我的整個身體都放鬆了，無力了。」當感覺到全身已放鬆時就可以進行催眠誘導了，可用如下誘導語；「我的全身放鬆了、困乏了，我已經很不想動了 —— 我的眼部感到了困乏，眼睛很澀，眼瞼很沉重 —— 睡意已經占據了我的大腦，大腦變得模糊了 —— 我的全身都充滿了倦意，手、腳已無力動了，我很想睡了 —— 我的眼睛已經睜不開了，我真想閉上眼睛睡一覺 —— 我閉上睡吧，閉上吧，我很快就要睡著了 —— 濃濃的睡意籠罩了我，我要睡了 —— 我會很深、很熟的睡一覺的。」這樣的催眠誘

導語可以重複使用、直到睡著為止。

知識窗

有權威研究資料顯示：神經衰弱的當事人在患有神經衰弱之前，往往長期處於超負荷的體力或腦力勞動環境中，或者經歷了諸如失戀、學業失敗、上下級及同學間關係緊張、意外打擊、考試不好等生活中很多失意的事，引起情緒的波動和紊亂，是產生神經衰弱的主要原因。因為據有關資料統計，腦力勞動者發病占百分之九十六以上，這間接的說明神經衰弱與過度腦力勞動有關。

所以，許多心理學家一致認為是超負荷的體力或腦力勞動引起大腦皮質興奮和抑制功能紊亂，而產生神經衰弱症候群。

因減肥而餓死的十五歲少女

一名少女在醫院裡死去。醫生說，她的死因是飢餓過度導致身體各臟器衰竭。這名少女是離家出走。她的父母說，她曾因不滿意自己的身材而節食，並患上厭食症，之後離家出走。

負責為她治療的大夫說，剛看到這個女孩時，他們都倒吸一口氣。女孩的大腿只有成人的小臂粗，手臂只有兩根手指並在一起那麼粗。

當時在醫院一位記者說，當晚八點多，他看見看護正給女孩餵餛飩。女孩吃得很費力。記者問她：「你最想吃什麼？」「青蘋果！」女孩回答。

記者跑出醫院，幫她買了一些蘋果。隨後，看護把蘋果弄成糊狀，餵給女孩。女孩笑了。看護說，這是她來醫院後第一次笑，也是唯一一次。吃完後，忽然，女孩開始嘔吐，將蘋果以及先前吃下的餛飩都吐了出來。醫生再次對其進行搶救。

三個小時之後，醫生宣布搶救無效。主治醫師說，女孩是因飢餓過度，造成身體各個器官衰竭而亡。

這名女孩名叫姜小怡（化名），十五歲，學生，曾是班長，成績優異。

姜小怡的三姑說，姜小怡從小就能歌善舞，還曾獲模範生。她喜歡唱歌，經常在家裡唱卡拉 OK。後來，她迷上了偶想唱歌節目。

此後，姜小怡開始注意自己的外表。那時，身高一百五十五公分的她體重四十四公斤，可姜小怡認為「不符合標準」。於是四月起，姜小怡開始控制食量。

她三姑說，姜小怡決定減肥後，食量越來越少，到最後乾脆不吃東西，

因減肥而餓死的十五歲少女

即使吃了也會馬上到廁所用手摳喉嚨將食物吐出。很快，她就骨瘦如柴。父母看到事情不妙，姜小怡的父親就帶著女兒到醫院求助。經專家會診，確定姜小怡患有神經性厭食症。隨後，姜小怡住進了醫院精神科。經過治療，她的病情有所好轉，又被父母接回家中。

「回到家後，她心情就一直不好，不願說話。」姜小怡的三姑說，因姜小怡對父母將她送醫院一事耿耿於懷，她將姜小怡接到自己家中。

八月十日是姜小怡的生日，在五姑家過的。席間，大家開始勸姜小怡回醫院接受治療。姜小怡沒說話。此後，她留住在五姑家中。八月十三日早晨八點，五姑在客廳桌上發現一張紙條：「姑姑，我出去玩一下，等會就回來。」此後，姜小怡再沒回家。

一家人開始四處尋找，然而一直沒有姜小怡的任何消息。八月二十一日下午，姜小怡的祖母突然接到一個電話。電話裡，姜小怡有氣無力的告訴祖母，她在○○市，並希望家人到○○市「救」她。

等姜小怡的父母趕到○○市時，他們在醫院裡見到的是姜小怡的遺體。

姜小怡的母親拿著女兒生前背的背包發呆。此前，她因傷心過度，曾多次哭昏過去。

姜小怡的背包裡放著一個藍色的日記本。姜小怡的三姑打開日記本，念了一篇姜小怡的一篇日記：「我要好好努力，要爭取做一個健康的好女孩……」

故事中的這個女孩明顯的就是患了神經性厭食症。該症是一種常發生在女性身上的疾病，病患常拒絕維持最低正常體重，或是極度害怕變胖。即使目前病因未明，但有研究指出，與內在體質、節食、外在壓力及心理社會因素均可能有關。

神經性厭食症常發生在十歲至三十歲的女性，平均發病年齡是十七歲。有些時候是剛好發生在壓力事件之後，例如轉學，離家去外地求學，或是在

身體、情感受創之後等等，但大部分仍為隱藏而漸進性發病。其中一半的病人，偶爾會有暴飲暴食的現象；百分之四十的病人，會自己催吐；而有些人會使用瀉劑、減肥藥或過度運動來想辦法降低體重。也有在長期節食減肥，飲食形態先產生異常後，再逐漸發展成神經性厭食症的。

有研究指出：神經性厭食症常常與焦慮、憂鬱、強迫性想法、或完美主義個性一起出現。這類患者思考較固執、缺乏彈性；會極力想控制周遭環境，但又無能為力；或是有長期情感壓抑，社交被動的情況持續出現。

神經性厭食症最讓人擔心的是，已經危害健康，並造成身體機能改變或不良合併症出現，例如電解質不平衡、貧血、無月經、蒼白虛弱、便祕、低血壓、心律過慢，甚至骨質疏鬆等等，如果不及時治療就將直接威脅到生命。

神經性厭食症的治療：

1 協調好進食營養

由於患者長期不進食，胃腸功能極度衰弱，因此進食應從軟食、少量多餐開始逐漸增加，不能急於求成；適當給予助消化藥：胃酶合劑，多酶片，乳酶生等，或針灸治療。

2 心理方面的治療

這方面的治療包括疏導病人的心理壓力，對環境、對自己有客觀認識，找到適應社會的角度及處理和應付各種生活事件的能力。另外，對健康體魄的概念，標準體重的意義，對自己的身體狀況有客觀的估價。了解食物、營養學方面的知識。對於家庭關係緊張的患者，必要時可請家人做家庭心理治療。

另一類型是行為矯正，主要是促進病人體重恢復，可採用限制病人的活動範圍及活動量，隨著體重的增加，逐步獎勵性的給予活動自由，採用這種方式一般是在病人體重極低時。

3　精神方面的治療

在這方面經常使用氯丙咪酸、阿密替林、多慮平等抗憂鬱藥。安定類藥物也是常用來調整病人焦慮情緒的藥物。這兩類藥物對改善病人的憂鬱焦點情緒有肯定的作用。

神經性厭食症的預防：

(1) 情緒預防：本病青春期女性發病較多，表明這一時期性格的不穩定，易受外界刺激，或家中不睦，父母之間的矛盾，家中親友重病或死亡者，或在學校學業成績意外的受挫折者等等，均易發生本病，因此保持精神的樂觀、心胸開闊是至關重要的。

(2) 有勞有逸；合理安排學習和生活，使腦力勞動與適當的體質鍛鍊、體力勞動相結合、適當安排娛樂活動與休息，可以防止因過度勞累引起下丘腦功能的紊亂。

(3) 進行正確人體美的教育，少數病例對進食與肥胖體重具有頑固的偏見與病態心理，以致出現強烈的恐懼變胖而節制飲食，保持所謂體形的「美」，因此對正確的健康的「美」的教育，也是不可少的。

神經性厭食症的癒後：

一般多採用精神心理、飲食、中藥、鎮靜劑、物理療法、電磁療法等治療方法，儘管治療是緩慢而較困難的，但既往認為本病的癒後是良好的，長期追蹤發現大多數患者厭食症狀可以逐漸消失，體重恢復，致使精神病變者是少見的。雖然這樣，此病仍值得警惕與重視。

知識窗

常見厭食症患者多由家人半強迫的帶到醫院治療，除了心不甘、情不願外，更常見抗拒治療的情況，所以精神科或身心科醫師必須在治療一開始，就與患者訂立明確的治療「契約」，不容他們討價還價，堅定而溫和的讓患者接受治療。

要讓患者在漸漸信任醫師的過程中，形成良好的「治療聯盟」，並了解種種出現在厭食症的不適當想法、認知扭曲、不當進食或催吐行為、及種種可怕的後遺症，與醫師真正的好好配合，以此來尋求症狀的漸進緩解。

刀穿心臟後的奇蹟

　　一九四八年，在一艘橫渡大西洋的船上，有一位父親帶著他的小女兒，去和在美國的妻子會合。

　　海上風平浪靜，晨昏瑰麗的雲霓交替出現。一天早上，父親正在艙裡用腰刀削蘋果，船卻因某種狀況突然劇烈的搖晃。父親摔倒時，刀子插在他胸口。他全身都在顫抖，嘴唇瞬間發青。

　　六歲的女兒被父親瞬間的變化嚇壞了，尖叫著撲過來想要扶他。他卻微笑著推開女兒的手：「沒事，只是摔了一跤。」然後輕輕的拾起刀子，很慢很慢的爬起來，不引他人注意的用大拇指擦去了刀鋒上的血跡。

　　以後三天，父親照常每天為女兒唱搖籃曲，清晨替她繫好美麗的蝴蝶結，帶她去看蔚藍的大海，彷彿一切如常，而小女兒卻沒有注意到父親每一分鐘都比上一分鐘更衰弱、蒼白，他看向海平線的眼光是那樣憂傷。

　　抵達的前夜，父親來到女兒身邊，對女兒說：「明天見到媽媽的時候，請告訴媽媽，我愛她。」

　　女兒不解的問：「可是你明天就要見到她了，你為什麼不自己告訴她呢？」

　　他笑了，俯身在女兒額上深深刻下一個吻。

　　船到紐約港了，女兒一眼便在熙熙攘攘的人群中認出母親，她大喊著：「媽媽！媽媽！」

　　就在此時，周圍忽然一片驚呼，女兒一回頭，看見父親已經仰面倒下，胸口血如井噴，剎那間染紅了整片天空。

屍體解剖的結果讓所有人驚呆了：那把刀無比精確的刺穿了他的心臟。他卻多活了三天，而且不被任何人察覺。唯一能解釋的是因為傷口太小，使得被切斷的心肌依原樣貼在一起，維持了三天的供血。

　　這是醫學史上罕見的奇蹟。醫學會議上，有人說要稱它為大西洋奇蹟，有人建議以死者的名字命名，還有人說要叫它神蹟。

　　「夠了！」那是一位坐在首席的老醫生，鬚髮皆白，皺紋裡滿是人生的智慧，此刻一聲大喝，然後一字一句的說：「這個奇蹟的名字，叫父親。」

　　法國人有一句諺語：一個人到了再也走不動的時候，他仍然能走很長的一段路。這諺語看似自相矛盾，卻提示了人的兩種能力，「再也走不動」是指外在能力消耗殆盡，「仍然能走很長的一段路」是指尚有很大的潛在能力。

　　日本一家報紙曾報導了一件有趣的事：一名日本婦女趁幼兒熟睡之際外出購物，返家途中，在巷口與人閒聊，這時家中的幼兒醒來尋母，於是爬上陽臺呼叫，不幸小孩一失足從陽臺上墜落下來，但說時遲，那時快，其母飛奔至樓下，奇蹟般的接住了自己的孩子。按道理說三歲幼兒體重約十五公斤重，從五樓墜下，在重力加速度的作用下，在將近到達地面時的重量絕非常人所承受得了，況且這個人是個年近三十歲的婦女。這件事在日本引起了轟動。後來新聞界還專門請來舉重運動員和賽跑運動員做了一個模擬實驗，結果都無法成功的接住，也無法及時趕到出事地點。

　　一個弱女子在奮不顧身的情況下，其運動技能的水準居然能遠遠超過訓練有素的運動員。類似的事件也曾在英國及美國發生過。在一個夏天，美國一位殘障、一直以輪椅代步的年輕母親，在她孩子失足掉進游泳池的時候，她連人帶輪椅衝進泳池，救起了她的孩子，並隨即實施人工呼吸，救活了她的孩子。事後警方當局請這位母親描述她的整個經過時，她卻答不上半句話來。

　　沙烏地阿拉伯塔伊夫城有一個二十五歲的女孩，她長得很漂亮。可是，

刀穿心臟後的奇蹟

她不明原因的「啞」了二十多年，經多方醫治無效。有一天，媒人將一個比她大二十五歲的長得很醜的老頭子帶到她家中。見面之後，女孩的父親非逼她嫁給這個很醜的老頭子，情急之下，女孩講出了二十年來的第一句話：「我寧死也不嫁給他！」女孩的「啞」症竟從此不治而癒。

類似這樣的事例在古代《醫部全錄》中也有記載：明朝年間，某地一個女孩得了一種怪病，打哈欠後上肢再也放不下來了，家人只好請來郎中診治。郎中看著病人說，治這個病必須用艾葉灸肚臍下的丹田穴，說完，就動手去解女孩的裙帶，女孩羞得忙用雙手來護，不知不覺中上肢都放下來了。

以上幾個事例也說明：人，只有在大刺激、大不幸、大災難、大責任和大變故降臨的時候，才能將平時難以發現的深藏在生命中的巨大潛能，充分的激發和催喚出來，並創造出平時不敢想像的奇蹟。

情緒是潛能開發的內在必要條件。人的情緒中有一類被稱作應激的情緒狀態，這是一種高度緊張的情緒狀態。它的積極狀態可以使人急中生智、力量倍增，使體力和智力都得到充分調動，獲得超水準的發揮，潛在能力得以激發。

那麼是否完成任何活動都是情緒越積極、越緊張越好呢？回答是否定的。美國心理學家赫布發現，一個人的情緒緊張水準和智力活動之間存在著一種非線性的關係。當情緒緊張水準較低時，人因得不到足夠的情緒激勵的能量，智力活動效率不高，隨著情緒緊張水準的提高，智力活動效率也相應提高。但情緒緊張水準上升到一定高度後再繼續上升，情緒激勵的能量消耗過大，使人處於過度興奮狀態，反而影響智力活動效率。這樣，就存在著情緒緊張水準的最佳點 —— 適當的情緒緊張水準最有利於智力操作活動。

後來，沃爾福特不僅用實驗證實了赫布的理論，而且進一步發現，情緒緊張水準的最佳點是隨活動的智力水準和操作複雜性而變化的。沃爾福特在實驗中設置了三種難度的智力操作活動，結果發現，完成智力程度高的活動

（也即複雜的操作活動），情緒緊張水準趨向較低；完成智力程度低的活動（也即簡單的操作活動），情緒緊張水準趨向較高；完成智力程度中等的活動，情緒緊張水準趨向中等，這就是反映情緒強度與認知操作活動效率之間關係的耶爾克斯一道森定律。

由此我們可以來分析中小學生中常見的學習情緒對學業成績的影響問題。知識學習是一種智力活動，年級越高、知識累積越多、智力活動的內容和過程越複雜。在這個發展過程中的不同階段，我們可以看出對學習情緒狀態的要求是不同的。很多孩子的家長、老師不明白這個道理，整天把學生的情緒之弦繃得緊緊的，學生因此而產生過度的緊張和焦慮，最終反而影響學業成績。

一個善於學習的人，要對學習環境進行選擇，明確學習目的，保持適度的緊張感；還要適當休息，進行自我反省，以便發現自己的長項和弱項。一個懂得學習的學生，應該能夠認識自己的心理狀態，包括自己的愛好特長、學習習慣、能力限度，以及自己在學習上存在的不足，並能做出積極的自我調節，不斷矯正自己的學習行為，養成良好的學習習慣。

知識窗

明白了情緒是一把雙刃劍的道理後，我們每個人在面對不同的問題時都應該保持與問題相匹配的情緒水準，那麼，既有利於問題的順利解決，同時也有利於心理健康水準的提高。

大猩猩蘇丹的驚人智慧

　　德國心理學家科勒在一九二一年出版了《猩猩的智力》一書，將自己所做的動物實驗結果和驚人發現公布於世，他的專著令心理學界深受震動。

　　由於科勒是格式塔學派的代表人物，而格式塔是從德文「Gestalt」音譯而來，意思是完形、整體，因此這個學派也被稱為完形學派。完形學派主張心理活動是一個整體，既不是由幾個心理元素構成的，也不是一些行為反應的組合，整體不能還原為部分，部分的相加也不等於整體。這正如我們看一個個認識的漢字時，絕不是注意每一橫每一豎這些筆畫，而是一下子就抓住了整個漢字的結構。這一理論運用到問題解決上，就是「頓悟說」。

　　佛教的禪宗曾經分為南北兩派，一派主張「漸悟」，認為人的悟道是透過每日參禪打坐，虔心念佛，刻苦用功才換來的；而另一派則強調不立文字、自性自度的「頓悟」，認為什麼佛經佛法甚至佛祖本身都是空的，只要認識了人的本性，電光石火之間即可成佛，光做一些表面文章，非但沒有幫助，反而會在紅塵中越陷越深。根據傳說，禪宗的第五代祖師弘忍有一次考察眾弟子的成就，要他們都做一首偈詞，其中大弟子神秀寫的是：

身是菩提樹

心如明鏡臺

時時勤拂拭

勿使惹塵埃

　　弘忍並不滿意，這個時候，有一個從廣東地方遠道來求法、現在還在廚房做雜工的慧能走了出來，也念了一首偈詞：

菩提本無樹
明鏡亦非臺
本來無一物
何處惹塵埃

弘忍聽了這段偈詞，非常驚訝。當天晚上弘忍祕密的把慧能找到自己的居室，把衣缽傳給了他，慧能於是成了禪宗的第六代祖師。這兩首偈詞形象的反映了禪宗內部的「頓、漸」之爭：神秀代表漸悟說，要求僧眾嚴守戒律，循序漸進，不講究一口吃飽。由於他一直在北方傳道，所以他領導的一派稱為北宗，神秀即是北宗的掌門人；而一路雲遊到南方的廣東、並在曹溪開壇說法的慧能，主張悟道成佛是一瞬間的事，根本沒有辦法預先知曉，領導了宣揚「頓悟說」的南宗。

格式塔學派認為解決問題的過程其實是靈光的突然閃現，是心理場的一種知覺重建。由於和禪宗的「頓悟」相似，因此在翻譯中借用了這個詞。好了，下面我們就來看看這個著名的動物實驗吧。

猩猩研究中心有一隻名叫蘇丹的雄性猩猩，為了在牠身上做一項特殊的實驗，飼養員特意在一個上午不給牠吃任何東西，讓牠處於極度飢餓狀態。中午過後，等到時機差不多成熟了，飼養員才把牠帶到一個房間，房間的天花板上吊著一串香蕉，蘇丹即便站立起來，也拿不到。

蘇丹一見香蕉便又竄又跳，可是怎麼也拿不到。牠急得在屋子裡來回打轉，嘴裡發出不滿的吼聲。這時候，飼養員在房間裡放了一個大木箱、一根短木棒。蘇丹猶豫了一下，牠拿起棍子，試探著去弄香蕉，可是依然弄不到。蘇丹失望了，牠沮喪的蹲在地上。就在牠萬般無奈的時候，突然，牠直奔箱子，把牠拖到香蕉的下面，然後又拿著那根短木棒，很敏捷的爬到了箱子上，輕輕一跳，香蕉就到手了。

幾天之後，他們再次測試蘇丹的學習本領。這次，房間還是那個房間，

不同的只是香蕉掛得更高，短棍換成了一個小木箱。

　　蘇丹一開始仍然沿襲上次得到的經驗，牠把大箱子搬到香蕉下面，然後爬上去，蹲下來，準備跳起來拿香蕉。但牠並沒有跳起來去抓香蕉，因為香蕉太高了，無論如何也是拿不到的。

　　牠茫然的坐在箱子上，有些不知所措。突然，牠又跳了下來，抓住小箱子，拖著它滿屋子亂轉，同時發出憤怒的怪叫聲，並用力的踢打牆壁。等到牠氣出得差不多的時候，牠忽然像明白了什麼似的，拖著小箱子來到大箱子跟前，稍微一用力，便將小箱子放在了大箱子上面，然後迅速爬了上去，解決了難題。

　　另外，科勒還設計了許多不同的難題讓猩猩解決。猩猩似乎能時不時的突然在某個關鍵時刻想到解決問題的辦法，科勒解釋說，這是猩猩在腦海裡對形勢的重塑。他將這種突然的發現叫做「頓悟」，定義為「某種相對於整個問題的布局而出現的完美解決方法。」

　　另外一個顯著的頓悟例子則是由別的問題誘發的。科勒把一隻叫沃特的雌猩猩放在籠子裡，再當著牠的面，把香蕉放在籠子外面使牠拿不到的地方，並在籠子裡面放一些棍子。沃特看到香蕉，只是一個勁的用前臂去弄，嘴裡呼哧呼哧的喘著粗氣，拿不到香蕉，卻又想不起拿棍子。結果，折騰了一個多小時，牠失去了耐心，乾脆躺在地上，不動了。

　　這時候，牠發現另外幾隻猩猩正朝籠子外面的香蕉走來，牠一下子就跳了起來，抓住一根棍子，猛把香蕉撥到了自己跟前。顯然，其他猩猩接近食物對牠達到了激發作用，從而誘發出了牠的頓悟力。

　　在使用工具解決問題方面，動物其實在許多場合都表現得很出色。美國喬治亞州立大學語言研究中心的幾個人類學家也做過一個有趣的實驗，實驗對象是一隻黑猩猩，牠的名字叫「坎奇」。在實驗中，他們把坎奇最愛吃的一份食物當著牠的面放在一個箱子裡，鎖上箱子後，將鑰匙則放進另一個小

盒子，再用繩子把那個小盒子捆綁結實。以前坎奇曾學過如何使用小刀和鑰匙，不過現在牠的籠子裡只有幾塊燧石而已。坎奇想了一會，用力將燧石往水泥地上猛砸，然後小心的找出像小刀那樣的燧石碎片，從容割斷了繩子，從小盒子中取出鑰匙，再打開箱子，品嘗到了美食。

　　大量的研究表明，動物也許比我們想像的要聰明許多，這不單單是馬戲團中鑽火圈、報數字那麼簡單，事實上動物能表現出高水準的記憶與理解，而且有時甚至還會融會貫通。雖然對某些研究成果還存在著不同的解讀，但「動物也有智慧」的說法已經贏得了越來越多的贊同之聲。

知識窗

動物是否也有智慧？這個問題困擾了我們人類好多個世紀，至今依然沒有什麼明確的答案。不過那些認為動物僅僅是依靠本能生活的觀點現在似乎已經越來越站不住腳了，因為許多動物實驗研究表明，在思維的各個領域，動物有時候的確做得很出色。

兩個算命先生的不同算命結果

小時候，傑恩由於家庭的原因，失去了上學的機會。好幾年過去了，傑恩已經習慣了，但是內心仍然渴望著命運的改變。由於沒有一點好運的徵兆，傑恩的心裡感到非常痛苦。

有一天，鎮裡來了兩個算命先生，其中有一個是瞎子。他們給很多人算命，大家都說算得準。傑恩不相信，但由於傑恩不知道他將來會有什麼前途，於是他就讓他們給他算算命運如何。

那個明眼人看了他的面相和手相，又看了看他的衣著和服飾，一臉嚴肅的對他說：「你的命相不好，這一生不會有什麼大的前途。」他結合當時的形勢還給他做起了溝通。

傑恩不願意接受這個命運，於是他又去找另一個算命先生。瞎子算命是用心摸，他仔細的摸了傑恩的臉和手相以及傑恩的肩、腿和腳趾頭，然後對傑恩說：「你的骨相很正，將來一定有一個好的前程，好自為之，不出三年你就會有出頭之日。」雖然傑恩不是很相信他的話，但暗示使傑恩心裡感到很高興，傑恩心裡一直想能有出頭之日，瞎子的話給了他希望。

兩個算命先生算出了兩種截然不同的命運：一個讓傑恩失望，一個給傑恩希望。傑恩選擇了希望。因為人人都希望自己有個好的前途。

從此，傑恩不再消沉，不再悲觀，工作之餘，傑恩自學課程，三年之後，傑恩考上了一所大學，命運真的如那位瞎子說的那樣發生了變化。

很長一段時間，傑恩不明白瞎子為什麼能算得那麼準確，後來傑恩在心理學中找到了答案。這實際上是一種心理暗示。

科學家研究指出：人是唯一能接受暗示的動物。

美國心理學家做了這樣的實驗，他們對一所小學的一個班的學生說：你們都是天才型的人，將來有很大的前途。而對另一個班的學生說：你們智力一般，將來可以從事一般工作。本來這兩個班的學生水準相等，但是一年後，兩個班的差異就顯示出來了。被暗示為天才型的學生個個發憤學習，學業成績飛速上升，而另外那個班的學生學業成績很快下降了。

羅傑‧羅爾斯出生在紐約的一個叫做大沙頭的貧民窟，在這裡出生的孩子長大後很少有人獲得較體面的職業。羅爾斯小時候，正值美國嬉皮流行的時代，他跟當地其他孩童一樣，頑皮、蹺課、打架、鬥毆，無所事事，令人頭痛。

幸運的是羅爾斯當時所在的諾必塔小學來了位叫皮爾‧保羅的校長，有一次，當調皮的羅爾斯從窗臺上跳下，伸著小手走向講臺時，出乎意料的聽到校長對他說，我看就知道，你將來是紐約州的州長。校長的話對他的感受特別大。

從此，羅爾斯記下了這句話，「紐約州州長」就像一面旗幟，帶給他信念，指引他成長。他衣服上不再沾滿泥土，說話時不再夾雜汙言穢語，開始挺直腰桿走路，很快成了班上的優等生。

四十多年間，他沒有一天不按州長的身分要求自己，終於在五十一歲那年，他真的成了紐約州州長，又是紐約歷史上第一位黑人州長。這個故事說明，教師對學生的讚揚與期待，將對學生的學習、行為乃至成長產生巨大作用。

美國心理學家威廉‧詹姆斯也發現「人類本性中最深刻渴求的就是讚美」。其實每個人的內心世界都一樣，沒有一個人不想得到別人的讚美和期待。因此，要想使一個人發展更好，就應該給他傳遞積極的期望。期望對於人的行為的巨大影響。積極的期望促使人們向好的方向發展，消極的期望則

使人向壞的方向發展。

目前，有關研究部門對少年犯罪兒童的研究表明，許多孩子成為少年犯的原因之一，就在於不良期望的影響。他們因為在小時候偶爾犯過的錯誤而被貼上了「不良少年」的標籤，這種消極的期望引導著孩子們，使他們也越來越相信自己就是「不良少年」，最終走向犯罪的深淵。

在家庭教育中，有的家長發現孩子成績上不去時，不是細心的找原因、想辦法，而是一味的埋怨孩子「笨」，這恰恰是孩子變「笨」的一個重要原因。因此，在家庭教育中，家長不要一味的埋怨孩子，不要在孩子面前說有損自尊心的話。孩子的智力發展水準是不平衡的，家長要注意啟發，幫助孩子改進學習方法。要知道「期望效應」才是一種高智商的培養方法。

心理暗示的力量是如此的巨大，可以讓一個人完全改變自己。因此，不要讓思想的仇敵侵入自己的腦海裡。要這樣對自己說：「每一個沮喪的思想，進入我的腦海，都會奪去我的快樂，減弱我的才能，阻擋我前進。我必須立刻用好的思想，來把它們驅逐。」

我們如何用好的思想來驅逐內心的沮喪思想呢？

第一，參加支持小組。

一旦你做出「繼續生活」的決定，你就會需要某些人來交談，而最有效的交談，就存在於你與那些也承受著精神折磨的難友之間。

第二，閱讀。

在最初的沮喪過後，當你能集中起精神時，閱讀，特別是自我幫助類書籍的閱讀，不僅能使你放鬆，更能使你備受鼓舞。

第三，寫日記。

許多人能從創造一份「自我經歷不斷成長」的記錄上找到快意。寫日記的過程能成為一種心理自我治療。

第四，做計畫。

還有事情值得盼望的想法催促你加速進入一個全新的未來，請規劃那個已被你推遲了的旅程。

第五，獎勵自己。

當高度緊張的時候，甚至最簡單的日常任務——起床、淋浴、吃飯等，看起來也令人氣餒。重視每一個成就，不管它有多少，每個勝利都應該被獎勵。

第六，進行體能鍛鍊。

體力活動特別富有療效。一位女士的兒子自殺後，她感到慌亂和孤立無助。一位朋友勸她加入了健美舞蹈班。沒多久，她說：「舞蹈使我覺得體力上好些，而一旦你覺得體力好，精神上也會感覺好多了。」

知識窗

暗示其實就是指人或環境以不明顯的方式向人體發出某種資訊，個體無意中受到外在的影響，並做出相應行動的心理現象。暗示是一種被主觀意願肯定了的假設，不一定有根據，但由於主觀上已經肯定了它的存在，心理上便竭力趨於肯定的結果。

不善於調適心理的人，長久走不出煩惱循環，極容易接受消極與虛妄的心理暗示；而善於調適心理的人，如同善於增減衣服以適應氣候變化一樣，能獲得舒適的生存。

野獸般的孩子

一九二○年的一天，在印度加爾各答西南的一個小城附近，一位牧師救下了兩個由狼撫養長大的女孩兒。這兩個女孩，大的大約七、八歲，取名為卡瑪娜，活到了十七歲；小的不到兩歲，不到一年後就死在了孤兒院裡。卡瑪娜不喜歡穿衣服，給她穿上衣服她就撕下來；用四肢爬行，喜歡白天縮在黑暗的角落裡睡覺，夜裡則像狼一樣嚎叫，四處遊蕩，想逃回叢林。她有許多特徵都和狼一樣，嗅覺特別靈敏，用鼻子四處嗅聞尋找食物。喜歡吃生肉，而且吃的時候要把肉扔在地上才吃，不用手拿，也不吃蔬食。牙齒特別尖利，耳朵還能抖動。她十五歲時的智力水準大致相當於三歲半的兒童。

心理是社會存在的反映，人是無法離開社會生活的，否則其發展就不可能正常，狼孩的故事很好的說明了這一點。

據伊拉克《笛子報》一九七八年第三三九期報導：

一批醫生和心理學教授正前往肯亞首都奈洛比，去研究一個曾在猴群中生活過的男孩。這個男孩是四年前蒲隆地的一些村民發現的。發現時，他全身赤裸，身體大部分長著毛，用四肢爬行、跳躍。村民們經過一段緊張的追趕，才把他抓住。他先被送到一家精神病醫院，現在住在肯亞的一家醫院裡。

人們給他取了一個名字叫「約翰」。已確定他現年八歲，是在森林中與家人失散或是家裡人全部遭難後獨自留下的。猴子們見到他很高興，把他當自己的孩子來撫養，並保護他免受其他動物的傷害。在被發現後的一段時間內，他學習了兩腳行走，由於回到人類中生活，性情也變得溫順了。但

是，他至今還不會說話。起初他只吃香蕉，慢慢的他已習慣吃人們所吃的各種食物。

關於被遺棄在森林裡長大的小孩，其中最有名的，就是西元一七九七年法國大革命時代，獵人從森林裡找到了一個十七歲的男孩，由於長久隔絕於人類社會之外，找到他時已變成「野獸般的孩子」。這一發現曾引起學術界的廣泛注意，並進行了多方面的科學研究。

這個野男孩死於四十歲。據說經過長期人為的訓練，他終於被「馴化」了，「失去了他的動物行為」。一九七六年出版的《阿威龍的野男孩》一書，介紹了這個野男孩被發現的概況。

至一九五○年代末，科學上已知有二十個小孩是在野地裡長大的，其中二十個為猛獸所撫育：五個是熊、一個是豹、十四個是狼哺育的，其中最著名的即本文開首講的印度「狼孩」。

很多人最為關心的人，這些「狼孩」回到人類社會後是怎樣生活的？他們和正常的孩子有些什麼不同？

據記載，本文開篇提及的印度「狼孩」剛被發現時用四肢行走，慢走時膝蓋和手著地，快跑時則手掌、腳掌同時著地。她們總是喜歡單獨活動，白天躲藏起來，夜間潛行。怕火和光，也怕水，不讓人們替她們洗澡。不吃蔬食而要吃肉，吃時不用手拿，而是放在地上用牙齒撕開吃。每天午夜到清晨三點鐘，她們像狼似的引頸長嚎。她們沒有感情，只知道飢時覓食，飽則休息，很長時間內對別人不主動發生興趣。不過她們很快學會了向身邊的人去要食物和水，如同家犬一樣。只是當阿瑪拉死的時候，人們看到卡瑪拉「流了眼淚 —— 兩眼各流出一滴淚」。

據研究，七八歲的卡瑪拉剛被發現時，她只懂得一般六個月嬰兒所懂得的事，花了很大氣力都不能使她很快的適應人類的生活方式，二年後才會直立，六年後才艱難的學會獨立行走，但快跑時還得四肢並用。直到死也

野獸般的孩子

未能真正學會講話：四年內只學會六個詞，聽懂幾句簡單的話，七年時才學會四十五個詞並勉強的學幾句話。在最後的三年中，卡瑪拉終於學會在晚上睡覺，她也怕黑暗了。很不幸，就在她開始朝人的生活習性邁進時，她死去了。辛格估計，卡瑪拉死時已十六歲左右，但她的智力只相當於三四歲的孩子！

「狼孩」的事例告訴了我們一些什麼呢？我們知道，人類學和心理學工作者往往透過對高等類人猿的觀察和實驗，來探索人類語言、智力及許多社會行為和習性的形成過程，而人類兒童與動物共同生活的意外事例，卻提供了少有的機會，透過對這一類特殊情況下的人的觀察和研究，可以得到很有價值的資料。

首先，「狼孩」的事實，證明了人類的知識和才能並非天賦的、生來就有的，而是人類社會實踐的產物。人不是孤立的，而是高度社會化了的人，脫離了人類的社會環境，脫離了人類的團體生活就形成不了人所固有的特點。而人腦又是物質世界長期發展的產物，它本身不會自動產生意識，它的原資料來自客觀外界，來自人們的社會實踐。所以，這種社會環境倘若從小喪失了，人類特有的習性、他的智力和才能就發展不了，一如「狼孩」剛被發現時那樣：有嘴不會說話，有腦不會思維，人和野獸的區別也混滅了。

其次，「狼孩」的事例說明了兒童時期在人類身心發育上的重要性。人的一生中，兒童時期在生理上和心理上都是一個迅速發展的時期。例如僅就腦的重量而言，新生兒平均約三百九十克，九個月的嬰兒腦重五百六十克，兩歲到三歲的兒童腦重增至九百至一千克，七歲兒童約為一千兩百八十克，而成年人的腦重平均約一千四百克。這說明在社會環境作用下，兒童的腦獲得了迅速發展。正是在兒童時期，逐步學會了直立和說話，學會用腦思維，為以後智力和才能的發展打下了基礎。「狼孩」由於在動物中長大，錯過了這種社會實踐的機會，這就使她們的智力水準遠遠比不上同年紀的正常兒童。

再次，正如個體發育史是它的種系發展史簡短的重演一樣，人類幼兒智力的成長過程也反映了從猿到人漫長歷程中人的智力的發展歷史。由於缺乏社會實踐活動，「狼孩」未能學會直立，不得不用四肢爬行，使得她們的發聲器官——喉頭和聲帶的運用受到阻礙，發不出音節分明的語言。更重要的是，由於脫離人類社會，印度「狼孩」自然不會有產生語言的需要。

　　此外，她們總是四肢爬行，臉部朝下，只得從下方攝取印象，不可能使頭腦獲得較其他四腳動物更多的印象，這一切根本的阻滯了她們智力的發展。

　　不過，也不是說經歷了早期剝奪的孩子完全沒有復原的希望。心理學家理查德德·赫爾德和艾倫·海因在一九八〇年代做過一個實驗。他們把一對小貓放在黑暗中飼養，在小貓會走路以前，不讓牠們取得任何視覺經驗。然後把這對小貓分開訓練，一個讓牠始終自己運動，另一個則乘坐在箱子裡被動的繞圈。後來發現，主動運動的小貓，其知覺能力獲得廣闊的發展，而處於被動狀態的小貓，其知覺能力也獲得了發展，儘管極其遲緩。這個實驗說明復原還是可能的，關鍵是提供足夠的刺激和學習機會。

　　一九七六年，心理學家克拉克夫婦在考察了大量關於人類早期社會經驗的研究報告後，也認為可透過領養使孤兒院中智力低下的兒童進步迅速，而且早領養比晚領養要好得多。在另一次長期研究中，心理學家追蹤了共二十五名智力遲鈍的孤兒，其中十二名一直放在孤兒院，還有十三名在十九個月大的時候被送入專門的機構，提供必要的教養。一年半後，留在孤兒院的孩子智商從八十七降到六十一，而被送走的孩子智商從六十四上升到九十二。兩年半後，十一名被收養的孩子智商已上升到一百零一，又過了二十年，當這些孩子長大成人後，研究人員發現，十二名在孤兒院的孩子，一人夭折，四人由政府特別照顧，另外七人均失業或從事簡單勞力工作；而當年被送走的孩子則全部自立，而且與社會層次相當的正常家庭的孩子已經

沒有什麼區別了。

　　由此可見，早期的社會剝奪有很大的影響，但並非是壓倒性的，早日脫離該環境，提供新的學習教育機會，還是能取得相對的成就。

知識窗

「狼孩」本身畢竟是人類千世萬代遺傳下來的後輩，因此當「狼孩」回到了人類社會中，必然會逐漸恢復人類特有的習性。印度「狼孩」儘管似乎成了野獸般的生物，但她死時已接近於人了。而我們所豢養的家畜則無論怎麼努力，則永遠不會達到其真正意義上的直立行走，更別提常規意義上的語言對話。

被動攻擊行為更可怕

請看一位母親與一個心理醫生的對話。

母親：我一直認為兒子在性格上很不像自己，骨子裡就懶，而且是非常的懶散，做事也總是慢半拍。我想了很多辦法，也對他發了不少脾氣，可始終沒什麼效果。

我兒子文筆挺好，有些作文還能提出自己的見解，但是你如果讓他把一篇作文修改一下，他就絕對不會理你，甚至還說自己已經寫得很好了。每次都要我動粗或者逼他檢查，他才能動筆。

他寫作業的時候速度慢，倒不是因為題難不會做。他也不像有的孩子那樣坐不住，一寫作業就總想做別的。他是老老實實坐那，一筆一劃的寫，一個字哪怕都寫完了他還在上面不斷的描，半天才往下寫。

每天最讓我生氣的時候就是早上送他上學。我每次收拾完東西，都得等他。看他始終在那慢騰騰的收拾，給我急得啊，我催他，他僅僅嘴上答應，行動上一點也不知道快一點。

您說我兒子這樣慢騰騰的，是不是心理有問題？會不會也像有些孩子患了感覺統合失調什麼的？

心理醫生：他的老師反映過他有動作慢的問題嗎？

母親：……那倒沒有，他老師沒說過。

心理醫生：有沒有可能是您的節奏太快，所以他慢？

母親：（沉默了一下）我不知道啊，也許吧，我做事確實一直都喜歡痛快敏捷的。

被動攻擊行為更可怕

心理醫生：那看來他只和您一起才慢吧？他爸爸對此怎麼看的呢？

母親：好像確實是這樣。他爸沒有因為孩子磨蹭訓過他，他爸的觀點是作業能寫完就行，出門前東西帶好別落下就好，沒像我那麼著急過。

心理醫生：那您出門前是怎麼等兒子的，安靜的等，還是一邊等一邊訓斥他？

母親：我怎麼可能安靜的等！我的心裡都急死了！我會一直訓他，要他快、快、快！可是不管我怎麼說，人家都跟沒聽著似的，在那還是慢條斯理的收拾！你說氣不氣人？

心理醫生：您訓他的時候他是否表現出不耐煩？

母親：沒有，我兒子還是很懂事的。而且我這都是為他好，他怎麼可能不耐煩！

心理醫生：但是任何人被別人攻擊，都會生氣。您對兒子的訓斥，就是一種攻擊，如果他不敢用主動的方式還擊，就會用被動的方式報復。您兒子的磨蹭，就是對您的還擊。

心理醫生分析與建議：家庭教育中，大人們最常犯的錯誤，就是不把孩子當成一個人來尊重，認為只要自己的初衷是好的，就可以不必講究交流方式，不必注意細節。但是，孩子和大人一樣，不管父母借用的名義是什麼，只要受到了父母粗暴的對待，孩子第一時間產生的就是反感和憤怒。但孩子同時認為：對生我養我的父母表達反感和憤怒是不道德的，我不應該這樣做，而且我一旦生氣，可能會因此失去來自父母的愛。

父母的愛和認可，是孩子最在乎的。為了維持這一點，孩子只能壓抑憤怒，甚至意識不到自己在憤怒。

但是憤怒一旦產生，就要尋找宣洩的出口。既然孩子不能直接表達憤怒，他們就會發展出獨特的還擊方式。如很簡單的事情，他們做砸了；很容易兌現的承諾，他們卻無法守信；很短時間內就能完成的事情，他們卻一拖

再拖……性情急躁的家長常被這些莫名其妙的情況弄得暴跳如雷,其實這一切「無心之失」都可能是弱勢孩子對強勢家長的被動攻擊。

我們再來看看一位大學生的自述:

「我平時沒覺得我哪裡有問題呀!可是我為什麼就是總喜歡遲到呀?」

「我還經常忘記老師交代讓我做的事情,事後雖然滿口答應,可是就是完成不了。我究竟是怎麼回事呀?」

「我們班上最近要在建校週年慶典上出一個節目,我會彈鋼琴,正好能派上用場。所以老師就決定讓我出一個鋼琴演奏的節目。」

「可是我每次排練總是遲到,害得所有人都要等我,演出的排練也因此總是不能順利進行。」

「老師為此不止一次批評過我……」

「可是,每批評一次後,我不但沒有改正,反而遲到得更厲害了。」

「結果不用我說你也能猜到,老師被迫讓我的節目『下課』了。」

「我這到底是怎麼回事呀?我究竟是怎麼了?」

如果你仔細觀察,在我們周圍的形形色色的人群中,就會發現存在這樣一種人:他們做事極其拖拉,沒有時間概念,極拖沓之能事,他們非常喜歡透過讓別人等待來控制人際關係,為遲到編造各種謊言。

這類人群做事總是推託,叫他做事情,即便是一件很小的事情,如倒垃圾,他們通常是回答得好好的,但他們往往會拖很長時間也不把這件事情做好,當我們提醒他們時,他們又滿口答應,但仍然拖到猴年馬月。

他們還會「選擇性遺忘」很多事情。當他們在和人相處的時候,他們表現為害怕親密的關係,如對愛情常有一種恐懼感,老覺得愛情很可能是一種陷阱,總是故意和關係近的人保持距離。

在人際關係中,他們總感覺受傷害、失敗,其他人總想控制他、對他擺架子,但又對其他人表面上順從。這樣的人好像也說不出有什麼不妥,可是

被動攻擊行為更可怕

有時候又會被他氣得無可奈何。

以上提到的這類人群的個性在心理學上被稱為被動攻擊個性，而這種個性如果比較嚴重的話，就會成為一種人格缺陷，稱之為被動攻擊型人格障礙。這種人格是一種比較隱蔽的人格，表面上，擁有這種人格的人，顯得很謙卑、很順從，在很多方面，都比較被動，有點逆來順受的感覺。別人常說「這種人沒脾氣」，他們常常被別人描述為大好人。

美國心理學家賴特納‧韋特默認為：在現實生活中，這種被動攻擊人群的行為方式，還有另一層面的作用，就是消極抵抗。他們常用的方式，就是沒有反應：其實，沒有反應，就是一種最明確的反應，它可以代表厭惡、拒絕、蔑視等負性情感，這是一種無聲但又十分有效的攻擊手段。「被動攻擊」一詞，就是由此而來的。

對於存在被動攻擊個性的當事人的治療，可以讓他們逐步在心理醫生的引導下循序漸進的進行，是可以得到糾正的。以下是對依賴型人格的一些處理建議：

1　相信他人。

不要單單憑你的主觀臆斷來想像他人讓你做事情的動機。你要知道你並不會讀心術，不知道別人在想什麼。如果其他人做的某件事情對你造成了傷害，請把注意力集中在如何處理這一件事情上。不要威脅別人，如果別人真的傷害了你，就用合理的方式來解決衝突。

2　對己真誠。

在任何情況下，確定你真正的需要和欲望。確定自己的極限。你需要確定兩種行為極限：什麼樣的行為是你可以忍受的；什麼樣的行為是你願意做的。記住，你對別人的期望，也會是別人對你的期望。

3　認真對待他人的要求。

面對他人的要求要明確的提出自己的要求，並要求對方明確的回應：清楚的知道你想要什麼？多用「我」字開頭，避免泛泛而談。特別要注意指出對別人哪些地方不喜歡，哪些地方是喜歡的。無論何時你沒有得到清楚、直接的答案時，就再問一遍，但不要怒氣衝衝的問。

法國北部諾曼第的一個小鎮，有位麵包師傅經常到隔壁農場買牛油。麵包師傅發現每回購得一點五公斤重的牛油塊，都被人偷斤減兩，而且問題一再重演。終於，忍無可忍之下，他將農場主人揪送法辦。

法官問農場主人：「您有磅秤嗎？」

「有的。」

「你少了稱重量的砝碼嗎？」

「我是少了幾粒砝碼塊，重量不齊。」

「那您又如何能稱出牛油塊的重量呢？」

「跟您據實稟報，法官。根本不需要砝碼！」

「怎麼可能？」

「事情是這樣子的，當麵包師傅很賞光的到農場買牛油，我也決定採購他做的麵包。而且，每次就用他送來的一點五公斤麵包當作砝碼，稱出等重的牛油回賣給他。如果他不服，認為被欺詐，這不是我的錯，是他的。」

你的行為就是別人對待你的「砝碼」。人最重要的品格就是誠實，你怎樣對待別人，別人就會怎樣對待你。

4　就事論事。

關注此時此刻發生的事情。不要把陳年舊帳翻出來，也不要盯著遙遠的未來。有時候要做出合理的讓步，並為可能帶來的結果做好準備。

古代有位老禪師，一天晚上在禪院裡散步，發現牆角有一張椅子。心想：這一定是有人不顧寺規，翻牆出去遊玩了。

老禪師搬開椅子，蹲在原處觀察，沒多久果然有一位小和尚翻牆而入，在黑暗中踩著老禪師的後背跳進了院子。

當他雙腳落地的時候，才發覺剛才踏的不是椅子，而是自己的師傅，小和尚頓時驚惶失措。

但出乎意料的是，老和尚並沒有厲聲責備他，只是以平靜的語調說：「夜深天涼，快去多穿件衣服。」

小和尚感激涕零，回去後告訴其他師兄弟，此後再也沒有人夜裡越牆出去閒逛了。

一隻腳踩扁了紫羅蘭，它卻把香味留在那腳跟上，這就是寬容。寬容會使人生得到昇華，在昇華中找到平靜，在平靜中得到幸福。

5　勇敢面對。

如果別人傷害了你，告訴他們「我感覺受傷了」。如果其他人說了很愚蠢的話，請對他重複一遍他說過的話，「你剛才說了……」這可以有效的維護你的權力。

知識窗

應該承認，被動攻擊也是一種生存智慧。不過這種智慧會帶來很多負面影響。首先，這些人意識不到，別人的主動和自己的被動，不一定是別人壓迫自己的結果，而有可能是自己的性格傾向，導致別人以壓迫的方式和自己互動；他們意識不到，被動中也蘊涵著攻擊，有時候，甚至是致命的攻擊；他們也難以察覺，他們能從被動攻擊中獲得好處 —— 贏得同情、獲得聲援、將別人置於被告和施虐者的位置。

大學驚現「剪刀手愛德華」

　　一個類似科學怪人的發明家製造了愛德華，這個愛德華具備人類的一切肉體和精神的功能，但發明家還沒來得及為愛德華裝上雙手就去世了，只留下一雙剪刀手作為代替。孤獨的愛德華隱居在遠離人群的神祕古堡之內，不敢面對正常的人類。派格發現了這個少年，出於對愛德華處境的同情，把他帶回了家。

　　愛德華很快以靈巧異常的剪刀手和溫和的性格博得了人們的歡迎。他能用剪刀手修剪植物、剪出奇妙的髮型。派格的女兒金逐漸愛上了這個愛德華，但給愛德華帶來的卻是痛苦 —— 他甚至不能擁抱自己所愛的人。在影片的結尾，愛德華在冰雪紛飛之中，用一支表達愛情的冰雕獻給深愛的女孩。

　　這是電影《剪刀手愛德華》的基本劇情，走出銀幕步入生活，「剪刀手愛德華」可怕的走進了我們的視線。

　　二〇〇五年十一月三十日，一名網友在網路披露：「國外某研究生張明（化名）在半年內以幫忙收養小貓為由，從學校同學手中騙取小貓大約二十隻，平均九天換一隻，全部挖眼後丟棄，任小貓自生自滅。另外還從寵物市場等管道收集小貓，供其虐待。」此事在網路披露後，立即掀起了軒然大波。

　　具體的情況是怎麼回事呢？事情是這樣演變的。該大學周邊一直都有一些流浪貓出沒，一些愛貓的學生就在學校 BBS 的動物版上找領養人，一名研究生就發帖表示願意領養小貓，就這樣，該研究生（這名研究生就是張明）領養了近三十隻小貓。有一天，寢室的同學在籠子裡發現了一隻右眼流血、脖頸皮破帶傷的貓。這名研究生承認，是自己用剪刀劃傷了貓的眼睛。然後

是認錯，請求保密。後來這位上網 po 文的人在答應這位研究生後還是把這件事情揭露了出來。

後來有記者採訪，張明說：「小貓可愛，我可以摸牠，我可以欣賞牠可愛的地方；但是另一方面，我覺得如果我憤恨的話，小貓也可以提供我發洩的⋯⋯」

說這段話時，張明的語氣相當平靜，外表斯文的他讓人難以與一個虐貓成性的人聯繫起來。但就是這樣一個大學的研究生，正在申請進入世界某著名大學就讀的男生，二○○五年七月至十一月這段時間卻陸續虐待、遺棄、殺死了近二十隻小貓⋯⋯

而張明對此是這樣承認錯誤的：七月中旬回家，回家的第一天就被家人禁止養貓，但是我還是堅持把小貓留下來了，家裡因為裝修，所以我們在使用上都非常小心，而我更是如此，早上皮皮卻總是在貓砂中跳進跳出，顆粒濺得到處都是，喝止和輕拍都未果，如此幾次，我便變得失去耐心，重重的打了牠的小腦袋，記得當時牠嚇得 —— 可能也是因為疼痛 —— 趴在地上不動了，然後我就把牠丟棄在社區中，中午氣過以後想把牠找回來時，發覺已經不見了。過幾天後都是在回憶和空虛中度過的，無數次翻皮皮的照片，我決定再次領養小貓，除了再次在家中收留的一隻小黃貓，其他都在寢室，我也因此在寢室住了一段時間，在這段時間中因為一些事情心煩氣躁時，我就忍不住把壓力發洩在貓咪身上。現在想來，對弱小而沒有反抗能力的小生命的摧殘，是可恥和怯懦的行為。有時候會因為貓咪一時的錯誤和不聽話而打牠們，然後丟棄牠們，程度由輕到重，從開始的僅讓牠們受驚讓自己消氣的地步，到打得有些貓已經奄奄一息，而個別甚至幾乎已經沒有生還的可能了。雖然每次打完和丟棄之後，我都會有負罪感，也曾想過自此不再養貓。但過一段時間後，對小貓外表的喜愛和撫摸牠們的感覺就像上癮一樣讓我再一次次領養新的貓。為了更容易得到我喜歡的那些小貓，我還不負責任的向

那些把貓託付給我的貓主承諾要照顧貓的一生。我當時沒有認識到自己這一系列行為的極端錯誤，沒有思考過這樣做對貓貓產生的嚴重後果。

　　直到有一天版友察覺這種異乎尋常的舉動，集合上門質問我小貓的下落。由於害怕承擔責任，我編造了一個又一個的藉口和謊言。這件事情他們最後處理的很低調和寬容，也是出於對我的保護，沒有公開。而我不但沒有反省自己，反而感到僥倖和自得，甚至還曾為自己在最短的時間內，得到了最多的小貓而得意。隨後一段時間我非常忙，這件事情也就逐漸淡忘了。十月中下旬的時候我清閒起來，陸續從花鳥市場購買數隻小貓，牠們的境遇基本上也是這樣吧，有的被打過幾下後便放了，有的則打的非常重。

　　這件事情曝光後，部分網友看似尖刻卻是正確的指責，我才會靜下心來反省自己，是所有人的觀念錯了，還是我的觀念錯了？

　　從剛開始我一味的牴觸和掩蓋，到現在的坦然面對，說出真實的過程，正視自己的錯誤，我經過了一個非常痛苦和激烈的鬥爭過程。是掩蓋事實真相，不讓大家得到告發我的資料，還是如實的說出事情經過。我最終選擇了後者，承認錯誤，才是今後我能改正的第一步。

　　事情過後不久，有記者採訪了心理諮商中心的心理學家。心理專家分析說，可能當事人在以前生活中也遭遇到類似被遺棄的情景，會透過不斷領養貓、再遺棄貓的手段獲得心理補償；也有可能當事人學業和生活壓力比較重，又不懂得如何排遣，所以透過遺棄貓將壓力轉嫁。還有一個可能是，當事人的人格存在偏差，透過當事人從事的學科以及愛整潔的習慣來看，他是個非常理性的人，情感世界比較淡漠，不認為貓等一些小動物是有生命的，在對待人和物上沒有太大區別，因此他才會不斷的虐待貓。

　　心理專家認為，事件發生後產生的爭議，甚至網友對其的言語攻擊行為，或許可以成為他成長契機，可以重新學會體驗到人與動物之間的情感，學會情感投資。心理專家也認為，這一事件對於張明來說，也是一次很大

的心理創傷。如果他能夠真心悔過，那麼希望網友停止對他的人身攻擊，讓他學會感受一些細膩化的情感體驗，感受到小動物也是值得人類珍惜和保護的。

顯然，從某種意義上說，這位施暴者和那些無辜的貓咪一樣也是受害者。對於他，他的家庭缺少關愛，他的同學也缺少關愛，於是才有了他的扭曲。他的同學說，「即使最要好的朋友來找他，他也要隔著門縫和人說話。」他的家庭雖然非常富足，卻只關心其學業，對他的心理需要非常冷漠。而他的同學，從這個事情看，那位答應他不上網 po 文的同學的一番「背信棄義」，會換來他對周圍人的如何看法？是絕對正義還是兩面三刀？

此類事情，至少反映了人心之中期許真善美的力度在弱化，趨惡的因素在增加，這種傾向是令人心悸的。現代社會的人都生活在巨大的壓力中，無論窮者富者都承受著壓力，無論強者弱者也都如此。某都市的一個地方成立了專供婦女發洩怒氣和暴力的地方，有委屈的人可以猛烈捶打「橡皮人」。可是令人擔心的是，一旦讓人形成這樣的「發洩習慣」，當找不到「橡皮人」的時候，誰會受虐待？

在遇到心理問題時，應積極的去看心理醫生，千萬不要因害羞與世俗的偏見而諱疾忌醫。另外，除了找心理醫生諮詢、疏導和治療外，大學生也應該積極進行日常性的自我調適。

1　確立新的適合自己的追求目標。從心理學角度來說，有一個明確的目標，會使心理指向集中於一處，這樣無形中會轉移注意力，削弱心理問題對心理的影響，並有了內在驅動力，可促使人變得積極向上，從而更有利於克服各種心理問題和疾病。

2　正確對待學習、生活與就業所帶來的壓力。從心理學角度來說，一個人以一種自信、堅強、樂觀的精神面貌面對生活，是有助於及時調整心態，從心理困境中走出的。

3　積極轉移注意力，學會自我宣洩。轉移注意力，是有助於擺脫心理困境的。

4　正確對待情感問題。情感的困惑與戀愛的危機，始終是誘發青年大學生心理問題的一大因素。面對失戀的打擊，大學生應學會理智的應對，如積極轉移自己的注意力，從事其他事情緒如外出旅遊、找知己傾訴等等以沖淡心理的壓抑與痛苦。

知識窗

心理學專家認為：虐待小動物的行為實際是一個人心理障礙的行為表現，在基本上是其發洩心中煩悶、緩解緊張情緒的一種方式。人具有攻擊和破壞的本能，當他遭遇心理壓力和挫折境遇時，就可能重新激發他的侵犯動機，出現攻擊性。當一個人處於某種原因而不能對侵犯者還擊時，往往會找一個代罪羔羊發洩一通。

對少數虐待動物成「癖」的人，家長及相關部門可以給予教育及懲處，使他們明確認識自己行為的錯誤。有些當事人虐待小動物，是想用欺強凌弱的方式來表示自己的能耐，對此家長更應應從嚴教育。要獎懲分明，在使用懲罰時，要首先使其明白為什麼受懲罰，該怎麼做，不該怎麼做。

為一枝鋼筆而焦慮的人

　　小孫是一名高三的學生，最近一段時間不知道為什麼老是為一些微不足道的小事憂慮，以至於影響了正常的學習和生活。

　　比如：小孫莫名其妙的就對他使用的那枝鋼筆產生了厭惡之感。一看到它那磨得平滑的鋼筆尖就心裡不舒服。他更討厭那枝鋼筆的顏色，烏黑烏黑的。於是小孫決定不用它了。可換了支灰色的鋼筆後，小孫依然感覺不舒服。原因是買它時小唐見是個年輕漂亮的女售貨員，竟然緊張的冒了一頭大汗，小孫認為自己出了醜，自尊心受了傷害。因此小唐恨不得弄爛它，於是把它扔到了樓梯，任人踐踏。可是轉念一想，這不是白白糟蹋了錢，結果又把它給撿了回來。

　　還有一次，小孫買了一個用來盛飯的塑膠碗。突然他腦子裡冒出一個想法：「這是不是聚乙烯的？」幾年前，小孫記得自己曾看過一篇文章，好像是說聚乙烯的產品是有毒的，不能盛食物。這下小孫的神經又繃緊了：自己買的這個塑膠碗會不會有毒？毒素逐漸進入我的體內怎麼辦？小孫萬分憂慮著，但不用它又不行，況且原子筆、鋼筆、牙刷等也是塑膠製品，天天都沾，這不是讓人活不成了嗎？

　　有一天，小孫又為頭上的兩個「旋」而苦惱起來。他聽人說「一旋好，兩個頂旋，氣得爹娘要跳井」。真有這麼回事嗎？要不然為什麼自己經常惹父母生氣呢？可許多有兩個旋的人也不像自己這麼怪呀？這個念頭令小孫終日憂慮不已，他甚至盼望有一種藥或有一種機器能把他治成有一個平滑頭頂的人或變成順眼的一個旋，那麼或許自己的頭腦就不會麼亂了。

小孫就是這樣一直在憂慮的漩渦中徘徊、掙扎著……最後，在老師的建議下，小孫求助了心理醫生。

心理醫生分析小孫患上了憂慮型的焦慮症。憂慮是一種過度憂愁和傷感的情緒體驗。正常人有時也會有憂慮的時候，但如果毫無原因的憂慮，或雖有原因，但卻不能自控的顯得心事重重、愁眉苦臉，那就屬於心理疾病了。很顯然小孫的憂慮已經對其正常的生活或工作、學習造成了障礙，所以屬於心理疾病的範疇。

契訶夫曾寫過一篇名為《小公務員之死》的短篇小說。

小說中講到：

有一個小公務員一次去看戲，不小心打了一個噴嚏，結果口水正巧濺到了前排一位官員的腦袋上。小公務員十分惶恐，趕緊向官員道歉，那官員沒說什麼。

小公務員不知官員是否原諒了他，散戲後又去道歉。官員說：「算了，就這樣吧。」

這話讓小公務員心裡更不安了。他一夜沒睡好，第二天又去賠不是。官員不耐煩了，讓他「閉嘴、出去」。

小公務員心想，這回一定是得罪官員了，他又想盡辦法去道歉。

小公務員就這樣因為一個噴嚏，背上了沉重的心理負擔，最後，他憂慮而死。

人不可背負太多，要把注意力和興趣投放到積極有意義的事上去，人就會輕鬆許多。那些毫無意義的動作和思維就會隱退。

那麼是什麼原因造成憂慮的產生呢？

從心理學角度分析，在我們身邊發生著許許多多的事，外界有多得驚人的資訊和刺激如洪水般的湧向人們的器官，而我們卻常常對這些並不在意。人的大腦會把那些並非必須的資訊過濾掉，這樣才能把我們的注意力放在必

需的資訊上。因此，令人不舒服的資訊，只有當它穿過注意的濾層，在意識的聚光燈下亮相時，才會產生令人不快的效果。只有當我們注意事物的負面時，我們才感到痛苦。

另外，憂慮的產生還有如下原因：

1‧對社會的期望值過高。

有的人對社會、對他人的期望值過高，然而對實現美好願望的艱巨性、複雜性又估計不足，於是當願望與現實之間出現巨大落差時，失落、失望、失意或憂慮的情緒便接踵而來。

2‧適應能力差。

這些人缺乏對複雜社會的適應能力，心理承受能力很低，承受挫折的忍受力很差。個性又特別脆弱，容易走極端。

3‧思想消極。

思想消極的人性格不開朗、拘謹、封閉自己，有時過度認真但又煩惱很多，經常是沮喪的、自卑的、灰心的。這些人往往把現實看得過於灰暗，映入眼簾的盡是社會的陰暗面、黑暗面。因為將社會看得灰暗，自己的心境也就會跟著灰暗了起來。總覺得「生不逢時」，有一種「懷才不遇」的感覺，於是抱怨生活對自己不公平，覺得一切都不順心、不滿意。

4‧名利心重，過於敏感。

有的人將個人的利害關係、榮辱得失看得太重，為了一些微不足道的小事整日患得患失、憂心忡忡，以致造成心理疲勞，影響正常的工作、學習和生活。有的人甚至「庸人自擾」，整日擔心這個，害怕那個，自尋煩惱。

5 · 與自身遭遇有關。

這些人會隨著自己所看重、所依賴的人或事或關係的失去產生憂慮，例如因家人生病、父母離婚、親人亡故等而感到孤獨，與朋友吵架或鬧翻而感到內疚，失戀了感到失落，與要好朋友出現矛盾而產生的煩躁、緊張感覺等。

6 · 沒有理想，缺乏鬥志。

有的人往往不想為自己的命運而抗爭。身上缺乏活力和拚搏奮鬥的精神。他們有時也想要自己活得好一點，但就是不肯付出代價，或者稍稍付出一點代價就產生「吃不消」的感覺。因而使自己的抗爭最終半途而廢。這些人對什麼都感到沒動力，生活沒動力，學習沒動力，工作沒動力，甚至談戀愛交朋友也都沒動力。

小孫的問題出在他消極的個性上。當他無法從學習中、團體活動中、人際社交中、業餘生活中體驗到自我的價值、樂趣、愉悅等積極情感時，則消極的心態會使其專注於事物的消極一面，並將之不斷的聯想、誇大，以至於焦慮不安。英國作家薩克雷曾說：「生活就是一面鏡子，你笑，它也笑；你哭，它也哭。」人在生活中注意什麼，便決定著他是怎樣的生活世界。現實生活中，有很多這樣的人，他們受各式各樣的干擾，成天為一些毫無意義的小事困擾，把自己搞得很疲憊。

小孫要走出目前的心理困境，不僅要有目的的調整自己的注意力，而且還要採取一些積極的、富於建設性的行動。一個不可自制、反覆洗手的人，在觀看一場好電影時，便忘記了要洗手的事；一個害怕高空飛行的乘客，當他在飛機上埋頭品嘗那盤中的美味時，自然就忘卻了自己的飛行恐懼症。同樣，小孫若能積極的投入學習，產生濃厚的興趣、小有進步，豐富自己的業餘生活，熱情的參加團體活動，那麼什麼鋼筆的顏色、頭頂上的兩個旋，統

統的都會拋到九霄雲外。

契訶夫的另一篇小說《給企圖自殺者進一言》也許會給你更好的啟示。

要是火柴在你的衣袋裡燃起來了，那你應當高興，而且感謝上帝：多虧你的衣袋不是火藥庫。

要是有窮親戚上別墅來找你，那你不要臉色蒼白，而要喜氣洋洋的叫道：「挺好，幸虧來的不是員警！」

如果你的妻子或者小姨練鋼琴，那你不要發脾氣，而要感謝這份福氣：你是在聽音樂，而不是聽狼嗥或者貓叫的音樂會。

你該高興，因為你不是拉長途馬車的馬，不是旋毛蟲，不是豬，不是驢，，不是臭蟲。

你要高興，因為眼下你沒有坐在被告席上，也沒有看見債主在你面前。

如果你不是住在邊遠的地方，那你一想到命運總算沒有把你送到邊遠的地方去，你豈不覺得幸福？

要是你有一顆牙痛起來，那你就該高興：幸虧不是滿口的牙痛起來。

你該高興，因為你居然可以不必讀《公民報》，不必坐在垃圾車上，不必一下子跟三個人結婚。

要是你給送到警察局去了，那就該樂得跳起來，因為多虧沒有把你送到地獄的大火裡去。

要是你挨了一頓樺木棍子的打，那就該蹦蹦跳跳，叫道：「我多麼運氣，人家總算沒有拿帶刺的棒子打我！」

要是你的妻子對你變了心，那就該高興，多虧她背叛的是你，不是國家。

依此類推。……朋友，照著我的勸告去做吧，你的生活就會歡樂無窮了。

我們也可以採取一些方法進行自我心理調節，來驅逐內心的沮喪思想。

1.找有與你有相同或類似經歷的人交談。

一旦你做出「繼續生活」的決定，你就需要找人來傾訴你的想法，而最有效的交談，就存在於你與那些也承受著精神折磨的難友之間。

2.讀一些心理或勵志方面的書籍。

在最初的沮喪過後，當你能集中起精神時，閱讀，自我幫助類書籍的，不僅能使你放鬆，更能使你備受鼓舞。

3.把你的煩惱、沮喪、憂慮記錄下來。

許多人能從創造一份「自我經歷不斷成長」的記錄上找到快意，寫日記的過程能成為一種心理自我治療。

4.為未來做一份計畫書。

還有事情值得盼望的想法催促你加速進入一個全新的未來，請規劃那個已被你推遲了的旅程。

5.適當的運動。

體能鍛鍊有助於你身心的放鬆和壓力的排解，選擇一至兩項你的身體能夠承受的運動項目，並持之以恆的堅持下去，相信一定有很好的效果。

知識窗

憂慮者的表現特徵：

　　1．憂慮的核心表現是鬱鬱寡歡。

憂慮的人常常會無緣無故、莫名其妙的焦慮不安、苦悶傷感，如果再遇上環境刺激時，就猶如「火上澆油」，進一步激發並加重憂愁和煩惱。一般來講，性格內向、心胸狹窄、任性固執、多愁善感、孤僻離群的人多帶有憂慮傾向。

　　2．憂慮的人有時會變得緊張不安，難以放鬆。

他們感覺自己如同困獸，四處走動，想做點什麼，卻不知道該做什麼。有時，想逃出去的想法非常強烈，但是對逃到哪裡去，去做什麼卻不清楚。另一方面，有些憂慮的人會變得反應遲鈍，若有所思，神情恍惚。

　　3 憂慮在情緒上表現出強烈而持久的悲傷。

憂慮者總覺得覺得心情壓抑和苦悶，並伴隨著焦慮、煩躁及易激怒等反應。在認識上表現出負性的自我評價，感到自己沒有價值，生活沒有意義，對未來充滿悲觀。

還表現在對各種事物缺乏興趣，依賴性增強，活動水準下降，迴避與他人交往，並伴有自卑感，嚴重者還會產生自殺想法。

他為何過著行屍走肉般的迷惘讀書生活

　　二十二歲的劉銳（化名）在高中的學業成績很好，卻連考三年未能考上大學，現在的他感覺很迷惘，想要開始新的生活，卻又不知道該怎樣去做。劉銳在高中時到底發生了什麼事情，導致他現在這種情況呢？

　　原來劉銳的迷惘緣於他感情的挫折。劉銳的家雖然住在小城鎮，但家境不錯，父母對他很嬌慣。上學後，由於是班上的資優生，一直在表揚聲和別人羨慕的目光中長大。情竇初開的年紀，劉銳愛上了鄰家女孩，等他鼓起勇氣向她表白時，卻遭到了女孩的拒絕。她說如果劉銳真愛她，那就努力學習，考上大學那一天再去找她。劉銳的心理雖然失落，還是說服自己放下心事好好學習。然而，一向成績不錯的劉銳竟在學測中敗北了！面對這一結局，劉銳絕望至極。這不僅僅意味著他與大學無緣，更意味著他喪失了向心愛女孩表白的資格。劉銳徹底絕望了，整天什麼也不做，在吃和睡中虛度著時日，妄想使自己變成一具沒有靈魂的軀殼。這樣過了兩個月，劉銳的父母看在眼裡急在心頭，於是他們決定送劉銳去重讀。

　　劉銳似乎又看到了一線希望，興高采烈的跑去問女孩能不能再等他一年。女孩竟說她已經有男朋友了。聽到這一消息劉銳感覺如五雷轟頂，一下子就呆住了。感情受到沉重打擊的劉銳從此開始放縱自己：他學會了抽菸、喝酒、打麻將，還經常蹺課出去看錄影、玩遊戲，夜不歸宿。漸漸的劉銳的人際關係也越來越糟，學業成績更是一塌糊塗。第二年學測，順理成章名落孫山了。劉銳變得更加麻木，做事情從不動腦筋，一切都憑感覺，常常惹得別人恥笑。父母再一次逼劉銳複讀，一年中劉銳如行屍走肉一般……

他為何過著行屍走肉般的迷惘讀書生活

　　參加三屆學測不中，父母對劉銳徹底失望了。病重的母親淚眼婆娑的對劉銳說：「你再這樣下去，即使我到了另一個世界也閉不上眼」。母親的話如晴天霹靂般，一下子激發醒悟了劉銳！可三年時間已在他的自我摧殘中虛度了，當他準備重新開始生活時，卻發現無論怎麼努力，為人處事也總是遠遠落後於同儕。更可怕的是，劉銳喪失了適應能力，無法和身邊的一切相融合。另外，這三年來自己對大腦的屢屢摧殘，使他變得不會思考了，整天處於混沌的狀態：迷惘、失落、不知所措。

　　最後，萬般無奈下，劉銳在父親的陪同下走進了心理診所。

　　心理醫生分析，劉銳的迷惘和失落是因為失戀和三次學測落榜的打擊，以至於得了憂鬱症！在人生的旅途中，有時我們會迷失自己，對未來失去了明確的追求方向。

　　造成劉銳患迷失自我的主要有兩方面原因：

　　第一，家庭原因。由於劉銳從小生活環境優越，長時期沒遇到重大或過多的挫折、矛盾，並且自幼活潑聰穎，學業成績一直很好，再加之父母對他的嬌慣溺愛，有求必應，使得他心理承受能力和抗挫折能力非常低。所以當他遇到學測失敗、失戀等一系列波折時，很容易導致心理障礙的產生。

　　第二，自身原因。劉銳的性格特點也是他迷失自我原因之一。劉銳是一個意志不堅強、情感脆弱的男孩子。從他面對挫折表現出來的狀態來看，他有「不適應性格缺陷」的症狀。也就是說他對待精神刺激和心理壓力的應變能力很差，從而使心理認識水準，對事物的判斷、辨別和適應能力都很差。

　　正是這兩方面的原因。導致劉銳一遭遇到挫折，便無法調整心態，以至於迷惘、失落、自暴自棄，一蹶不振。而經過父母的勸導和自我反省後，雖然產生了上進的念頭，卻又因為對社會環境和人際關係的不適應，再一次觸發了心理問題。

　　心理醫生針對劉銳的情況，制定了具體的治療方案：

1・改變其不良的家庭教育方式。

父母要停止用溺愛、過多滿足的手段來嬌慣他。並要有意識的幫助他養成克服困難、獨立自主的生活方式。讓他懂得社會生活的矛盾性和正反兩方面的生活經驗，從而對挫折和不幸有充分的心理準備和應對措施。

2・劉銳本人要有意識的培養堅強剛毅的特質。

如可進行體能鍛鍊。一切體育運動都是克服困難、培養堅強意志的心理訓練方法。只要堅持不懈，效果一定很顯著。還可以根據條件設置一些生活困難讓自己去克服，在不斷克服困難的過程中培養信心和毅力。

3・人為的故意設置一些失敗的情景，讓他經受失敗的痛苦體驗。

在這一過程中，家長和老師要注意對他進行應付失敗的心理適應方法的指導，及時做好心理補償工作，使他能夠在失敗面前順利恢復心理平衡。繼失敗體驗之後，要緊接著給他創造成功的機會。這樣透過成功和失敗交替的訓練，在無形中會大大增強他的心理承受能力。

4・對於目前劉銳存在的社交障礙，最主要的是自己要進行社交訓練。

最簡單的方法就是「五分鐘訓練法」：即每天有意識的安排自己和幾個人主動交談五分鐘。初期交談對象可限定為固定的幾個人，隨著訓練時間的推移，可逐步提高訓練的難度。比如將五分鐘延長為十分鐘、二十分鐘……將交談對象從幾個人擴大到十個人、十五個人……從知心的人到一般的熟人到完全陌生的人等等。平時要主動深入社會，多參加一些社會活動，增加了解社會的機會，這樣既克服了社交障礙，又提高了心理認識水準和應付各種社會環境、人際關係的能力。

有很多人對未來抱著順其自然的態度，而不去認真的思索自己的理想，

他為何過著行屍走肉般的迷惘讀書生活

他們經常迷失方向。一會向東，一會向西；一下子試試這，一下子又試試那，似乎永遠沒有定向。導致了生活中的盲目、迷惘和不知所措。想要堅定的走在人生旅途上，擺脫情緒的迷惘，你必須有目標。只有擁有夢想的人才能建立好的人生目標，有夢想才能建立你的雄心壯志。如果你也不知道所追求的是什麼，那就永遠不會有實現目標的一天。

知識窗

憂鬱症患者由於情緒低落、悲觀厭世。嚴重時很容易產生自殺念頭。並且，由於患者思維邏輯基本正常，實施自殺的成功率也較高。自殺是憂鬱症最危險的症狀之一。

據研究，憂鬱症患者的自殺率比一般人群高二十倍。社會自殺人群中可能有一半以上是憂鬱症患者。有些不明原因的自殺者可能生前已患有嚴重的憂鬱症，只不過沒被及時發現罷了。由於自殺是在疾病發展到一定的嚴重程度時才發生的。所以及早發現疾病，及早治療，對憂鬱症的患者非常重要。不要等患者已經自殺了，才想到他可能患了憂鬱症。

如何選擇目標或決定方向

在日常生活中，人們如何選擇目標或決定方向，常常須思之再三，這便有了心理內部的動機衝突；為應付外界事件，人們常採用某種較固定的行為方式，這也便養成了種種習慣的防衛反應。人的心理於是受到許多影響，在為求得適應的過程中出現不少不適應的異常行為。

動機衝突是指在個體有目的活動中，因目標的多樣性而出現相互排斥的動機，也叫心理衝突。由於動機衝突，常常使人的需要部分的或全部的得不到滿足，目標的實現受到阻礙，亦即產生了挫折。所以動機的衝突被心理學家視為挫折情境產生的重要原因之一。伴隨挫折的是人的緊張情緒和焦慮反應，這便給異常心理的產生提供了溫床。

生活之中，許多事情是不可一錘定音的，或為全面考慮、或為結果著想、或為自己利益、或顧忌他人看法等等，常會使人左右為難或舉棋不定。這便是動機衝突，其常見的形式主要有三種：

雙趨衝突：

即當人們面臨兩個同樣誘人的目的時，迫於情勢，只得舍去一個才可得到另一個。這時內心衝突便開始了，而且一當決定選擇此目標，又會感到彼目標更好；而真正選擇了彼目標，又會覺得此目標更有利。總之，只要有所傾斜，動機衝突便加劇。最終，無論是選此抑或擇彼，都可能後悔當初的決定。是去某行政部門做一個位高薪少的角色，還是去某公司坐一個薪高位不穩的位子？是選張伴我終身，還是要擇李作終身伴侶？是出外去看場優秀的

文藝演出，還是在家收看精彩的球賽轉播？「魚與熊掌」同時出現，只能導致「不可兼得」之結局。

雙避衝突：

即當人們面臨兩個都不令人喜歡或具有威脅性的目的時，迫於情勢，只得選擇其一，才可避免另一。雙避衝突的演化過程和結果與雙趨衝突一樣，總難免有「悔不當初」的感慨。

趨避衝突：

即人們面臨一個目的，既欲趨近，又想避開的衝突形式。這一個目標既有吸引力，又有排斥力。趨近時是為「利」或「得」，但又顧忌「害」或「失」；避開時是為躲避「害」或「失」，但又想到「利」或「得」。想吃肥肉又怕發胖，想結婚又怕負擔，即是典型的趨避衝突。張某決定向李某求愛，當趨近李的住處時又想：「如果碰了釘子可臉上無光了，如果他（她）向朋友公開，我可無地自容了。」待走到李家門口，剩下最後一口勇氣，只是敲開門說一句「請借本書給我」。離開李家，大舒口氣，但又馬上覺得自己是不是顧忌太多，膽子太小，甚至大罵自己窩囊，連「我愛你」三個簡單的字都不敢說。這便是「葉公好龍」，等真龍降臨卻「棄而還走」。

在外界事物的作用下，人們可能採取適當的行為來表達動機願望、實現目標、滿足需要，也可能以某種歪曲現實的方式來減輕心理衝突，消除焦慮。這後種情況即是防衛機制。

在個人生活中，個體用防衛機制適應挫折情境和減少焦慮是極為普遍的現象。但是防衛機制往往只能獲得一種主觀上的解決，而實際情況如何卻常是另一回事。因此焦慮可能沒有減少，反而沉澱在心理，引起種種異常心理。

現在，我們來看看動機衝突對一個行銷經理的啟示。

當年美國蘋果公司生產的 iPod 數位音樂播放機，外觀設計簡潔典雅新穎流暢，音質好，播放功能強大，非常受年輕人的歡迎幾乎成為 MP3 的代名詞，形成了一種 iPod 文化熱。

愛音樂的年輕人都想擁有一臺屬於自己的 iPod，但是金無足赤，iPod 雖然很出色但是也有缺點，比如它只能在一臺電腦上下載和管理音樂只能用蘋果公司的音樂播放軟體，不能像其他的 MP3 播放機那樣直接把音樂放進播放機就可以了，而且 iPod 上的某些功能只能在蘋果電腦上使用而在一般的 PC 主機上不能用，還有它的外觀雖然非常漂亮但是比較容易磨損，iPod 和它的配件價格昂貴電池時間比較短。

這些缺點令有些非常喜歡 iPod 有朋友在購買的時候猶豫不決，小王就是當中的 個，他非常喜歡 iPod 簡潔典雅的造型和人性化的播放功能，還有 iPod 身上的美國文化每次看到蘋果的廣告他都有一種想擁有的衝動，但由於上述的問題小王還是下不了決心購買。但是直到有一次他又去蘋果專賣店看著櫥窗裡放著新款的 iPod 他有些貪婪的看著，這時一個銷售小姐看出他的心思，就上去問他喜歡可以拿出來試一下，並介紹這是一款今年新出的產品。

小王一看是新產品就叫銷售小姐把 iPod 拿出來試一試，小王把新款的 iPod MINI 拿在手裡愛不釋手的看著，聽著音質還是那麼棒，作業系統又簡單又實用。小王想要是沒有那些缺點就好了，小王輕輕的歎了歎口氣。

銷售小姐看出小王心裡的想法於是她說，新款的 iPod MINI 外殼採用鋁鎂合金耐磨損而且還有四種顏色，如果還是不放心可以買一個保護套不僅能起保護功能而且還非常漂亮跟如果跟機一起買還有優惠。在一般的 PC 主機上只要安裝了蘋果針對 WINDOWS 作業系統的軟體，就可以使用絕大部分功能只有日曆功能不能使用，但這個功能對用戶來說也是雞肋。新款的 iPod

電池比舊款的有明顯的提高，而且多加一點錢還可以延長機子的保固時間，還可以給你免費換電池。蘋果的產品比較保值很少降價，所以現在買跟過一段時間買價格是差不多的，現在是新款上市你可以早點享受音樂的樂趣。

小王一聽心裡一熱顧慮就基本被打消了，看店裡 iPod 的宣傳海報和廣告，幾個美國青年聽著 iPod 隨著音樂不停的跳著舞著，多有活力。於是小王想不能再等了現在就買，小王買了一個 iPod 和一個外套雖然花了很多錢可以買幾個一般的 MP3 播放機，但是小王看著手裡的 iPod MINI 他覺得值，這就是 iPod 應該的價值。

啟示：

1　充分了解自身產品的優缺點，揚長不避短，要盡量消除消費者對產品缺點的顧慮，給消費者對產品的保證

2　採取靈活的行銷

3　激發消費者的隱性動機

4　營造產品的銷售氣氛

5　對產品的特點安排與之想符合的銷售人員

6　認真研究消費者行為學關於購買動機的內容

知識窗

動機衝突情況在每個人的生活中都是經常會遇到的，可怕的不是碰上衝突情境，而是在衝突中不能果斷做出抉擇，俗話說「當斷不斷，反受其亂」。所以，當人們不可避免的遇到動機衝突的情況時，要能夠果斷的做出決定，該捨棄的則捨棄，只有有所失才能有所得；也就是說，在接受利益時也要做好接受可能的不利因素的準備。那麼，人就能保持積極健康的心理。

死於遺產繼承事件

　　一個小公務員一直過著安分守己的日子。有一天，他忽然得到通知，一位從未聽說過的遠房親戚在國外死去，臨終指定他為遺產繼承人。那是一個價值萬金的珠寶商店。小公務員欣喜若狂，開始忙碌的為出國做各種準備。一切就緒，即將動身時，他卻得到通知，一場大火焚毀了那個商店，珠寶全部毀於一旦。小公務員空歡喜一場，重返機關上班。他似乎變了一個人，整日愁眉不展，逢人便訴說自己的不幸。

　　「那可是一筆很大的財產啊，我一輩子的薪水還不及它的零頭呢。」他說。

　　「你不是和從前一樣，什麼也沒有遺失嗎？」他的一個同事問道。

　　「這麼一大筆財產，竟然說什麼也沒有失去！」小公務員心疼得叫起來。

　　「在一個你從未到過的地方，有一個你從未見過的商店遭了火災，這與你有什麼關係呢？」那個同事問道，不久以後，小公務員死於憂鬱症。

　　失去與獲得全在一念之間。這位公務員為了他從未擁有過的商店而憂鬱，竟然連命都送上了。不是擁有就是錯誤，而是說如果一味的貪戀擁有那絕對是一大錯誤。

　　一位記者在一九九六年二月二十一日採訪了一位一百二十一歲的法國老人。老人向記者講了一個親身經歷而又耐人尋味的故事。

　　一九六五年，老人已經九十歲時候，法國一位名叫卡爾 —— 小有名氣的法律公證人來到了她家，非要每月給她一筆養老金不可。他告訴老人：為了使她生活富裕，享受天倫之樂，自己將慷慨解囊，每月發給老太太兩百五十

法郎養老金，老人喜出望外。但又想：世間哪會有這樣的好事，一定有什麼陰謀。在老人的追問下，卡爾終於說出了全部的盤算。原來養老金不是白給的，老太太去世後，其祖上留下的那幢房子要歸卡爾所有。老人微微一笑，答應了，並到公證處做了公證。

當時卡爾年富力強，年僅四十六歲。他胸有成竹、穩操勝券的展望，百歲的老人頂多再活兩三年就要走人了。貪心的卡爾天天盼老人生病快死，但她卻一直健康如常，而且越活越精神。而卡爾卻憂鬱寡歡，每況愈下，終於在一九九五年七十七歲時患心肌梗塞撒手西歸。從卡爾實施這個計畫到其去世的三十一年間，他先後給老人九萬法郎養老金，高出房產四倍多。

最後老人向記者講述了對健康長壽的認識和體會：「人要知足常樂，千萬不要讓貪欲控制自己，整天算計人！健康是福，是最大的財富，花幾百億也買不來壽命。」

卡爾為自己的貪婪付出了沉重的代價，不但支付老人九萬法郎，最後，還把自己的生命給耗盡了。有時候，有的人為了得到自己喜歡的東西，殫思竭慮，費盡心機，更甚者可能會不擇手段，以至走向極端。最後，他也許得到了自己喜歡的東西，但是在其追逐的過程中，失去的東西也無法計算，有的時候，其付出的代價是其得到的東西所無法彌補的。更也許那代價是沉重的，直到最後才會被他發現罷了。

貪婪是一種病態心理，是對超出自己能力和實際情況之外的東西有著過度的要求和需求，而且沒有節制，當某一要求得到滿足時，就提出了新的過度的要求。貪婪並非遺傳所致，它是個人在後天社會環境中受病態文化的影響，形成自私、攫取、不滿足的價值觀、人生觀而出現的不正常的行為表現。貪婪的欲望是無止境的，即所謂「欲壑難填」、「人心不足蛇吞象」。貪婪心理具有不可滿足性，無論是對待金錢、權利、女色、美食、財產，還是表現在對待一切事物上，都是永遠貪得無厭的。貪婪的人往往目光短淺，即使

危險擺在面前，他也無法去理會、去避讓，貪婪遮住了他的眼，使其無法看到危險所在。

托爾斯泰講過一個故事：有一個人想得到一塊土地，地主就對他說，清早，你從這裡往外跑，跑一段就插個旗杆，只要你在太陽下山前趕回來，插上旗杆的地都歸你。那人就不要命的跑，太陽向西了還不知足。太陽下山前，他是跑回來了，但已精疲力竭，摔個跟頭就再沒起來。於是有人挖了個坑，就地埋了他。牧師在給這個上人做祈禱的時候說：「一個人需要多少土地呢？這麼大就夠了。」

有時候強求一樣東西會使自己的身心疲憊不堪，而一旦得到自己夢寐以求的東西後，就可能會發現，它並沒有自己想像中的好，而為了「得」卻無謂的失去很多更珍貴東西。

有一個故事中講到，一天邁克偶然在地上撿到了一百美元鈔票，於是他因這筆意外之財，以後總是低著頭走路，希望還能有這樣的好運氣。久而久之，低頭走路就成了他的一種生活習慣。若干年後，據他自己的統計，總共拾到鈕扣四萬多顆，錢則只有區區幾百塊，然而他卻成了一個嚴重駝背的人。此外在過去的幾年中，他從未好好的欣賞朝陽的綺麗、霓虹的光彩、大地的鳥語花香……

一個人的一生中，會遇到許多陷阱，而這些陷阱之中，最為可怕的就是貪婪的陷阱。而過度的貪婪更是危險重重。

過度貪婪會導致心緒難平，什麼都想要，對名、利、色的追求特別熱切。

1．對名的追求。

貪婪的人喜歡追求名譽，這些人愛虛榮，喜歡一些莫須有的頭銜和稱號，會給他被人尊敬的快感。對名譽的追求使得這些貪婪的人為了獲得更多

的稱號和美譽，投機取巧，討好有所求之人，而不腳踏實地做事。

2‧對利的追求。

對利的追求主要是指對權力和錢財的追求。貪婪的人會採用一切辦法來追求權力和錢財，並且對它們的需求是無止境的，沒有的時候會不擇手段的去爭取，有的時候就會不滿足，要求會越來越過分。

3‧對色的追求。

當有了名和利後，並不會有所滿足，又會開始對色的追求。貪婪之人會利用各種機會來滿足自己對色的需求，並且已獲得的金錢和權力也為他們提供了便利的條件。

因為貪婪，一個人可能會忽略了自己的弱點，不顧一切去滿足自己的欲望。在貪者的心理，他們的一切思想的都是「拿來」。這個念頭往往占據了他們的整個心靈，而把其他的善念都擠了出去，使自己失去了許多美好的事物。那麼如何戰勝貪婪，迷途知返呢？

一個人要想擺脫煩惱，不被虛榮所困擾，那就要做到「知足」。所謂的「知足者常樂」，正是這個意思。它是從不知足的危險中覺悟到潛在的危險，並且是建立在積極樂觀的基礎之上的。

一次戰亂結束後，一個農夫和一個商人在街上尋找財物。他們發現了一大堆未被燒焦的羊毛，兩個人就各分了一半，背在自己的背上，準備回家。

歸途中，他們又發現了一些布匹，農夫將身上沉重的羊毛扔掉，選了些自己扛得動的較好的布匹。但是貪婪的商人將農夫所丟下的羊毛和剩餘的布匹統統撿了起來，重負讓他氣喘吁吁、緩慢前行。

走了不遠，他們又發現了一些銀質的餐具，農夫將布匹扔掉，又撿了些較好的銀器背上，商人卻因沉重的羊毛和布匹壓得他無法彎腰而不能撿拾那

些銀器。

二人正行走間，突降大雨，商人身上的羊毛和布匹被雨水淋溼了，增加了許多重量，他根本無法前進，不得不將羊毛和布匹扔下，空手而回。而農夫卻一身輕鬆的迎著涼爽的雨回家了。他變賣了銀器，生活富足起來。

其實，我們絕大多數人所擁有的，遠遠的超過了那些在貧困線上掙扎的人，可惜卻被我們自己所忽略。比如：你雖然失業了，但你有一個和睦的家庭，家中人人健康，無災無病；你的收入雖然不高，但粗茶淡飯一家人其樂融融，絕無那些富貴病的侵擾；你的妻子（丈夫）或許並不出眾，但他能與你相親相愛，真情到老；你的孩子雖然沒有考上大學，但他懂得敬愛父母，知道奮鬥……

老子說過有所為才能有所不為。換句話說，能知足才知不足。在那個物資匱乏的年代，我們會滿足於一日三餐的粗茶淡飯，但我們深知，我們對於糧食的需求遠不只這些，只要條件許可，我們就會要酒要肉，吃完了還想跳個舞。人們對於物欲的追求總會優越於精神的追求。在精神上的知足往往不能滿足物質的需求。但是，家有萬貫，一日只食三餐。廣廈萬間，一夜只能睡一張床。所以，只有在得到東西的時候就已經十分滿意，並且知道界限，才可以身不受辱，不遭遇危險，而生命也必能得以久長。

知足是一種境界。知足的人總是微笑著面對生活：在知足的人眼裡，世界上沒有解決不了的問題，沒有趟不過去的河，他們會為自己尋找合適的臺階，而絕不會庸人自擾。在知足的人眼裡，一切過度的紛爭和索取都顯得多餘。在他們的天平上，沒有比知足更容易求得心理平衡了。

知足者常樂。很多時候，我們都不知道滿足，對名和利有過多的追求。一個人有所追求是有激勵作用的，但是不能超出自己的能力和實際情況，而且不能運用違法的手段來獲取。這就要求要有一顆知足的心，不能要求過高，才能保持心理的平和與快樂

上帝對每個人都是公平的，當你為了滿足不斷膨脹的欲望而拼命索取時，你得到的和失去的往往是成正比的。

身外的名聲，與自己的生命比起來，哪一個要顯得親切？身外的財物，與自己的生命比起來，哪一個貴重？得到名與利失去生命，哪一樣對我們更有害呢？為了滿足自己的無邊私欲，即使賺得了整個世界，卻把自己的性命賠上去了，那還有什麼意義呢？

知識窗

人們為什麼會陷入種種不知足狀態呢？這其實是欲望的驅使，是幻想的衝動，是不切合實際的索取。如果把不知足歸結為人類後天的變異，這又有失公允。其實，不知足是一種最原始的心理需求，知足則是一種理性思維後的達觀與開脫。每個人都在追求幸福，但卻沒有幾個人是真正幸福的，甚至有些人已經生活在幸福中，卻還是感覺不滿足，明顯的是身在福中不知福。一個人如果陷入無限的渴求之中，被物欲所牽制，就會被心理上的飢餓感所折磨，就會陷入心理不平衡的困窘狀態。

長了一副「淫眼」的孩子

　　從某種角度說，考試比的就是心理素養。學測是人生的一個關口。只要讀過《聊齋志異》，讀過《儒林外史》的人就會知道歷史上的「科舉」把青年知識分子折磨或折騰出多少精神病人。今天的學測相似於往昔的「科考」，多少孩子在爭過這一「獨木橋」時成為精神病人。

　　學測對那些素養差的孩子來說，就是困難重重。所以對待學測你只能輕鬆對待，不能過於偏執。古人說：「甚愛必大費，多藏必厚亡。知足不辱，知止不殆。」該考上的，如錐處囊中，其穎畢露；該考不上的，也不要強求，健康比什麼都重要。

　　現在，我們來看下面這則事例，是一個患者的自述：

　　「我叫周鵑，是一名十六歲的高三女生。近來得了一種怪病：我上課時兩眼總是往兩邊看，對男生特別敏感。女同學都說我「很色」，一時「色狼」、「色鬼」就成了我的代名詞，我很苦惱。

　　在國中時我的課業很好，總是前三名。到了高三，我整天為考大學作準備，情急之下，成績反而崩塌，我成了全班第 36 名。從此我很自卑，很自傷，後來就患了這種病。我有頑強的毅力，我以為能頂住疾病的騷擾堅持學習，取得好成績，結果被這無形的力量把我挫敗了。眼睛病並沒有什麼可怕，可怕的是我連最起碼的人生權利 —— 好好坐在課堂上靜靜學習的機會都被剝奪了，和同學研究問題的可能都被切斷了。我兩手時常遮擋著兩眼的外角，想攔住那『邪惡』的目光。同學對我的評說比眼睛的病變更加傷害我的心靈。我真的絕望了。我想過自殺，但我深感對不起父母生我養我的操勞。

長了一副「淫眼」的孩子

　　我四處求醫問藥，結果全是白搭。更不用說我那年近花甲的父母為我操了多少心，為我的病他們已經花了二十多萬元，家底都掏空了，可父母仍堅持要我看病。」……

　　最後，在老師的建議下，周鵑求助了心理醫生。

　　經心理醫生診斷周鵑患的是淫眼精神官能症。這種「淫眼」象徵著對關愛的期待，對慰藉的渴望，對他人的傾慕。青少年出現眼病的最多，而發病期都在國二到高二這些準備升學考試的特定時段。也就是說，這一時段對女孩的身心壓力最大。一是十三歲至十六歲正是女孩生理發育成熟期，生理調整不當會引發性本能的衝動；二是關係前途和命運的升學考試形成的精神重壓會使精神失常，這兩種情況都會出現「淫眼」的表現，所以國二至高二是心理疾病特別是視線疾病的高發期。

　　淫眼精神官能症是一種象徵。「淫眼」作為神經緊張的一種表現，可以分為兩種性質不同的精神官能症：一種是生理緊張的症候，這就是女孩懷春期分泌紊亂引發的性機能亢進，於是這種生理亢奮就從眼神和視瞻中洩露出來，與異性接觸或對視，就臉紅氣喘，這就是「異性恐懼症」；另一種是心理緊張的症候，這就是精神壓力超過負荷轉移為眼睛視線的過敏，這種「淫眼」象徵著對關愛的期待，對慰藉的渴望，對他人的傾慕。周鵑的眼病反映的正是這種性質。

　　持續的緊張狀態會破壞一個人的身體內部的平衡，甚至造成疾病。如何有效的避免緊張情緒對人體身心健康造成的危害呢？心理專家認為，最有效、最方便的方法是在我們的日常生活中學會放鬆。

1　轉移注意力。

　　覺得緊張的時候，做個深呼吸、泡個熱水澡，相信可以收到相當不錯的效果。另外，不要忘記在緊張的學習和工作之餘多參加自己喜愛的文創

體育及其他社團活動，使自己的注意力得以轉移，情緒得以放鬆，心境得以開闊。

2　音樂療法。

欣賞一曲優美抒情的輕音樂或喜愛的戲劇唱段，既是一種美的享受，更是一種腦的放鬆；也可以去看歌舞劇，緊張將在悠揚的音樂和優美的舞姿中得到消除。

3　自我暗示法。

當你在生活中遇到難題和壓力時，不要煩惱和焦急，也不要急於求成。首先應該沉著，要穩定自己的情緒，並做些放鬆性的自我暗示「我是最棒的，問題一定能夠解決」、「困難是暫時的」、「焦慮無濟於事」。這樣你就會放鬆下來去排除難題，而一旦成功，將會形成良性刺激，使你得到進一步放鬆。

4　一吐為快。

當遭到如親人死亡、婚姻破裂、財產損失等巨大的不幸而使你迅速進入強烈的緊張狀態時，當你在生活中遇到不順心的事情或出現爭執，使你滿腹憂愁或怒火中燒時，最重要的放鬆祕訣是與通情達理的愛人或志同道合的知己坦誠交談，既可傾吐苦衷或宣洩怒氣，又能得到理解與支援、安慰與忠告。

另外，合理的營養搭配，也是輕鬆面對考試的必要條件。

考生每天的營養搭配

1　要保證身體需要的熱量。主要營養來源有碳水化合物，如大米、麵製品、馬鈴薯、甘薯等；優質蛋白質，如魚蛋奶等；脂肪類，如豬

　　肉、牛油、花生油等。

2　攝取充足的蔬菜水果。一般膳食裡蔬菜每天保持三百克至四百克，水果每天保持一百克至兩百克。蔬菜水果中，綠色和橙黃色是最佳食物，可以多食用。

3　多注意吃鹼性食物。人體也有酸鹼度指標，一般來說，良好的體質呈弱鹼性體質。含鹼性的元素主要是鉀、鈣、鎂等，如水果類的香蕉、葡萄（葡萄乾）等；植物類的大豆及其製品等，堅果類食品有花生、核桃等。鹼性食物對大腦和身體有特殊的營養作用。

4　注意飲用水。一般要少量多次飲水，不要等口渴了才去飲水。要喝燒開的白開水，少喝飲料。

　　學測對家長來說也是嚴峻的考驗。不少家長總想對孩子有更好的幫助，更好的照顧，但這種幫助和照顧，反而會給孩子無形中造成實實在在的壓力。換句話說，父母非常好心的在做很多效果不好的事。孩子的學測壓力本來已經夠大了，他們其實已經關注不了爸爸媽媽。但爸爸媽媽如果把自己的焦慮與擔憂全方位的、無微不至的讓孩子承受，那就會讓孩子感覺到你們其實已經在影響和干擾他們的生活了。

　　其實，絕大多數愛爸爸媽媽的孩子，都不願意看到爸爸媽媽為自己緊張與焦慮，那爸爸媽媽自己也應該有個關心孩子的邊界：

　　一是不要給孩子有形的壓力，如反覆要求孩子要努力學習，要求孩子做大量的作業等；

　　二是不要給孩子無形的壓力，比如為了孩子學測突然更改家庭的生活習慣，不開電視、輕聲說話走路等，這種無形壓力往往給孩子更大的壓力；

　　三是不要改變孩子的生活習慣，比如強迫平時二十三點睡覺的孩子提前睡覺，買回大量營養品要孩子吃等；

　　四是給孩子足夠的放鬆空間，比如讓孩子散步、逛公園，給他們一定的時間玩樂等。

當孩子向家長尋求幫助時，再去幫助他比較合適，當孩子不授權的時候，盡量不要去干擾他，把空間留給孩子，這樣只會有助於他們的成長。

知識窗

心理專家說，充足的睡眠、輕快的音樂和適度的鍛鍊，都有助於考生負性心理的釋放。越是大考臨近，越要以一顆平常心面對，不妨將其想像成一次普通的考試，這樣就會為自己減輕心理負擔。

口吃雄辯家狄摩西尼

　　狄摩西尼出生於雅典的一個富裕家庭。本可以過著無憂無慮的生活。不幸的是七歲時，狄摩西尼的父親去世了。隨著父親的去世，不幸便接踵而來，母親改嫁，巨額的家產被監護人所侵吞。一夜之間，他由一個大人物的掌上明珠，成為一個一貧如洗的孤兒。

　　狄摩西尼本來就天生口吃，加上沒有受過良好的教育，成年後，他的口吃越發嚴重。後來，狄摩西尼了解了自己家庭的真相之後，決心向法庭提出訴訟，討還被奪取的家產。然而，他還是沒有能力在法庭上清楚、流利的陳述自己的意見，只好暫時放棄。

　　對於這件事情，如果換了別人，也許就會因此而走向極端。從而向命運妥協，使自卑籠罩一生。但，狄摩西尼卻沒有選擇逃避，而是握緊拳頭，向命運挑戰，向自己的生理極限挑戰。據說，他為了戰勝自己的口吃，每天都要大聲誦讀一百多頁的文章，站在海邊含著石子練習辯術。最後，他經過刻苦的練習，終於戰勝了自我，成了雅典最著名的演講家，使不可能成為現實。

　　他經常在公民大會上憑藉自己無人可比的雄辯發表政治演講，得到了人們熱烈的擁護。作為雅典民主派的領袖，狄摩西尼領導雅典人民進行了近三十年的反對馬其頓侵略的鬥爭。在馬其頓入侵希臘時，狄摩西尼發表了動人的演說，譴責馬其頓王腓力二世的野心。他被公認為歷史上最傑出的演說家之一。

　　狄摩西尼故事的意義在於，當厄運快要扼住命運喉嚨的時候，選擇了自

卑和屈服就等於百分之百的失敗，如果選擇了自信和抗爭，可能就爭取到了希望並獲得成功。

著名的奧地利的心理學家阿德勒對自卑進行了詳細的、具有獨創性的研究。阿德勒是個體心理學的創始人，人本主義心理學的先驅，現代自我心理學之父。他對於我們平日不以為然的「自卑」進行了饒有興味的探討。阿德勒之所以對於自卑產生了研究的興趣，與他童年的經歷有著密切的關係。

西元一八七〇年二月十七日，阿德勒出生於奧地利維也納郊區一個富裕的穀物商人的家庭。他從小生活安逸舒適，能在原野中盡情的玩樂，物質生活相對富足。但是，阿德勒認為自己的童年是不幸的。他自認長相既矮又醜。阿德勒在六兄妹中排行老二，他的哥哥體格健壯，是個標緻出眾的男孩。阿德勒幼時身體虛弱，四歲才會走路，由於患佝僂病，無法進行激烈的體育活動。阿德勒仕回憶自己的童年時這樣敘述道「我所能回憶起的最早的往事是，由於得了佝僂病，我被繃帶綑綁著坐在椅子上，健康的哥哥就在我的對面。他能跑能跳，毫不費力的走來走去，然而對於我，每動一下都會極度緊張、十分費力。父母為我操盡了心，每一個人都在盡力幫我。」阿德勒五歲的時候得了肺病，幾乎喪命。他親耳聽到醫生對他的父母說，「你們的孩子不行了。」這場病、三歲時他弟弟的死，以及他兩次被汽車撞倒，使他決心長大後當一名醫生。

儘管自認不幸，但是阿德勒仍然是一個對人充滿愛、活潑的、善於交際的孩子。他一生保持了這些特質。在開始上學的時候，他的學業成績很差，尤其是數學。他的一位老師曾向阿德勒的父母建議訓練他做一個鞋匠，因為覺得他『明顯』不具備做其他工作的能力。然而，阿德勒最後卻成了班上學業成績最優異的學生之一。

西元一八九五年阿德勒獲得了維也納大學（佛洛伊德的母校）的醫學博士學位，實現了他童年的夢想。最初他是眼科和內科醫生，後來轉向精神病

學。一九○二年開始，阿德勒追隨佛洛伊德，他參加佛洛伊德星期三討論會，是當時精神分析學派的核心成員之一。一九一○年阿德勒任維也納精神分析學會主席，成為佛洛伊德學派的核心人物之一。

體弱多病的經歷以及深深的自卑感給予阿德勒以深刻的印象。但是自卑感是壞事嗎？阿德勒對此矢口否認，他認為正是那種虛弱、無能、自卑的情感，激發起了他追求力量的強烈願望。

阿德勒認為，所有人在開始生活時都具有自卑感，因為每個人在兒童期都要完全依賴於成年人才能生存，與那些他們所依賴的強壯的成人相比，兒童處於弱小、卑微、幼稚、依賴和無助的境地，總是顯得那樣的無力虛弱，他們無法不產生自卑感。「所有的兒童都有一種內在的自卑感，它刺激兒童的想像力並誘發兒童試圖去改善個人的處境，以消除心理的自卑感。」阿德勒稱這種機制為心理補償。

在日常生活中，有很多「補償」的例子。如失去右手的人，就善於使用左手。雙目失明的人可以全力發展他的聽覺。阿德勒認為，缺陷感越大，自卑感越重，越敏感，個體尋求補償也越迫切，因此孱弱的兒童往往比健全的兒童更好勝。補償的努力人人都有，但其程度和效果並不一樣。有的人的補償努力不能持久，會中途退縮，因而達不到補償的目的；有的人則努力的達到補償與「卑劣地位」的平衡：還有的人則會使補償超出原來的「卑劣性」——「超度補償」，結果，原來的卑劣地位轉化成為「優越地位」。正如，前面我們提到過的狄摩西尼，克服了語言障礙，成了希臘第一大雄辯家；特迪·羅斯福，從一個虛弱的孩子變成了一位強壯的野外作業工人；還有海倫·凱勒又聾又啞又盲，卻成了很有名的作家。

由於自卑心理對交往和個人發展的危害性，我們應當採取適當的措施去克服它，讓自卑者從自設的陷阱裡走出來，瀟灑的走進入群，享受人際社交的樂趣。自卑其實是可以擺脫的，只要我們願意，我們就能走出自卑

的陷阱。

再優秀的人也曾經自卑過，自卑是可以徹底擺脫的。自卑是一種不相信自己的外在表現，只要你輕鬆的走出來，其實你會發現你的自卑有多麼可笑——世界上沒有一個人會和你一樣在意你自己。

自卑往往是由於強烈的自信心障礙，那麼如何建立信心戰勝自卑呢？

1. 了解是什麼阻礙了自信的觀念。

- 說自己想要什麼很自私
- 人應當知道我想要什麼
- 改變主意是錯誤的
- 人們不該討論自己的情感
- 我若說出真實的想法，就會失去朋友
- 如果我拒絕了，人們就不會喜歡我
- 我絕不能用自己的煩惱去增添他人的負擔

2．為了戰勝自卑，你必須自信。

一個人的自信力，能夠控制他自己生命的血液，並能將他的「堅定」堅強的運行下去。有自信的人一定是一個有能力的人，能夠擔負起艱巨的責任，這樣的人才能在風風雨雨中堅強挺立，不被惡劣的情緒打倒。如果一個人有了堅定的信心，能夠把他所希望的牢牢的把握住；然後向著這理想目標艱苦不懈的努力，那麼，他一定可以排除種種的不幸與困難，而達到理想中的最高峰。

3．建立自信的四個步驟：

(1) 善於發現自己的優點，並隨時把它們記錄下來。

花一點時間想想自己的優點，若想不出來，就問朋友或家人，有時候反

而是別人知道我們的優點比我們自己知道的多得多。然後逐步肯定自己的成績，並且讓優點長處進一步放大。許多人在應酬中總認為，由於他們沒有像別人那樣聰明、漂亮或靈活，總感到低人一等。其實，那是因為他們沒有發掘或表現自己的聰明才智。只有認識了自我的價值，才有助於肯定自己，充分發掘自己潛在的聰明才智，使自己充滿自信，克服自卑感。。

（2）設想自己的成就。

不少人心中老是出現「糟糕，我又講錯話了」等等。由於每天無數個這類資訊在腦中閃現，就會削弱自我形象感。克服這種怯弱自責心理的良好方法是想像：把注意力集中到自己的認識和感受，甚至是自己所品嘗到，聞到以及聽到的一切上。並在腦中顯現你充滿信心的投入一項困難的挑戰形象。這種積極的心理暗示會成為你潛意識的一個組成部分，從而使你充滿自信，你走向成功。

（3）積極參加交往活動，增加成功的交往體驗。

自信是從實踐中獲得的，第一次滑冰時你可能會摔倒，但是經過不斷的練習，你可以像別人一樣成為一名滑冰高手。

（4）全身心的投入到你的工作當中。

智者說：每一個人都擁有天上的一顆星，在這顆星星照亮的某個地方，有著別人不可替代的專屬於你的工作。因而你必須百折不撓的找到自己的位置，這需要時間，需要知識、才智、技巧，需要整個心力的成熟發展，不能因為看到別人似乎輕易取得成功而氣餒。

知識窗

自信是一種積極的對自我的認識。自信的人相信自己的能力，相信自己可以實現自己選擇的目標；他們相信自己是有價值的人，受到別人的重視；相信自己是獨特的人，受到別人的尊重和愛護。

自卑則是一種消極的對自我的認識。自卑的人在面對問題時往往無所適從，覺得自己不如別人，感覺自己沒有能力應付所面臨的問題。

自卑感是潛藏在所有個人成就後面的主要推動力，一個人由於感到自卑才推動他去完成某項事業，在取得一項成就時他會體驗到一種短暫的成功感，但若與別人更大的成就相比，又會使他產生自卑感，從而又激發他去爭取更大的成就。

洗手狂的難言之癮

吉米今年四十二歲,是一家公司的部門經理。

「我好像得了一種『怪病』,總覺得自己染上了病菌,可能會得癌症。所以,每天我都多次、長時間的洗手、洗澡,為此非常痛苦,別人也稱我為『洗手狂』。在衛生清潔方面我對自己的要求很嚴,人們都說我不像一位企業高級管理人員,倒像是飯店裡的擇菜員。我承認,我就像是絕對不允許將一點點細菌帶進操作間裡一樣,我實在容忍不了辦公室和家裡有不潔之處。每天到公司後,我做的第一件事就是把辦公室裡裡外外、上上下下、角角落落……打掃三遍以上,然後才能徹底安心的坐下來工作。而且必須是我親自擦,清潔工擦我都不放心。總覺得別人擦得不乾淨。最令我煩心的事情是:沒等我擦完三遍,就有部下進來和我商討或請示工作。我認為這樣的話就前功盡棄了,我就會重新再擦三遍。

「晚上就寢之前,我的這雙腳洗完之後是絕對不能讓它再沾地的。這個時候,我就坐在床上洗,洗完後拭乾,然後趕緊鑽入被窩睡覺。如果半夜裡我要上廁所,腳穿拖鞋落地後,那麼這一雙腳就必須再洗一遍。」

「我現在最不願意出差,哪怕是五星級賓館我也嫌它髒!每次出差進了賓館我先不管別的條件,首先看看廁所乾不乾淨。如果廁所乾淨,其他一律不管,馬上洗漱、洗澡。在使用賓館的抽水馬桶之前,不管它是否已消過毒,我自己必須再進行好幾道程序的處理:首先我把坐墊圓圈用我自帶的酒精濕紙巾擦上兩遍,然後我再用自帶的酒精棉球擦兩遍,接著再用酒精濕紙巾沿坐圈再鋪上一層,這還沒完,我怕馬桶內的水濺上來,還要往水面上漂上幾

張手紙，最後才能放心的坐上去。」

「不管在什麼時候我都擔心病菌侵襲，而且這種擔心與日俱增。在路上遠遠見到穿孝服戴黑紗的人，就想：他們家中死了人，他們身上必定有病菌，而且已經把病菌傳給我了。我就會趕緊回家，回家後不但反覆清潔身體，還要把外衣外褲丟掉。」

「後來，我已經發展到害怕出門，害怕聽別人談到癌症或死亡的事，害怕到醫院去看病，因為醫院有各種病菌。老婆和孩子都不理解我，我們時常為此發生爭吵，弄得家庭關係非常緊張。幾年來，兩次住進精神病院治療，服過中西藥物，但都沒有效果不太，哎，我真是苦惱啊！」

最後，在朋友的建議下，吉米去看了心理醫生。

經過心理醫生的詢問和分析，終於找出了吉米的病因。原來，六年前，一位和他關係不錯的同事死於癌症，當時他很悲痛。他的那位同事在病死前半年曾在他家的床上睡過一次午覺，於是擔心自己也會得上癌症，當即把被褥大洗一遍。以後還不放心，總覺得身上沾上了致癌的東西，每天要洗手多次。最後經心理醫生確診為：相當嚴重的、以潔癖為症狀的強迫性精神官能症。

心理醫生針對吉米的症狀採用了認知領悟療法、滿灌療法等一系列療法對他進行了調治。

1‧知領悟療法

認知領悟療法是指：患者對這個病理的本質特點並無自知之明，若採用談話方式的認知領悟療法，啟發患者認識外表症狀後面的心理矛盾，揭露兒童心理部分的幼稚性，鼓勵他用成人的態度來統率其整個行動放棄兒童的行為模式。

對吉米的調治首先可以採用談話方式的認知領悟法，啟發他認識外表症

狀後面的心理矛盾，揭露其心理的幼稚性、悖謬性，鼓勵他以正常的態度來統率自己的行為動作，放棄怪癖的行為模式，領悟到病理本質。可以透過四至五次談話讓他樹立起治癒疾患的信心。

2·滿灌療法。

讓吉米坐於房間內，請其好友或親屬當助手。讓他全身放鬆，輕閉雙眼，然後讓助手在他手上塗各種液體，如清水、黑水、米湯、油、染料等。在塗的過程中，要求和指導吉米盡量放鬆，而助手要盡力用言語暗示手已很髒了。吉米要盡量忍耐，直到不能忍耐時睜開眼睛看到底有多髒為止。助手在塗液體時應隨機使用透明液體和不透明液體，隨機使用清水和其他液體。這樣，當吉米一睜開眼時，會發現手並不髒，起碼沒有想像的那麼髒，這對吉米的思想是一個衝擊，說明「髒」往往更多來自於自己的意念，與實際情況並不相符。當吉米發現手確實很髒時，洗手的衝動會大大增強，這時候，治療助手一定要禁止他洗手，這是治療的關鍵。吉米會感到很痛苦，此時助手在一旁努力讓吉米堅持住，並給予積極的鼓勵。

在這個緊要關頭，助手的示範作用很大。助手可在自己手上也塗上液體，甚至更多更髒，並大聲說出內心感受。由於二人有了相同的經歷，在情感上就能得到溝通，對髒東西的認識也能逐漸靠攏。這時，患者要仔細體會焦慮的逐步消退感。

滿灌療法在剛開始時把人推向焦慮的頂峰，但隨著練習次數的增加，焦慮會逐漸下降，強迫行為也會慢慢消退。

有嚴重潔癖的人每在挫折和沮喪心理發作時，不會對任何人吐露自己的心情和不滿，但會透過不停的整理和清潔動作，作為表達自己心中煩惱思緒的方式，而且會近乎病態的做到勞累幾乎要倒下的狀態也不願停止，其實這是自己再向內心潛意識不滿報復的舉動。

經心理學家多年研究證實，潔癖症在基本上來自遺傳，病人中有七成具有強迫性人格，這是潔癖的生理基礎，另外社會心理因素也是一種不可忽視的致病因素。有一部分人在強迫性人格的基礎上，逐漸出現潔癖的症狀，特別是當進入青少年時期，生理發育上的明顯變化，與社會交往日益密切過程中的不適應，均可導致症狀的出現和加重。還有一部分人是在外界的不良刺激下誘發潔癖，包括長期的精神緊張，如工作和生活環境的變換加重了責任，工作過度緊張，要求過度嚴格，或者處境不順利，常擔心發生意外等；此外還有嚴重的精神創傷，如近親死亡、突然驚嚇、嚴重的意外情況等。

　　基於潔癖症的遺傳原因，父母親有潔癖顯然對孩了影響相當大，一位自稱有潔癖的一位男性曾向媒體透露說，承繼母親潔癖的影響，由於過於重視起居環境的整潔，使他經常挑剔別人的清潔習慣，甚至對自己的太太和子女也是如此，弄得一家人不得安寧。而且，經心理學研究表明，家庭教育對誘發或加重潔癖有著重要作用。有些病人的父母具有強迫性人格，對病人有潛移默化的影響，病人所受的家庭教育較嚴格、古板、甚至有些冷酷，於是病人謹小慎微、優柔寡斷、過度瑣碎細緻，與人交往中過度古板、固執，缺乏人情味及靈活性。他們在生活上也過度強求有規律的作息制度和衛生習慣，一切務求井井有條，稍一改變就心神不安。

　　潔癖程度嚴重的話，會給工作生活和人際社交帶來很大的影響。有潔癖的人很多維持獨身，就算進入婚姻也不如意。對潔癖患者來說，更難過的關是心理衝突。一般來說病人都知道自己的問題出在哪裡，但難於擺脫，從內心湧現出強烈的焦慮和恐懼，非要採取某些行為來安慰自己，這種人一生中大部分時間都花在清洗上，內心只感到緊張和痛苦，沒有時間去享受生活，這樣活著是沒有什麼意義可言的，是很苦惱的。

知識窗

潔癖患者對自己的強迫症狀尤其是強迫動作，一方面感到麻煩，希望醫生能解除其理性上認為不合理的觀念和行為；另一方面，內心又認為這些觀念和行為有其合理性和必要性。患者好像分裂成了兩個自我：一個「自我」能根據實際情況，按照成年人的邏輯來分析、判斷其病態表現，認為反覆洗手、洗衣，費時費力，希望擺脫；另一個「自我」則認為，有傳染上癌症的可能，有必要多洗幾次，這種態度與其實際年齡及所受的教育很不相稱。

前者代表理性的成年人，後者不講邏輯，一味盲目恐懼，具有幼稚的兒童心理特點。這兩個自我各抒己見，誰也統率不了誰，構成了「明知故犯、折磨自己」的病象。

具雙重性格的現代足球流氓

每逢世界盃、歐錦賽、冠軍杯這樣的大賽，總能看到足球流氓尋釁滋事的身影——他們赤裸著上身借著酒氣亂扔酒瓶子，踢翻腳邊的一切東西掄著東西打人，即便被員警制服，卻依然頑強的唱著歌，在催淚彈和員警面前，大有殺了我一個，自有後來人的大無畏氣概……足球流氓鬧事，似乎成了球迷看球的一個規定演出節目。

現在的足球流氓，白天可能是西裝革履的部門經理，而足球比賽期間，他們便會摘下紳士的面具，借酒鬧事。這種雙重人格的生活，是新一代足球流氓的最大特點。

二〇〇四年歐洲錦標賽期間，由於英格蘭隊在首戰就以一比二不敵法國隊，狂躁的英國球迷在駐紮的度假勝地阿爾加夫海濱小鎮阿爾布費拉鬧事了。幾百個足球流氓連續兩個晚上在鎮上發動騷亂，他們燒毀了一輛雙層巴士、砸毀大量店鋪，並與隨即趕來的武裝員警發生衝突，一共有四十五名英國人被捕。

根據阿爾布費拉當地法庭的記錄，被捕的球迷中大部分年齡都在二十歲上下，四十七歲的加里·曼恩是其中年紀最大的流氓。當時，足球流氓們先是打傷了一位看門人和一位員警，並把啤酒瓶子扔得滿天飛，正是曼恩擲出的酒瓶，引發了足球流氓與警方大規模的衝突。因此這位來自肯特郡的消防員因「唆使和參與暴亂」及「襲警」的罪名被重判兩年徒刑，他被遣送回英國本土度過這段牢獄時光。

而在這四十五名英國球迷中，警方調查的結果也出人意料。他們大多來

具雙重性格的現代足球流氓

自中產階級家庭，有四位正在牛津念書的學生，有一位前英國警督的孫子、一位是考古學教授的兒子。如果不是因為足球鬧事被捕，你根本想像不出他們會是令很多人談之色變的足球流氓。

在四十五名足球流氓中，有一名被判入獄三個月的三十二歲的球迷（為了保護他的聲譽，調查報告沒有公布他的名字），他是三個孩子的父親，在英國中部有一所價值九萬英鎊的房子，過著受人尊敬的中產階級生活。他的母親對記者說，她在報上才看到兒子腹部紋上了英國國旗，她根本不知道她的兒子為什麼會捲入暴亂。在她的心目中，她的兒子跟足球流氓的一貫形象相差太遠了。

英國媒體曾訪問了被英格蘭警方列入黑名單的老牌流氓球迷基斯。基斯三十一歲，就職於倫敦金融城，平時穿著得體，說話溫文爾雅。但他有一個更隱祕的工作——組織球迷搗亂，並且把這個行業視為他的正職。

在職業足球流氓的心目中，沒有正常的道德判斷，沒有對或錯，他們從不認為他們的破壞行為是犯罪。他們所追求的，是樂在其中。對近年來足球流氓活動的再度復甦，基斯認為這是一種文化風氣。由於經濟的復甦，英國的年輕一代增加了外出觀看比賽的機會，但是，當他們為本國球隊吶喊助威時，卻遭到其他國家或種族的「鄙視」和「挑釁」，他們不得已才鬧事。基斯如此辯駁，為他的行為尋找著藉口。

同時，各國警方也發現了這個問題。在二〇〇六年世界盃期間，當德國司法部門審訊鬧事後遭到拘捕的英格蘭球迷時，他們驚訝的發覺，被抓的大部分滋事者都是新臉孔，並非英格蘭警方提供的黑名單中的人物。

這些球迷大多數原本的確是打算到德國來為英格蘭隊加油的，但是在高度酒精、狂熱同伴的慫恿下，他們成了足球流氓，並做出了一些危害社會安全的事情。

那麼，還有什麼原因會引發足球流氓的產生？諾丁漢大學的心理學教授

艾里克‧鄧恩解釋說，「足球為男性，雖然不只是為了男性，提供了一個某種形式的使用暴力的機會。這是因為足球能夠引起強烈的情感興奮，讓人們有一種抗擊敵人和保衛自己領域的感覺。對與那些自我控制力弱的人來說，很容易就陷入到足球流氓引導的熱潮中。」

鄧恩承認他的有關體育流氓行為起因的論證還需要進一步國際化的研究，「這是個很複雜的問題。」但他堅信，男人好鬥的天性，尋求快樂的欲望，錯誤的社會結構分界線，這些是足球流氓產生的最主要因素。

早在十九世紀末，法國學者古斯塔夫‧勒龐就已開始研究團體社會行為的心理學機理。在他之前，法國社會學家埃米爾‧迪爾凱姆曾經區分了個體表象與團體表象兩個概念，認為群眾會以有別於其成員個體的方式進行思考、感覺和行動。

勒龐接過了這一主張，在其西元一八九五年的著作《群眾心理學》中，提出了所謂的「群眾心理統一定律」。他認為，當一群人聚集在一起，只要它受到「群眾心理統一定律」的支配，就構成了群眾，從而表現出與組成成員的個體的特徵全然不同的獨立特徵。勒龐將這些特徵總結為喪失理智、情感衝動、非理性且缺乏責任感。

在該書中，勒龐寫道：「（群眾中）有意識的人格已經消失，無意識的人格占著主導地位，在情緒和觀念的感染下以及暗示的影響下朝著明確的方向發展；並且，具有將暗示的觀念立即轉變成行動的傾向。」

身處群眾中的個人，在群眾心理氣氛的感染之下，失去獨立思考和判斷能力，取而代之的是依隨群眾的情緒和意見而行動。人們的群眾行為與個人獨處時的行為迥然相異，時常受其他人影響而出現偏差，他們分不清主管和客觀，想像多於實際，毫無邏輯可言，和事實往往有很大的距離，最終，道德感和社會約束機制在狂熱的氛圍中都失去了效力，在獨處時風度翩翩的人，在群眾之中卻可能迷失了自我，表現出衝動、偏執、狂暴甚至反社會

的行為。

目前歐洲各國對足球流氓行都實行了「零寬容」政策，利用高科技手段監控足球流氓的動態，對足球流氓實行登記備案制，對那些借足球尋釁滋事的球迷給予堅決的打擊，絕不寬容。

但是有學者就認為，適度的管理是有效的，但是過度嚴厲的管制卻有可能激發某些球迷更強烈的不滿，從而引發大規模的球迷騷亂。

知道了球迷瘋狂的內在因素，我們也應努力克服自身的心理弱點，避免受人慫恿參與到那些危險的球迷組織中去，這無論對自己、家庭還是社會都是有好處的。

知識窗

心理學家分析，群體之間的相互支持和相互鼓勵，最終可能引發出暴力行為。結果最終衍變出瘋狂，失去理智，誕生足球暴力，催生足球流氓。

因此當一個平時沒有什麼異常的球迷在四周躁動觀眾扭曲激動的臉龐，激烈的手臂揮舞，啦啦隊的狂吼，周圍人群高唱的隊歌甚至髒話的刺激下，他可能會變得興奮，情緒就像喝了烈酒一樣飆升，甚至失去控制力，跟隨周圍的人一起做出一些瘋狂的舉動。因此有專家就認為，很多被稱為足球流氓的球迷並不是真正的暴徒，他們可能只是藉機宣洩一下自己的情緒。

神奇的羅夏墨跡圖

　　一個人在一生中會進行一次或多次的心理測驗。透過各種心理測驗，可以在短時間裡更好的了解一個人。現在，很多企業在招聘人員的時候，都要透過有關的能力測驗和人格測驗來了解應聘人員的心理素養，作為是否錄取的一項指標。

　　常用的個性測驗包括問卷測驗和投射測驗等。問卷測驗就是用問卷來進行測驗，被測驗者回答一些問題，心理學家就會根據被測驗者的回答來評定他們的個性。在問卷測驗中，有時候問題的意圖比較明顯，例如這樣幾道題目：「你能不受干擾而當機立斷嗎？」「你上班從來沒有遲到過嗎？」「你常常心神不定、坐立不安嗎？」這時如果被測試者希望得到一個好一些的評價，就容易做出一些他認為比較好的回答，可能會說自己上班從未遲到過，做事能夠當機立斷等，但是這很可能是不真實的回答，這是問卷測驗普遍存在的一些不足，問卷測驗的這個缺點能在投射測驗中被克服。

　　「我們來看這幅圖，你認為圖片像什麼？」「在一次心理課上，老師拿著一幅圖問同學們。大家看了一會，開始回答。「像蝴蝶。」「像隻飛蛾。」這樣的回答是很多的。忽然有位女同學說：「牠像一隻鷹。」這時候，大家都安靜下來，有人低聲說：「像，真像。」其實他們是在說這位女同學。這位女同學平時對自己的要求就非常高，無論做什麼事都非常努力，力爭上游，不肯認輸，性格的確像一隻在藍天翱翔的雄鷹。過了一會，又有一個聲音低低的冒了出來：「我看像個蒼蠅。」大家哄堂大笑。說這句話的是位男同學，頭髮亂亂的，看著也不乾淨，衣服上還有很多油漬。大家評價說這個男同學的生

活習慣是有些像蒼蠅。關於羅夏墨跡測驗，還有一個小故事。

羅夏是瑞士的精神科醫生，在他的醫療實踐中，他發現精神病人在知覺上具有特殊性，普通的心理測驗用於精神病人身上效果並不好。有一天，他看到桌子上有張折起來的紙，打開一看，原來是有人不小心滴了一滴墨汁在上面，然後就把它折起來了。這樣，墨汁就在紙上形成了一個對稱的、模糊的圖形。當時他也沒有在意，只是隨手將紙攤開，放在了桌子上。結果發現來他這裡看病的人有時會注意到這張圖片，關於這張圖片隨意講的一些話往往和他們自己的情況有一定的關係，而且不同類型病人的反應各有特點。

於是羅夏想到是否可以用無結構的墨跡圖來研究精神病人。他在一張紙的中間滴上墨汁，然後將紙對折，用力壓下，墨汁便向四面八方流動，形成一個對稱的圖形。羅夏製作了一千多張墨跡圖，經過實驗，最後選定了十張作為測驗資料。最初，羅夏墨跡測驗只是應用於臨床，現在已發展成為一種重要的個性測驗方法。

心理測驗種類繁多，它可以幫助人們更好的了解自己，了解他人。例如：透過智力測驗、氣質測驗了解學生的情況，可以使教師能更好的因材施教；透過職業能力傾向測驗，可以知道自己適合從事何種職業：透過一些臨床上的心理測驗，可以了解病人的精神狀況等。現在，心理測驗在教育、醫療、職業選擇等方面已經成為一種重要而有用的手段。

日常工作、生活中，我們個人也可以參考一些有科學依據的各類測試，嘗試做一些相映的測試，相信對我們的工作和生活都會有所幫助。

一個願打一個願挨的性虐待症夫妻

英國的一個小鎮，海蒂身上累累的傷痕無意中給母親發現了，媽媽為此心痛不已。起初她還以為是小倆口打架的「後遺症」，還準備向新女婿興師問罪呢。誰知經過再三追問，事情的真相竟令她驚得目瞪口呆，原來那些暴力行為是她女兒在過夫妻生活時所樂於接受的，並認為只有這樣做才「夠刺激」，「夠味道」。

母親越想越不對勁，懷疑女兒有性心理方面的障礙，於是陪伴她來找心理醫生。經過耐心的交談，醫生從她身上竟意外的牽出另一位性心理障礙患者 —— 其夫凱恩的一段隱情：

凱恩是劍橋大學畢業的電腦工程師，原在國外工作，儘管他個性內向孤僻，但技術在當地卻堪稱一流，三年前進入某知名度較高的公司，後來感覺難以達到自己的理想，經過努力拚搏、慘澹經營，終於在距離他們現在這個家不遠的一個小鎮，成功擁有一家自己的電腦公司。他憑著自己的工作條件和技術優勢，在閒暇時更是在網上縱情遨遊，尤其熱衷於「拳頭加枕頭、熱血伴溫柔」的場面，或醉情於「舐糞屎尿、針刺、切割乳房」的網頁，以致越看越上癮，陷入「不可一日無此君」的痴迷境界，成了一條不折不扣的「網蟲」！

在業務蒸蒸日上的同時，凱恩的感情生活卻是相當阻滯，女朋友談一個「崩」一個，繼同居的女友與其分手後，結婚不足半年的妻子也堅決與他離婚了。外人對此一直大惑不解，直到海蒂今天的一席話才道出事情的始末：原來凱恩在性生活時有對性對象施以五花大綁、恣意抽打的怪癖，而且越激烈

越過癮 —— 這教普通女子如何忍受成受得了呢？

直到他認識了海蒂之後，「互補」的需要才使婚姻穩定下來。

像他們夫妻這兩種情況，在醫學心理學上分別被稱為性施虐癖和性受虐癖，兩者合稱為「忤虐待症」。

心理學家認為，性受虐癖的女患者是企圖透過這種象徵「懲罰」的行為方式，以克服或抵消本人在性方面的罪惡感情。

施虐與受虐癖並非罕見，在西方，約有百分之三十的女性和百分之十的男性曾有不同程度的受虐與施虐體驗並得到性喚起。百分之二十五的男女在性交過程中用牙咬或被咬來增加性快感，但這不一定是性變態。施虐淫者以男性多見，最多見的施淫行為牙咬、抓、鞭打、針刺、絞勒等；亦有精神施虐，如小便撒在性對象身上，強迫講淫話等，極端的施虐行為包括毒打、殘肢、殺死性對象，稱色情殺人狂。有的施虐常發生於兩個達成某種默契和有共同性感基礎的男女之中，這時的施虐行為較為溫和。

性施虐癖和性受虐癖可單獨存在，也可交替或並存。性施虐癖和性受虐癖的共通性在於都將性興奮與痛苦相連，可以不透過直接性行為達到性高潮。在性活動中採用輕度的口咬，掐撚等方式，造成對方疼痛以增加性快感的現象不能視為異常。只有那些以這種行為作為性刺激的最主要來源或作為獲取性滿足不可或缺的手段者，才能稱之為偏離。

專家認為，受虐性性虐待是透過痛感體驗與性興奮的神經短路造成的，而不少人的痛覺神經脈衝與性興奮的神經脈衝相似，或痛覺閾限與能引起性興奮的觸壓閾相近。這裡有生理和心理因素同時起作用。

施虐性性虐待與征服欲、毀滅欲有關。無論是施虐還是受虐，都容易對身體造成傷害，引起性感受力的降低。這和吸毒類似，隨著時間的推移會需要刺激的不斷加強，最終導致極大傷害。

施虐癖或受虐癖者的性滿足與個體化的特定性活動方式有關，而與是否

性交關係不密切。有的人單純施虐或受虐能達到性的滿足。在不少情況下，受虐與施虐行為常出現在同一個人身上，或者兩個人輪流受虐或施虐，稱施虐受虐淫。

　　輕度的施虐和受虐性刺激用以增強正常性活動者，不屬於性施虐、受虐癖之列。只有那種以這種行為作為性刺激的最主要來源或作為獲取性滿足的必不可缺的手段者，才能定為此種性變態。

　　這兩種性變態者的人格都不健全，性施虐者的人格特點是內向、孤僻、缺乏男人氣概，這種人有性卑劣感，對女性懷有仇恨心。而男性受虐癖者多見於陽痿患者，女性受虐癖者往往是癔症性人格障礙者：高度的自我中心，喜歡別人的注意與誇獎，有高度的暗示性，情緒不穩，變化無常，喜歡玩弄別人等。因為性施虐癖與性受虐癖有其內在病態人格基礎，治療十分困難，一旦發生則往往是慢性的，僅僅透過幾次心理諮商，難以治癒。

　　有人認為，施虐狂與受虐狂傾向是原始時代求愛過程的一部分，到了後世此種傾向變做一些迴光返照的表現（即返祖現象），一個衰弱與萎縮的人，想用疼痛振奮精神，以達到刺激性慾的目的。但只是一種設想，沒有充分的事實根據。對虐待狂和受虐狂的形成原因目前有多種不同解釋。關於虐待狂的形成，專家們認為與這樣幾種因素有關：

1　可能與童年生活經驗有關。

　　由於家庭教育環境中的某些因素，使兒童從小形成對性關係的錯誤認知定勢。有個男性虐待狂在六歲時無意窺見父母在臥室裡的性生活，父母的翻滾、掙扎、撕扯和氣喘吁吁使他大惑不解。年紀大些的夥伴告訴他：你別看他們很痛苦，那可是人生最快樂的事。進入青春期後，他從小說、影視節目中看到一些男女邊廝打邊做愛的描寫，更喚起了童年的記憶，這種認知與態度定勢終於發展為虐待狂。戀愛期間對女友就有過幾次傷害，當時女友認為

是失手而不在意。婚後他更是屢屢虐待傷害妻子。有的受虐癖在受虐過程中表現自責感，認為自己對不起異性，產生內疚和罪惡感，從而甘願接受異性的凌辱以表示在痛苦中對異性的服從和自罰，並與性衝動結合起來，形成受虐狂傾向。有的女性由於子宮病變，不得不動手術摘除子宮，於是產生自責自罪感，以至形成受虐狂人格。還有的是由於擔心被異性拒絕或拋棄，因而產生孤獨感、恐懼感，進而形成性變態心理，希望透過接受異性的凌辱與傷害來表示自己接受對方的愛。

2 出於對權威的反抗和對挫折的自我防衛。

有的人在個人生活經歷中受到過他人的欺凌打擊，尤其是遭受過異性的拒絕、侮辱，因而形成強烈的報復與反抗心理，借在異性身上施虐而顯示自己的力量與征服，從中獲得快感。

3 出於對過度自卑感的補償。

奧地利心理學家阿德勒曾指出，人們透過追求優越感來補償自己的自卑感。有些人對自己個人能力、生理素養、社會地位等方面的缺陷不安，深感自卑，因而對異性實施傷害，以發洩被壓抑的性本能和心理緊張，在控制和傷害異性的過程中自己的優越感似乎得到顯現與證明。

由於虐待狂和受虐狂的變態行為常造成傷害，所以常常觸犯社會道德和法律。某些施虐狂，可發展成為施虐殺人狂。所以加強法制教育，使這些人明確了解自己行為的法律後果是必要的，同時也有助於暫時抑制與虐待相聯繫的性衝動。但更重要的是重視童年教育和家庭環境影響，家裡成人在幼兒面前言行舉止要檢點，防止孩子自幼形成錯誤的性觀念和性慾倒錯及早消除不良人格的萌芽。

在孩子進入青春期後，家長應以適當方式告訴孩子，怎樣與異性健康的

交往，怎樣建立正常的異性友誼和感情；並向他們推薦合適的性知識讀物，幫助他們了解正常的性生理功能、心理需要及為社會認可的需要滿足途徑。再者，對於虐待狂者，必要時可將其與經常虐待的異性對象隔離開來；不允許別人滿足受虐狂者的虐待要求，為治療其變態性行為提供基礎。

此外，針對誘發虐待狂和受虐狂的各種原因，要求本人家屬與心理醫生密切配合，進行治療。一般採取支持性談話療法，對患者採取解釋和教育，使其明確認識自己的心理異常或變態。下定決心去克服和矯正自己的異常觀念和行為。同時還可運用厭惡療法，讓虐待狂者和受虐狂者觀看有關性虐待的電影或錄影節目，當他們產生性興奮和快感時，即給予厭惡刺激，逐步減弱與性虐待相聯繫的變態性興奮，以至最後消除之。

知識窗

性施虐癖和性受虐癖中存在一些極端行為，如嗜血淫癖以割破自己或對方的皮膚使其流血，透過吸吮血液以增加性快感來獲得性滿足。窒息淫癖透過罩上塑膠袋或用繩勒頸，在部分缺氧的情況下伴以手淫產生性快感。偶爾有因窒息致死者，稱為性窒息。更有極端的情形是色情殺人狂，為了獲得最大的性滿足，往往是先殺後姦，或在姦中虐殺，切割乳房，陰道內插物，或碎屍成片。有的並沒有實質性交行為，對異性的殘害或碎屍本身，就是他們獲得性滿足的過程。

入侵古巴豬灣事件

　　一九六一年四月十八日，對於就職不滿三個月的美國新任總統約翰‧甘迺迪而言，是有生以來最漫長的一天。就在四月十七日凌晨，約一千兩百名反對派組織的「義勇軍」在美國海空軍的支持下於古巴南部海岸豬灣登陸，試圖推翻古巴革命委員會主席卡斯楚所領導的革命政府，恢復親美政權。整個入侵行動由中央情報局精心企劃，並得到了參謀長聯席會議的全力支持。被認為絕對是萬無一失的。

　　甘迺迪清楚的記得，當他還在猶豫不決的時候，中央情報局局長艾倫‧杜勒徑直走到了他的面前。慷慨陳詞：「總統先生，我向你保證，如果你不批准這個計畫，要不了一個星期就會後悔……如果我們就這樣無所事事，對哈瓦那政府不聞不問，我不知道你今後將如何面對所有那些因希望幻滅與絕望而憤怒的古巴人。但我可以斷言，總統先生，在以後每一次的競選中，他們一定會成為民主黨人的噩夢。這件事也將成為你政治生涯中永遠無法解釋清楚的疑點。」

　　如此直截了當的發言，使甘迺迪一下子無言以對，過了好一會。甘迺迪才問道：「關鍵的問題是。我們成功的概率到底有多大？我想聽百分之百的實話！」

　　「總統先生，您請放心，六年前推翻瓜地馬拉政府那時，我就在這裡。當時我盯著前任總統艾森豪威爾的眼睛告訴他，我可以肯定我們的瓜地馬拉計畫一定會成功。而現在，總統先生。我同樣可以毫不誇口的說，我們這個計畫的前景甚至比那時還要好。」艾倫‧杜勒充滿自信的回答。

入侵古巴豬灣事件

　　還不夠放心的甘迺迪總統視線轉向美國軍隊的最高代表，參謀長聯席會議主席萊曼·蘭尼茲爾將軍，同樣，將軍對行動計畫投了百分之百的贊成票。於是，美國歷史上最大的冒險計畫之一就這樣拉開了序幕。

　　然而，與那些總統顧問們信誓旦旦的表態相反，入侵當天。入侵者就遭到了迎頭痛擊。作為計畫中的「人民起義」根本沒有發生，而潛伏在古巴的地下組織成員也被一網打盡，其領導人也被以叛國罪處決。

　　與此同時，登陸的入侵部隊也遭到重創，被迫退守等待援兵，但沒有援兵，進退兩難，很快被全殲，還不到七十二小時，美國一手操縱的入侵行動就被徹底粉碎了。這次軍事行動的慘敗嚴重損害了甘迺迪政權的威望，年輕的甘迺迪不得不獨自吞下這顆苦果，他不無自嘲的說道：「勝利有一百個父親，而失敗就是個孤兒。」

　　要知道甘迺迪總統的顧問班底是美國有史以來最為出類拔萃的，其中多數出自世界最頂尖的著名學府 —— 美國哈佛大學，包括四位歷史學家，六位教授，其中十五人獲得過著名的羅茲獎學金。

　　如此多的專家濟濟一堂，最後卻制定出了這麼一個荒誕的計畫，導致了慘重的損失，在集體決策機制中存在什麼樣的陷阱呢？

　　懷著濃厚的興趣，美國心理學家對此展開了實驗研究，結果發現集體決策與個人決策相比，似乎的確存在更具冒險性的特點。心理學家在實驗中先提供這樣一個情境：有一個工程師，他已經結婚了，並有一個孩子。五年前他大學畢業便進入一家大型公司上班，工作穩定，收入中等，福利完備，將來還會有一大筆退休金，但是在退休之前薪資不可能大幅度增加；另外還有一家小型公司也在招人，薪資很高，還有獎金與股權，可惜收入並不穩定。現在讓大家為工程師做參謀，幫助他做出最符合自身利益的選擇。實驗中先讓一些人單獨提出建議，然後再組成小組，一起討論，共同提出建議。結果發現，各人在團體決策下所提的建議比單獨情況下所提出的要冒險得多。

從豬灣事件的事後檢討來看，中央情報局所擬定的作戰計畫實際上破綻百出。在報告書中提到，入侵部隊是一支受過游擊戰專業訓練的精銳部隊，登陸地點的豬灣是偏僻荒涼的海灘，沒有人跡，四處布滿難以通行的沼澤地帶，如果登陸行動在極隱祕的狀況下進行，古巴軍隊根本來不及反應。但是事實上，入侵部隊的大部分人是新招募的隊員，他們過去是律師、醫生、教師或工程師，甚至天主教神父，職業士兵卻非常少，而且平均年齡大到了二十九歲，有的竟然已六十多歲，許多人還不會開槍。而豬灣也不再是人煙稀少的荒灘，在那裡已經建成了一個公園，修起了現代化的公路，每逢週末就有成群結隊的遊客來參觀，當然對方的坦克與火炮也很容易調集過來。中央情報局不但高估了己方的戰力，對對手的估計也全盤錯誤。中央情報局曾斷言古巴的空軍「幾乎等於零」，它的飛機大部分已經過時而無法使用，而且指揮混亂。然而，指揮混亂的倒是美國人，因為在戰鬥中始終是古巴革命軍牢牢的把握了制空權，這成為了最後制勝的決定性因素。

另外，盲目的自信也助長了美國人不切實際的冒險。美國當局單方面認為只要登陸成功，馬上會在古巴掀起全國性的叛亂，古巴的軍隊會譁變，反政府組織所領導的起義將最終推翻卡斯楚，贏得最後的勝利。可惜這只是一廂情願而已，沒有軍隊倒戈，沒有人民暴動，有的只是幻想的破滅與無辜的犧牲。甘迺迪對行動的結果沒有把握，只能聽從於專家的建議；而中央情報局的邏輯則是，我們既然在瓜地馬拉的行動能夠成功，也沒有道理在古巴失敗，何況計畫的本身看起來又無懈可擊；甘迺迪政府的高參們也沒有獨立思考，提出任何有價值的意見，而只是隨聲附和，僅有的一些微弱的反對聲音則被有意無意的忽視了。

過度的美化自己，簡化貶低敵方；對批評意見文過飾非，忽視對己方不利的情報與資料；透過強大的遵從壓力迫使人們隨波逐流，營造大家意見一致的虛假幻覺。正是這些問題，將決策最後導向了災難。

　　這就是群體決策時一定要引入一些群體以外成員進行監督和盡可能的包容不同觀點和意見。這樣才能盡可能少的受到「群體極化」和「群體盲思」的影響。

知識窗

群體極化具有雙重的意義。從積極的一面來看，它能促進群體意見一致，增強群體內聚力和群體行為。從消極的一面看，它能使錯誤的判斷和決定更趨極端，群體極化似乎很容易在一個具有強烈群體意識的群體內產生，也許是在這樣的群體中，其成員對群體意見常做出比實際情況更一致和極端的錯誤決定。

銷售大王吉拉德的行銷祕訣

先給您講述一件瑪麗女士的故事。

她在快樂超級市場購買日用品已經持續了很多年，但最近她決定不再去這家超市購物，因為她覺得自己沒有受到應有的重視。

一天，瑪麗太太照常來到快樂超市，想買一些日用品和牛奶、飲料。她發現蘋果的包裝還是那麼大，脫脂牛奶也沒有貨，醬油也馬上就要過期了，瑪麗太太顯然有些生氣，因為她已經不止一次把她的要求或者說是建議告訴店員。因為她是單身，大袋的蘋果吃不了，脂肪奶粉吃了容易發胖，任何入口的東西一定要新鮮。可是，超市的做法沒有任何的改變。這次她找到了超市經理，不料經理的話更令她吃驚，經理說：「我們超市面對的是大眾，不能因為你個人的要求而改變。」

瑪麗女士走出快樂超市的時候氣極了，居然會遇到這樣的事情，她發誓不再到快樂超市買東西了。

她每星期大約花費五十美元辛苦血汗錢在這家超市，卻連句「謝謝您」都沒有得到，根本沒有人在意她是不是一位滿意的顧客。

第二天，瑪麗女士決定到另一個地方的超市購物，也許這家超市懂得重視、珍惜顧客。

果然，這家超市從經理到一般員工上上下下都非常重視瑪麗女士的感受，她提的任何一個建議，這家超市都能接受並按她的要求去做。

然而，即使這樣，快樂超市還是不擔心這件事情，他們自以為它是一家規模很大的連鎖超市，不需要瑪麗女士這樣的顧客，更何況她有時候真的

很挑剔。他們想，流失一位顧客固然有些可惜，但是像這樣的一家大公司不會只為了阻止一個老太婆到另一家競爭超市購物，就這樣扭曲自己的經營方式。

快樂超級市場的員工們應該知道成功的事業要有長遠的眼光，他們要看的是這個事件對他們產生的負面影響。可惜他們並不知道。

下面我們來算算流失像瑪麗女士一樣的顧客損失會有多大。

失去瑪麗女士絕不只等於損失五十美元生意，而是比這個更多更多，她是一個星期平均消費五十美元的顧客，換算成一年就是兩千四百美元，十年就是兩萬四千美元。她當然可能一輩子都在快樂超市消費，但是先以十年為例。

根據研究顯示一位不滿意的顧客平均會與另外十一個人分享他們不快樂的經驗，有些人甚至會告訴更多的人，不過假設瑪麗女士只告訴十一個人，根據相同的研究顯示，這十一個人可能會告訴另外五個人。那麼就是六十七個人。

我們假設這六十七個人是快樂超市的潛在顧客，其中僅有百分之二十五的人因此決定不在快樂超市購物。六十七的百分之二十五是十七人。

假設這十七人也是一星期消費五十美元的顧客，換言之快樂超市每年將損失四萬零八百美元，而這都只是因為瑪麗女士不滿意而引起的。

這些數字就足以教人產生警惕，但這些數字還只是保守估計而已，一位顧客事實上每星期絕不止花五十美元用於購物。所以失去一個顧客實際上造成的損失比這些數字多很多。

全球知名汽車銷售大王喬‧吉拉德是世界上最偉大的銷售員，連續十二年榮登世界吉斯尼記錄大全世界銷售第一的寶座，他所保持的世界汽車銷售記錄：連續十二年平均每天銷售六輛車，至今無人能破。

喬‧吉拉德認為，我們每個人都認識大約兩百五十個人。他猜測，參加

一個典型的葬禮或婚禮的人數可能就是那麼多。

實際上，喬在得出這個數字之前，曾經向承辦葬禮的人了解他們通常印製多少張 —— 帶有死者名字和照片的 —— 彌撒通知單。葬禮承辦人告訴他說，「大約兩百五十人」，前來向死者告別。婚禮也能夠表明一個普通人擁有多少朋友和熟人。

統計的結果是：參加一個普通人的婚禮的也同樣是兩百五十人左右。很顯然，有些人認識的人可能少一些，而有些人認識的人則可能多一些，但是「兩百五十」似乎是一個非常準確的平均數。

在吉拉德的行銷生涯中，他每天都將兩百五十定律牢記在心，抱定生意至上的態度，時刻控制著自己的情緒。不因顧客的抱怨，不因自己不喜歡對方，或是自己心緒不好等原因而怠慢顧客。吉拉德說得好：「你只要趕走一個顧客，就等於趕走了潛在的兩百五十個顧客。」

喬‧吉拉德就此舉了這樣一個例子：

假如我一週內接待了五十名客戶，其中有兩個人對我給他們提供的服務感到不滿。那麼，到了年終，就會有五千人被我在一週之內得罪的那兩個人所影響。我從事汽車經銷業截至目前已經有十四年的歷史了。因此，假如我一週僅趕走兩名客戶，那麼十四年裡被我趕走的客戶將會有七萬名之多，足夠坐滿一個體育場了。這些顧客都會堅信一點：不要購買由喬‧吉拉德銷售的汽車！

記住，負面的連鎖反應可以給你帶來毀滅性的後果，但是，你也不要忘了，漣漪並不總是朝著一個方向擴散的。如果顧客滿意的話，他同樣會把你所提供的良好服務告訴周圍的朋友和同事們。

吉拉德認為，對於行銷人員而言，特別需要顧客的幫助，他的許多生意都是由「獵犬」（那些會讓別人到他那裡買東西的顧客）幫助的結果。他的一句名言就是「買過我汽車的顧客都會幫我推銷」。

生意成交之後，吉拉德總是把一疊名片和「獵犬計畫」的說明書交給顧客。說明書告訴顧客，如果他介紹別人來買車，成交之後，每輛車他會獲得二十五美元的酬勞。幾天之後，吉拉德會寄給顧客一張感謝卡和一疊名片，接著他每年都會收到吉拉德的一封附有「獵犬計畫」的信件，提醒他吉拉德的承諾依然有效。如果吉拉德發現顧客是一位領導人物，其他人可能會聽他的話，他會更加努力促成交易並設法讓其成為「獵犬」。

實施「獵犬計畫」的關鍵是守信用 —— 一定要付給顧客二十五美元。吉拉德的原則是：寧可錯付五十個人，也不要漏掉一個該付的人。「獵犬計畫」使他獲得很大的收益。一九七六年，「獵犬計畫」為吉拉德帶來了一百五十筆生意，約占總交易額的三分之一。吉拉德付出了一千四百美元的「獵犬」費用，收穫了七萬五千美元的佣金。

具體而言，顧客對商品銷售的影響可以用垂直展開和水準展開兩種方法來分析判斷。

所謂垂直展開是指在顧客自身的消費活動中，使用公司商品的空間有多大，顧客再次購買的機率有多大。假如不再購買同樣的商品，那麼顧客從起床到就寢，有多大的機會使用到公司別的相關商品呢？

而所謂的水準展開則是顧客周圍的人能受到多大影響呢？顧客和家人、親戚、朋友、同事們的談話能多大限度的促使他們購買你的商品呢？

假如商品在水準和垂直兩方面都有延伸的可能，那麼只要以某種商品吸引到了顧客，就可以持續的讓其他商品走進顧客的視線中，甚至可以延伸到顧客身邊的朋友，賣得越多就越輕鬆。對於資金薄弱的公司而言，它有非常誘人的前景。

只要有影響力的顧客說幾句話，他周圍的人就會成為新客源，他也就成了你不付薪資的義務推銷員。

那麼，我們不禁要問，能夠帶來更多買家的有影響力的顧客都是哪些人

呢？通常，人們參照以下的三個標準來尋找自己有影響力的顧客：

(1) 被潛在顧客所憧憬的人；

(2) 以說話為職業的人，有充分時間說話的人；

(3) 上述的人當中，手握資訊來源的人。

知識窗

日常工作中所經常接觸到的那些專題俱樂部、小圈子聚會等等中的消息靈通人士也擁有不凡的影響力。假如你對他們進行「創造」，使之成為本地名人後，公司也將可能成為他們的話題焦點，雙方就能建立起雙贏的關係。

奇妙無比的霍桑效應

美國芝加哥郊外的霍桑工廠，是一個製造電話交換機的工廠。這個工廠具有較完善的娛樂設施、醫療制度和養老金制度等，但員工們仍憤憤不平，生產狀況也很不理想。為探求原因，一九二四年十一月，美國國家研究委員會組織了一個由心理學家等各方面專家參加的研究小組，在該工廠發展了一系列的實驗研究。這一系列實驗研究的中心課題是：生產效率與工作物質條件之間的關係。

實驗的第一階段是從一九二四年十一月開始的工作條件和生產效益的關係，設為實驗組和控制組。結果不管增加或控制照明度，實驗組產量都上升，而且照明度不變的控制組產量也增加。另外，又實驗了薪資報酬、工間休息時間、每日工作長度和每週工作天數等因素，也看不出這些工作條件對生產效益有何直接影響。

第二階段的實驗是由美國哈佛大學教授梅奧領導的，著重研究社會因素與生產效率的關係，結果發現生產效率的提高主要是由於被實驗者在精神方面發生了巨大的變化。參加實驗的工人被置於專門的實驗室並由研究人員領導，其社會狀況發生了變化，受到各方面的關注，從而形成了參與實驗的感覺，覺得自己是公司中重要的一部分，從而使工人從社會角度方面被激勵，促進產量上升。

這個效應告訴我們，當同伴或自己受到大眾的關注或注視時，工作和交往的效率就會大大增加。因此，我們在日常生活中要學會與他人友好相處，明白什麼樣的行為才是同事和老闆所接受和讚賞的，我們只有在生活和工作

中不斷的增加自己的良好行為，才可能受到更多人的關注和讚賞，也才可能讓我們的學習不斷進步，充滿自信！

同樣，在這一系列實驗研究中還有一個「談話實驗」，即用兩年多的時間，專家們找工人個別談話兩萬餘人次，並規定在談話過程中，要耐心傾聽工人們對廠方的各種意見和不滿，同時做詳細記錄；對工人的不滿意見不准反駁和訓斥。

這一「談話實驗」收到了意想不到的結果：霍桑工廠的產量大幅度提高。這是由於工人長期以來對工廠的各種管理制度和方法有諸多不滿，無處發洩，「談話實驗」使他們的這些不滿都發洩出來，從而感到心情舒暢，幹勁倍增。社會心理學家將這種奇妙的現象稱為「霍桑效應」。

企業管理者應當注意的是，獲取利潤並不是企業經營的唯一目的，在企業發展壯大的同時讓員工一起進步是管理者的責任，也是企業能夠長期發展的關鍵。員工是企業各項生產經營活動的主體，他們會在日常工作和生活中產生數不清的意願和情緒，但最終能實現能滿足的卻為數不多。如果管理者能夠懂得「霍桑效應」，那麼就會清楚的認識到這一點：面對員工的不滿和抱怨，耐心傾聽要比強暴壓制產生的效果好得多。

人們永遠也不會忘記一九九〇年一月二十五日的那場空難，因為那場空難完全可以不發生。

先看看當天的時間表記錄吧：

· 晚上七點四十分，阿維卡五十二號航班飛行在南紐澤西海岸一萬多公尺的高空，再有半個小時，它就可以飛到紐約甘迺迪機場，而當時飛機的燃油還可以維持將近兩個小時的航程，應該說完全不存在燃油耗盡的問題。

· 晚上八點整，甘迺迪機場的管理人員通知五十二號航班，由於嚴重的交通問題，要求飛機在機場上空盤旋待命。

- 晚上八點四十五分，甘迺迪機場管理人員收到五十二號航班的副駕駛員的報告：「燃料快用完了。」
- 晚上九點二十四分，飛機的兩個引擎熄滅，一分鐘過後，另外兩個也停止了工作。
- 晚上九點三十四分，燃料耗盡的飛機墜毀在長島，飛機上七十三名人員全部遇難。

問題出在哪裡？既然飛行員知道油會用完，為什麼不呼救呢？既然地面管理人員已經收到資訊，為什麼不採取措施呢？

事後，調查人員對飛機上的黑盒子進行了調查，終於發現了這次空難的主要原因 —— 溝通障礙。

看看下面的溝通過程吧：

資訊發出方

（1）飛行員說：「燃料快用完了。」

（2）飛行員繼續說：「燃料快用完了。」

（3）飛行員依然說：「燃料快用完了。」

資訊接收方

（1）管理人員認為沒什麼大不了的。

一位管理員告訴調查者：「這句話飛行員們經常使用，我們每天都會多次聽到這樣的話。」

（2）管理人員認為情況並不緊急。

一個管理員指出：」如果飛行員說明情況十分危急，那麼所有的規則程序我們都可以不顧，盡可能以最快的速度為其導航降落。可惜的是，五十二號航班的人從未肯定的說過情況十分緊急的話。」

（3）管理人員還是認為沒什麼緊急的情況，一切仍然按部就班。

管理人員解釋說，五十二號航班飛行員的語調從未向管理人員傳遞出燃料用完的嚴重資訊，用的是很平常的冷靜而職業化的語氣。

那麼，又是什麼阻止了飛行員不顧一切的呼救呢？原來正式報告緊急情況過後，飛行員需要寫出大量的書面彙報，另外，如果發現飛行員在計算飛行需要多少油量方面出了差錯，聯邦飛行管理局就會吊銷其駕駛執照。這些規定使得飛行員即使在緊急情況下，也不肯發出緊急呼救。因為他們太看重榮譽，吊銷執照可不是一件光彩的事情，他們寧願賭上一回。

看來，本來可以避免的空難未能避免，說到底還是管理機制問題，機制阻止了有效溝通。

在我們身邊，我們看到很多管理者十分注重效率和執行力度，這當然是好事情。可是，他們忽視了溝通的重要性。甚至，有的管理者在發布指令時，如同老虎一般嚇人，使得接受者對接受指令膽戰心驚，沒有理解指令的含義，或者沒有聽明白，也不敢詢問。這豈不是很可怕嗎？

正確的溝通，才能帶來有價值的效率。

正確的溝通，才能帶來有價值的執行。

在你要求執行之前，先看溝通是否到位。

知識窗

「霍桑效應」給我們的啟示是：人在一生中會產生數不清的意願和情緒，但最終能實現能滿足的卻為數不多。對那些未能實現的意願和未能滿足的情緒，切莫壓制下去，而要千方百計的讓它宣洩出來，這對人的身心和工作效率都非常有利。

老師電擊學生實驗

一九六三年美國社會心理學家米爾格倫進行了一項服從實驗，以探討個人對權威的服從情況。該實驗最初在美國耶魯大學進行，心理學家米爾格倫透過廣告有償招募了一批實驗志願者，他們被告知這是一個關於記憶和學習的科學實驗，研究懲罰對學習和記憶的影響，但事實上這是一個關於一個人可以承受多大程度的服從的實驗，其結果令人震驚。

志願者透過抽籤決定是扮演「老師」還是扮演「學生」，為了讓這些「老師」了解到電擊懲罰的痛苦，以使他們知道當他們對「學生」進行同樣懲罰時會給對方造成多大的痛苦，心理學家先讓這些「老師」們體驗了四十五伏特低電壓的電擊，然後正式的實驗開始了……

一位五十幾歲左右的「學生」入場，他看起來風度翩翩，和氣和藹，他對「老師」說明了他有心臟病，但表示願意接受記憶學習的實驗。於是，他被綁在隔壁房間的一張電椅上，並且透過內線電話與「老師」保持聯繫，他的任務就是記憶一些成對的單字，「老師」說出一個單字後，他就要說出成對的另一個單字……

這個「學生」很快開始犯錯誤了，由於「學生」的犯錯，「老師」開始進行電擊懲罰，「老師」透過一個連線按鈕裝置開始實施電擊懲罰，「學生」開始表現出抗議的舉動……

「學生」的抗議隨著電擊強度的上升而變得越來越劇烈，七十五伏特的時候，他有點哼哼和嘟囔；一百五十伏特時，他要求離開實驗；一百八十伏特時，他大聲呼喊說自己無法再忍受這種痛苦了；到了三百伏特時，他堅決的

說不會再參與這類實驗並要求被釋放，他大聲嚷嚷自己有心臟病，並且劇烈的尖叫和掙扎……

「老師」開始出現第一次猶豫，開始表示可能不願意再進行對「學生」電擊了，這時心理學家就會說，「實驗要求讓你繼續，你沒有選擇，你必須繼續……」你應該可以想像，這時「老師」需要承受多麼大的壓力，他們會抱怨、責難、反覆強調自己不能再繼續了，女性「老師」還常常會流著眼淚試圖抗拒繼續電擊「學生」，他們內心開始承受強烈的思想抗爭：

「他受不了了，我不能就這樣殺了他！你聽到他的慘叫了嗎？他在嘶喊，他受不了了，他出了事怎麼辦？……我是說，如果那位紳士出了什麼意外誰來負責？」在一百八十伏特電擊時，「老師」開始出現質疑了，心理學家表示會承擔意外的責任。

「好吧……」「老師」雖然猶豫了一下，但在「權威」的壓力下又繼續了實驗。

當電擊到了一百九十五伏特時，「老師」開始再次猶豫了，再次開始試圖抗拒繼續實驗了：

「你聽他在嘶叫，聽呀，我不知道該怎麼辦了……」

「實驗要求你繼續下去！」

「我知道是這樣，先生，但我想說的是 —— 唉 —— 他已經不知所措了，都一百九十五伏特了呀！」

直到「學生」的房間裡不再有任何聲音時，「老師」還是被命令施加更加強烈的電擊，直至標有「危險：強電擊四百五十伏特」。

在實驗之前，四十多位心理學家和精神病醫師都認為大部分人不會超過一百五十伏特，不到百分之四的人會堅持服從命令到三百伏特，只有百分之零點一的人會堅持服從命令到四百五十伏特，他們認為只有精神心理有異常的人才會盲目服從而實施最大強度的電擊，這足以置人於死地。

　　但這個著名而令人焦慮且震驚的實驗結果是，對一千名志願者進行同樣的實驗發現，「大部分人都完全服從了權威的命令」。幾乎沒有在三百伏以前就退出的人，有百分之六十五的「老師」對「學生」施加了最高四百五十伏特的電擊，有常識的人都知道這足以致命。

　　儘管很多「老師」表現出了猶豫、質疑、抗拒的表現，但這對於受害者「學生」來說並沒有什麼兩樣，如果你是那個被電擊的「學生」，當你聽到「老師」嘴上說：

　　「我並不想傷害你，真的，我不想這樣的……」

　　但他們還是對你反覆實施了殘忍的電擊懲罰，你會有什麼感覺？

　　參加志願者扮演「老師」角色的大學生們可能把眼前的「學生」當成了「玩偶」，每次電擊一次，「玩偶」就會上竄下跳並且大聲尖叫，就在這樣鮮活的情境下，仍然有四分之三的「老師」發出了最大的強度的電擊……

　　你是不是特別震驚，心理學家怎麼可以實施這樣毫無人道的實驗呢？事實上，那個扮演「學生」的人實際上是與心理學家事先溝通好的，他是心理學家的實驗助手，他根本沒有受到任何電擊，他只是假裝受到電擊後表現出極大的痛苦，而那些扮演「老師」的志願者並不知道這些，他們只知道自己的電擊按鈕真的就是對「學生」進行了電擊，並且對「學生」造成了極大的痛苦。

　　你可能會疑問，那「學生」和「老師」不是由抽籤決定的嗎？其實這個抽籤過程早就被心理學家做了手腳，不管怎麼抽籤，志願者總是抽到「老師」角色。整個實驗中，只有扮演「老師」的志願者一開始體驗了一下四十五伏特低電壓的電擊，而「學生」實際上從未受到過任何電擊，他們表現出的痛苦表現是心理學家事先和他們溝通好的，目的就是測試扮演「老師」的志願者對於權威的服從的程度。

　　從米爾格倫的實驗中可以看到，大多數人都是懼怕權威的，在法律和權

威面前都會不自覺的表現出服從的行為。在上述實驗中，米爾格倫還繼續研究了影響服從的主觀因素。他認為其一是道德水準。他用經典的道德判斷測試被試，結果發現，被試的道德判斷水準越高，服從權威人物的可能性越小。被試的道德判斷水準越低，越容易服從權威的要求。對於這一點，我們很容易理解，因為這和我們在日常生活中的觀察和體驗相一致：命令一個道德水準高的人去做不道德的事，通常殺了他也行不通，但如果是有益於社會的要求，那麼道德水準高的人不僅願意服從，甚至還會為了這樣的社會要求獻出自己的生命。

在實驗中，米爾格倫還發現，被試的個性特徵也是影響被試服從的另一個重要的主觀因素。米爾格倫對參加實驗的所有被試進行了個性測驗，發現那些服從研究者的命令，不斷增強對「學生」施加電擊的被試，屬於典型的世俗主義個性，他們十分重視社會壓力以及個人行為的社會價值。這些人毫不懷疑的接受權威的命令，對那些違反社會習俗和社會價值的人不屑一顧。他們多數不敢流露出真實的感受，思想個性並不明顯，喜歡跟著權威行事，害怕偏離社會準則。

那麼，在現實生活中人們又是如何對他人施加壓力，從而使他人服從的呢？我們經常會聽到媽媽對孩子賄賂兼威脅的說。「你要努力學習，成績提高了，媽媽就給你買你前不久看中的那個玩具；但是，如果你不好好學業成績繼續退步，那就不准你看你最喜歡的卡通節目了。」使得孩子們感受到難以抵抗的壓力，最終不得不服從母親的願望、要求或命令。

源於環境中的社會讚許和環境氣氛，也都會使人感受到壓力。比如：一個學生對學習沒有多大興趣，特別想玩，在家時不肯念書，父母很頭痛，把他送到了寄宿學校。他發現他所在的環境中，只有好好學習的，才會贏得社會的愛和尊敬，即周圍的老師會喜歡他，會和他友好交談，同學們也特別願意和他交往，做朋友。同時，在寄宿學校，他看到周圍的同學都很認真的在

學習，他自然而然的也會感受到這種學習氛圍的壓力，也努力學習起來了。這種源於社會環境的讚許和氣氛的壓力，更容易給人以潛移默化的影響，從而使他人發生服從行為。

其實每一個社會，在基本上都需要社會公民對社會的服從，比如：遵守社會的道德規範、遵守社會的法律條文、遵守社會團體的紀律等等，如果沒有社會公民對社會的服從，那這個社會就沒有了秩序，這個社會將變得很可怕。

當然，在我們的日常生活、工作中，我們還是要分清哪些應該服從，哪些不該服從。

知識窗

獎賞、懲罰和威脅，以及源於社會環境的壓力，看來都會使人發生服從行為。但是，企圖運用這些手段使他人產生服從行為時，要特別注意掌握使用的「度」的問題。如果懲罰或威脅過度，社會環境給人帶來的壓力過強，很有可能不僅不會使他人產生服從行為，反而容易引發他人的抵抗心理，甚至還有可能使某些人把過強的壓力轉化成過度的緊張、焦慮，從而引發心理疾病。

二十四樓頂層縱身跳下的十三歲少年

　　二○○四年十二月二十七日，是張藝良父母永遠心痛的日子。這對中年喪子的夫婦，至今還在悲傷之中。那天，兒子是早上六點三十分去學校上課的。到七點剛過不久，夫婦倆也像往常一樣準備上班。就在這時候，員警卻找上門來，告知他們的孩子的死訊。如遭霹雷的夫婦倆怎麼也不相信這是真的。而員警再次鄭重的告訴他們，十三歲的張藝良從二十四樓的頂樓跳樓身亡。當時他們就哭了。張藝良家就居住在這一棟有著二十四層高的大樓裡，但他們無論如何也不相信，半小時前走出家門還活蹦亂跳的孩子，怎麼轉眼間就不在了，他們實在接受不了這樣的打擊。

　　在收拾、整理張藝良的遺物時，父母又有了非常驚奇的發現，在學校寫作很一般的兒子，居然寫了一部根據網路遊戲《魔獸爭霸》改寫的小說《守望者傳》。小說並沒有完成，卻寫滿了七個筆記本，大約八萬字。小說以流利的文筆，描寫了一個並不存在的虛擬世界，其故事情節和人物與《魔獸爭霸》如出一轍。張藝良在其中扮演的角色，就是他所崇拜的大英雄 SHE 守望者。他非常想在那個虛擬世界裡，成為一個無所不能、無往不勝的大英雄。而在遺書中，張藝良又恰恰寫出了自己的極端消沉與自卑。在他的遺書中有這樣一段話：「我是個沒用的垃圾，光會讓他們失望，立下的誓言許多都完成不了，來世如果我還是人，我一定會是最好的孩子……」看起來，張藝良對自己很失望，他提到的許多誓言都完不成。那麼，他都立下了哪些誓言？是誰讓他立下這些誓言？又是誰逼著他完不成誓言就要從自己居住的二十四樓跳樓去死呢？

　　事件發生後，電視記者專門採訪了張的父母，並看了張的遺書和網路筆記《守望者傳》。特別是網路筆記，完全不像是一個國中孩子寫出來的。據記者回憶說：「可能他父母或其他外界的人，只看到這孩子寫的是打打殺殺，其實不完全是。他寫了自己對這個世界的感覺。他描寫了大家相互間應該怎麼去團結，去進行下一個策略。然後，每一個策略大家應該怎麼去做。他寫的這些東西，就好像他是這個世界的主導者，他想讓世界按照他想要的樣子去發展。我們不明白這麼一個十三歲的孩子，怎麼會把一個並不存在的虛幻世界寫得那麼清楚而生動逼真，實際上他每天玩這個遊戲，每天都在感受他的世界。他個人的精神生活已完全與他虛擬出來的世界融在一起了，甚至離開網咖、離開電腦時，他腦子裡也全是這些東西，他每天生活在他所認為的美好的虛擬的世界裡。」

　　心理醫生分析，張藝良其實是患了「網路成癮症」，「網路成癮症」是過度迷戀網路的心理疾病。目前，患上此類疾病的患者一般在十五歲至四十歲之間，以國中生、高中生和大學生居多。這些病人的主要症狀表現是，上網時間不能自控，沉迷其中難以自拔，上網就精神振奮，歡樂無比，離線就情緒低落，疲乏無力，食欲不振等。「網路成癮症」嚴重影響青少年的身心健康，引起自律神經紊亂，造成青少年的緊張性頭痛、焦慮、憂鬱、導致視力下降、頸椎病、胃腸神經功能病、產生自閉傾向等。它的產生原因是什麼呢？家長對孩子的過度期待，孩子心理壓力大，家長和孩子缺乏溝通是造成「網路成癮症」的主要原因。

　　對此，著名心理學家提出一種觀點：「網路成癮的人，在某種程度上是一種新型的『毒品』成癮。在這些人的內心深處，覺得自己在現實的真實世界裡，是缺少快樂、缺失成就感、缺少愛和關注的，他們壓抑了許多的不滿、煩悶和憤怒，又不能夠到現實世界裡去宣洩。於是，就要找到一個宣洩口，網路就是可以讓他們的壓抑得到宣洩的途徑之一。他們發現在網路上找到了

在現實中所沒有的好感覺，這些好感覺又強化他們與現實世界的疏離。這就是好多為什麼不吃、不喝、不睡，日日夜夜泡在網咖裡過著折磨人的生活而不知其苦，反而自得其樂的社會原因。」

在現實生活中，有很大一部分家長也和張藝良的父母一樣，心裡著急卻束手無策。因為家長們對遊戲不熟悉，所以沒辦法去了解，也找不到與孩子溝通的適當方式，更缺少對孩子內心世界的了解，對他們成長過程中種種生理和心理變化帶來生活上的影響不能很好把握，管教就難免失當。比如：家長往往看不到孩子精神健康亮出警告的紅燈。

那為什麼青少年會如此沉迷於網路遊戲呢？專家認為，我們用理性思維和認知的評價模式來看，世上仟何事物都有其兩面性（甚至多重性）。網路本身是現代化的、便捷的資訊交流和娛樂的一個手段，不否認它有積極的功能，但心理健康領域裡有一個特別強調的詞彙，就是度的概念，過猶不及。任何事情推到極端、極致，都將走向反面，所謂物極必反。比如看書、下棋，都有看書看成書呆子，下棋下瘋了的人，網路遊戲也一樣。有人說，平時壓力過重，在遊戲中能找到一種解脫，可以滿足在現實世界享受不到的待遇。比如名譽、成就感、自由。像張藝良這樣十二、十四歲的孩子，本身就有反向心理，不願意與家長交流，與自己的同儕交流，再加上教育方法有問題，比如家長或老師主動要與孩子說話，也就是你要好好學習，不能玩，讓孩子感受不到情感上的交流與溝通，無論在家或在校，他（她）都體會不到某種親情的、關注性的互動。就像一個蛋殼，把家長和孩子隔在兩個世界了。家長沒興趣去看蛋殼裡面的世界，孩子也沒興趣到蛋殼外面看看家長到底想什麼。家長和我們周圍人還有一個錯覺，認為是網路把我們和孩子隔開的。實際上，應該看到是在我們和孩子之間，缺乏真情互動的基礎上，他們才把自己關到殼裡去的。有不少家長，前期忽略了很多自己的問題，到孩子真正出現問題時，沒辦法了，就想很多辦法來補救。等到這個時候就已

經晚了。

　　看得出來，張藝良的爸爸是很愛這個孩子的，也做了很多工作，但這孩子可能存在某些精神上的缺陷。而這種缺陷，對於不是從事心理專業的父親來說，是想扭轉也扭轉不了的。但即便如此，假如父親在孩子很小的時候，就從繁忙的工作之餘，開始對兒子更多關注，成為兒子特別親密的朋友，他的某些精神缺陷也會在剛冒出頭來時，就有所了解，可以採取針對性的措施，早發現，早處置，結果肯定要比現在理想。

　　當孩子在精神或心理上感覺不適時，他（她）渴望與家長一起分享快樂、分擔煩惱時，千萬不要拒絕他，不管他（她）以什麼方式，哪怕是以你父母最討厭、最恨之入骨的網路遊戲，他（她）要在這個世界中與你分享一些東西時，你也不要拒絕。家長不妨看看孩子蛋殼裡的世界，才有可能使孩子脫離虛擬的網路世界，使他感到現實世界中的生活是多麼美好。

知識窗

我們判斷一個人精神健康的水準，就看他是否有很好的現實感，是否與現實有很好的接觸。也就是說，如果一個人脫離現實，每天生活在自己想像的世界裡，經常幻想著他的生活，他的精神健康就亮起了紅燈。

第一印象是否可靠

我們先來讀一個故事。

當我正年輕而且可能不如現在聰明的時候，我被派到一個生物實驗工作組；在那個組中，有個叫黛安娜的非常迷人的女學生。經過一段時期的工作後，我確信：「黛安娜是最適合我的人。」雖然我對她幾乎一無所知，但是在那個時候，這些絲毫不成問題。因為我覺得，在我的第一印象中，如果她看起來有那麼好的話，那她也應該是個很好的人。雖然我們都知道有個俗語說：「人不可貌相」，美麗是膚淺的。然而，僅僅聽到類似的諺語並沒有使我們對此多加注意，至少我自己沒有注意。

我和黛安娜常在下課後去咖啡館，去看電影，一起晚餐，之間也沒有任何口頭承諾，就這樣自然而然的成了一對。我們彼此之間了解甚少。她非常漂亮，而且平易近人，還能有什麼問題呢？

然而，隨著時間的推移，開始出現許多小問題。我們發現在很多問題上互相存在差異，無論大事還是小事。她喜歡眾多熟人圍繞身旁，而我傾向於較少的朋友有更親密的關係。這還只是小小的不愉快。還不足以使我認識到我們彼此不適合。而另外，黛安娜的個性與我大相徑庭，例如：她對什麼事都很認真，而我卻更喜歡尋找樂趣。而且，她總是對我說話做事挑三揀四，無論她的評價是否有價值，這種批評式的交流總是讓人感到不舒服。漸漸的，我們的交流越來越艱難。只要我不同意她的觀點，她就會非常生氣，而我們之間似乎有越來越多的不合。

就這樣持續了幾個星期後，我建議我們如果少見面的話會更好，她的反

第一印象是否可靠

應卻是惡言惡語的罵我。儘管我不能證明她是犯人，但一天深夜，有人來到我住的地方，非常粗暴的劃破了我的汽車車門和車篷。被人謾罵，車子又遭襲是很糟糕的事，但能夠在那時候發現人際問題，而不是在建立了一種長期的委身關係以後才發現已經是萬幸了，實際上我已經考慮同她結婚了。

這段插曲給我最大的益處是讓我知道，當一個人看起來非常優秀時並不一定代表著這個人會非常優秀。

從中我們可以清楚的看到，外表和其他能引起我們情緒反應的東東一樣，對於我們評判一個人來說也只是非理性的因素，有些人越交往越喜歡，而有些人則是越交往越反感，外表和其他能引起我們情緒反應的東西一樣，它或許只是個「迷幻劑」，既不真實也不可靠，而且常常使我們對這個人產生「刻板印象」。

比如：當我第一眼看到這個人時，覺得她太胖了，我的情緒肯定不怎麼感到愉悅，於是我就對這個人的綜合評價變得非常消極，我甚至想當然的認為她這個也不行，那個也不行，工作不會賣力，待人不會溫和……這就是「刻板印象」，它常常導致我們對某些事物產生偏見，以至於根本不能正確的看到事物的本質。

第一印象在人們交往時所產生的這種先入為主的作用，被叫做初始效應。心理學家洛欽斯是第一個對初始效應進行研究的學者，他杜撰了兩段文字作為實驗資料，內容主要是寫一個名叫吉姆的學生的生活片段，這兩段文字的情況是相反的。一段內容把吉姆描寫成一個熱情而外向的人，另一段內容則把吉姆描寫成一個冷淡而內向的人，兩段文字如下：

「吉姆走出家門去買文具，他和兩個朋友一起走在充滿陽光的馬路上，他們一邊走一邊晒太陽。吉姆走進一家文具店，店裡擠滿了人，他一面等待著店員招呼他，一面和一個熟人聊天。他買好文具在向外走時遇到了熟人，就停下來和朋友打招呼。吉姆告別了朋友後向學校走去，在路上他又遇到了一

個前天晚上剛認識的女孩子，他們說了幾句話後就離開了。」

「放學後，吉姆獨自離開教室出了校門，他走在回家的馬路上，路上陽光非常耀眼。吉姆走在馬路陰涼的一邊，他看見路上迎面而來的是前天晚上遇到過的漂亮女孩。吉姆穿過馬路進了一家飲食店，店裡擠滿了學生，他注意到那裡有幾張熟悉的臉孔。吉姆安靜的等待著，直到櫃檯上服務員招呼他之後才買了飲料。他坐在一張靠著牆邊的椅子上喝飲料，喝完之後就回家了。」

洛欽斯把這兩段描寫資料組合成四種，又把被試分為四組，讓他們分別閱讀其中一種組合，然後要求各組被試回答「吉姆是怎樣一個人？」結果發現，先閱讀熱情外向文字後閱讀冷淡內向文字的一組有百分之七十八的人對吉姆有友好評價，而先閱讀內向文字再閱讀外向文字的一組對吉姆有友好評價的只有百分之十八，只閱讀熱情外向文字的人竟有百分之九十五對吉姆有友好評價，有百分之三的人在只閱讀了冷淡內向文字後仍對吉姆有友好評價。由此可看出，第一印象確實對我們認識他人有著重要的作用。

在第一印象中，認知因素和情感因素共同起作用。當你最初見到一個人總是從他（她）的臉部表情，語音語調，身材，服飾來判斷他。此外，你也總是喜歡那些看起來友好、大方、隨和的人。這些人會表示出對你的關心，能關注到你的存在，這正適合了在社會上你我都需要他人尊重和注意的情感需要。這一點我們從兒童身上最能看清楚。小孩子都喜歡那些第一次見了他（她）就笑哈哈的人，如果能讚揚他（她）幾句他（她）就更高興了。

但是，第一印象，由於時間短暫，只能認識他人的一個方面。雙方產生第一印象所依靠的資訊通常是外表，而外表有時會具有很大的欺騙性，使你覺得他（她）的其他方面也很好（或很壞）。正因為如此，有句俗話說：「人不可貌相，海水不可斗量」。

但是，我們鼓勵不要以貌取人，並不是說我們可以完全不注重自己的儀

第一印象是否可靠

表，整潔大方的儀表是最具積極性的，過度炫耀和誇張的打扮往往並不會給人留下非常好的印象，當然如果你參加「時尚 Party」除外，穿著打扮要注重場合和分寸，否則只能是吃力不討好。比如：你參加一個普通的朋友聚會，就應該穿得隨便一點，也不要刻意去穿那些非常昂貴的名牌，戴非常奢華的首飾之類，因為別人都不如此，獨你為之，其炫耀之心昭然若揭，我想絕大多數的人都是不喜歡非常炫耀的人的。如果你要參加一個正式的酒會，那當然是應該穿著正式禮服或者正裝參加，否則，別人也會認為你不尊重別人的。尊重別人也就是尊重自己，善待別人也就是善待自己，給別人面子也就是給自己面子。

此外，我們不鼓勵以貌取人，也不等於可以置自己健康而不顧，某些良好的體態也代表著一定程度的健康，比如太胖的，或者太瘦的人，總不能算自己非常健康吧！

儘管，我們並不是要每個人都去練健美，但積極的參加一些鍛鍊，定期的或者每週做一次或兩次的有氧運動，對自己的身體健康確實很有益，所以並不是單純的為了外貌，更是為了健康，應該積極的參加些鍛鍊，注意自己合理、均衡的膳食，戒菸戒酒，積極的鼓勵自己做一個健康的人。

知識窗

第一印象，又稱為初次印象，指兩個素不相識的陌生人弟一次見面時所獲得的印象，主要是關於對方的表情、姿態、身材、儀表、年齡、服裝等方面的印象。這種初次印象在對他人的認知中產生很大的作用，它往往是交往雙方今後是否繼續交往的重要根據。

長達六年之久的離婚戰爭

《列子‧說符》有這樣一個故事：

有個人丟了一把斧頭，猜疑是鄰居的兒子偷的。由於想法上已有了這個先入為主的觀念，所以，鄰居兒子的一舉一動，甚至走路的姿勢，臉部的表情，說話的腔調，在他看來，也都像是偷了斧頭的模樣。後來，他在山溝裡挖地時，無意中找到了自己丟的斧頭，以後再看他鄰居的兒子，覺得其舉止、態度，都不像偷斧頭的樣子了。為什麼數日之隔，原先越看越像，現在卻一點兒也不像了呢？原因就是猜疑心理在發生作用。

「丟斧頭」的心理就是一種典型的猜疑心理？這個寓言諷刺了那種疑心重重，戴著有色眼鏡看人，甚至毫無根據的猜疑他人的人。這個人從一開始就自己給自己先下了一個結論，然後自己走進了猜疑的死胡同。由此看來，猜疑一般總是從某一假想目標開始，最後又回到假想目標，就像一個圓圈一樣，越畫越粗，越畫越圓。

我們再來看一個現實生活中的一個類似的真實事件。

某高校的孫教授與吳教授是一對經過百般挫折、好不容易走到一起的再婚老年夫妻，他們都遭受過失去親人的痛苦，所以特別珍惜這遲來的幸福。

每每黃昏時刻，他倆手牽手漫步於江邊，暢談各自的工作、生活和理想。在生活上，相互體貼入微，尤其是孫教授，為了讓吳教授集中精力做好科研，他放棄了不少的休息和娛樂時間，幾乎包攬了所有的家務事，還利用自己社交廣、朋友多、資訊廣的優勢，在寒暑假幫助吳教授的公司聯繫業務。吳教授也經常利用出差的機會買些孫教授喜歡的書法用品、書法作品送

給他。二人在事業上相互幫助，各自的事業都達到了人生的頂峰。二人是再婚，卻能如此相濡以沫，令同事、朋友們稱羨不已。

然而，好景不常，當他倆共同走過一段美好的時光之後，家庭矛盾就凸顯出來了。因教子方法、家庭財產處理不當引發了一系列矛盾。有一次，鄰居向孫教授借錢急用，不久鄰居還錢給孫教授時，恰好孫教授不在家，於是就還給了吳教授。但事後吳教授卻沒有把此事告訴孫教授。孫教授十分生氣，他認為與之相濡以沫的妻子正在悄悄的私藏家庭財產，莫非另有意圖？這是一個很危險的訊號，他開始警惕起對方來。夫妻之間一旦失去信任，家庭矛盾就會累積越多，最終成為難以解開的死結。終於孫教授拿走了家裡的現金、債券、存摺、戶口，這成為二人婚姻走向終端的導火線。二人在財產的分割上互不相讓，誓死相拼。最終對簿公堂，反目成仇。

生活中，猜疑心理嚴重的人，精神常常處於一個人為的高度緊張的狀態，憑自己的想像，憑個人的好惡來理解周圍的一切。於是，捕風捉影有之，吹毛求疵有之，無中生有有之，把人際社交的正常狀況都扭曲了，都當成「敵情」來處理。其實，陷於猜疑的心理盲點的人是活得很累的。他既要對付那些誇大了的「敵意」，又要撫慰自己內心由此產生的痛苦。而且，由於他老是疑神疑鬼，對人際關係的損害極大。

孫教授因為吳教授收了鄰居的借款而沒有告訴他，他就認為對方在隱匿財產，並且不再信任對方，以前的關愛之情蕩然無存，警惕防備之心卻越來越重，終至猜疑心越來越重，導致了婚姻的悲劇。

猜疑心重的人往往思維趨於封閉性，視野不開闊。猜疑，一般都以一個假想目標 —— 人或事為出發點進行封閉性思維。思維總是沿著封閉的環形軌道這個循環行走，有猜疑心的人怎麼走也走不出它的束縛。孫教授帶著對再婚家庭矛盾多、不穩定的心理，在一旦出現了一點小問題時就覺得自己的再婚也不會逃過厄運，於是，他只是在封閉的循環裡行走，並沒有意識要跳出

循環而另闢解決問題、化解矛盾的路徑。

經美國著名心理課題研究小組研究表明，猜疑心理是人類社會發展中產生的，在人類遠古時期扮演的是一個更多具有積極意義的角色，但是隨著人類社會的發展它已經漸行漸遠，形成了越演越烈之勢，甚至嚴重的竟成為侵蝕人類靈魂的一種心理疾病。在人們交往障礙當中，雖然不同的群體會有具體不同的表現特徵，例如夫妻間的猜疑，同學間猜疑，父母與孩子、同事間的猜忌等等，但是歸根的原因都是社會發展所造成的人文環境的影響所致。

該課題組的美國著名心理學家詹姆斯·W指出：導致個體猜疑心嚴重的主要原因有以下幾個方面：

1·個體遭受過嚴重挫折有關。

一般來說，被他人的傷害越大，就越會產生猜疑的心理。

2·與個體所處的「小環境」的人際關係緊張有關。

一般來說，如果一個人所處的「小環境」內耗嚴重、人際關係排擠、緊張，小宗派林立，人與人之間充滿了「火藥味」，充滿了對立和鬥爭，那麼，無形之中就會大大的發展人們的猜疑、戒備心理。你防著我，我也防著你，時間一長，這類特徵就會潛移默化到人的人格特徵，變得多疑。

3·與個體強烈的私心有關。

私欲越大，猜疑心理就越強烈。獨裁者、野心家的私欲最大，因而疑心就越重。相反的，一個人如果是「無私」，那麼，他的行為就必然是「無畏」。如果一個人考慮的總是自己，總是患得患失，那麼，他的行為總會帶有利己的特徵，在他的行為中總會帶有「躲躲閃閃」、「遮遮掩掩」的特點。有時往往連自己也感覺得不甚光彩，因此，在其行為中總要「包藏」什麼，於是，他就不得不使自己的行為「格外小心」，使他的行為「分外謹慎」。對他人也用自己的「小心眼」去衡量、評價，也就充滿了懷疑和不信任。

4．與個體的人格特徵有關。

有的人自小時起，由於父母親的「專權」，或者在繼父或繼母的一種極度壓抑的環境中成長，其長大後的人格特徵就會帶有缺乏自信、依賴心強、膽小怕事的人格特徵。什麼也做不了主，什麼也辦不成事，唯恐自己犯錯誤，因而對他人總是小心翼翼，充滿了戒備、猜忌心理。

5．與個體的年齡發展有關。

一般來說，年齡越老，疑心病就大。為什麼？因為受新陳代謝規律的制約，人到了老了，各方面的功能都衰退了，容易產生自卑感，而越是自卑的人，猜疑心就越大。此外，人一老，各種各樣的顧慮就多了起來，怕子女不孝，怕他人討厭，怕自己成為他人的「包袱」，怕……人的恐懼心理越多，也就容易產生好猜疑他人的毛病。

為了正確的對待和分析客觀方面的原因，克服主觀上錯誤的猜疑心理，我們可以採用以下方法：

首先，要信任他人，堅持待人以寬。

不要以小人之心度君子之腹，不放過別人一點點的差錯。所以，有一顆寬容的心，相信別人的真誠。你也就會擁有別人對你的真誠與信任。

其次，一旦有了猜疑心理，不能盲目衝動的質問、指責別人，要做好客觀、冷靜的。

這時應避免設定假想目標，而要多想想幾種可能，跳出封閉式思維的循環，只要一種方案突破了循環的束縛，你的理智就會清醒。現實生活中，許多人的猜疑都是荒唐可笑的，但在弄清楚之前，猜疑往往因為猜疑者的封閉性思維而被看作是自然而然的事。

第三，以誠待人。

不妨同你所懷疑的對象開誠布公的談一談，世上沒有化解不開的矛盾。

猜疑最大的壞處在於它以疑點為中心不斷擴散，不僅傷害當事人，而且還傷害許多無辜的人。世界上沒有完全不被誤會的人，誤會遲早都是可以弄清楚的。

第四，要懂得自我控制。

就是用自己的理智控制自己的情緒。當發現同事有某些造謠中傷你的可疑行為時，當發現情侶、愛人有某些背叛你的可疑行為時，你可能會在情緒上表現出憤怒，此時此刻最重要的就是讓理智控制情緒，以防止由於一時衝動做出不理智行為而留下遺憾。

最後，把精力集中到學業和事業中去。

確實有少數人閒來無事搬弄是非，或者去傷害別人。俗話說：「玩火者必自焚」。謠言終歸是謠言，我們不能為別人而活，不能在別人的看法和議論中生活。否則，活著就非常累了。

知識窗

對一些事情缺乏冷靜的思考是猜疑不斷升級的一個主觀原因。人們對一些事情不可能全部了解，但當發現別人有「可疑」的行為時，如果不聽信謠言，不憑主觀揣測，而是憑著冷靜的思考，認真的進行一下調查和分析，真相是會大白的，疑慮自然會消除。

「哥德巴赫猜想」作者的非正常死亡

　　在現實生活中，很多人都不能容忍美麗的事物有所缺憾，其實這是一種普遍的心態。追求盡善盡美是理所當然的。但正是這種似乎無關緊要的生活態度，給他們的生活帶來了巨大的壓力。如果進一步分析，有些渴望完美的人是出於一種自我保護的需要。根據格式塔心理學，安全感是人的最基本需要之一。假如一個人缺乏自信，生活上屢遭挫折，那麼他的安全感就受到了傷害。這種傷害需要透過其他途徑來加以補償。

　　稍個體察我們就可以發現，生活中每做一件事就想把它做得完完美美的人，並不是一個強者。恰恰相反，這些追求完美者企望毫無瑕疵的結局，只是想把自己保護起來，免受他人的指責和譏諷。

　　心理學研究證明，試圖達到完美境界的人與他們可能獲得成功的機會，恰恰成反比。追求完美給人帶來莫大的焦慮、沮喪和壓抑。事情剛開始，他們就在擔心著失敗，生怕做得不夠漂亮而輾轉不安，這就妨礙了他們全力以赴去取得成功。而一旦遭到失敗，他們就會異常灰心，想盡快從失敗的境遇中逃避開去。他們沒有從失敗中獲取任何教訓，而只是想方設法讓自己避免尷尬的場面。

　　為此，美國著名心理學家嘉納指出，具有這種性格的人，在日常生活中通常帶有以下六個特點：

　　　　· 神經極度緊張，以至於連一般的工作都不能勝任；
　　　　· 不敢嘗試任何新的東西；
　　　　· 不願冒險，就怕任何微小的瑕疵損害了自己的形象；

· 對自己十分苛求，毫無生活樂趣；

· 總是發現有些事未臻完滿，於是精神總是得不到放鬆，無法休息；

· 對別人也吹毛求疵，人際關係無法協調，得不到別人的合作與幫助。

很顯然，背負著如此沉重的精神包袱，不用說在事業上謀求成功，而且在自尊心、家庭問題、人際關係等方面，也不可能取得滿意的效果。他們抱著一種不正確和不合邏輯的態度對待生活和工作，他們永遠無法讓自己感到滿足，每天都是焦躁不安的。只求完美，害怕失敗，只能使我們處於癱瘓的境地。

那麼，如何從追求盡善盡美的誘惑中擺脫出來？心理學家建議：

1·學會接納有缺陷的現實。

俗話說：「人無完人，金無足赤」。人生確實有許多不完美之處，每個人都會有這樣那樣的缺憾，真正完美的人是不存在的，世上沒有十全十美的事物，每一件事都有其好壞兩面，欣賞好的一面的同時也不要故意漠視缺陷的存在。完美的標準是相對而言的，因人的審美觀不同而不同，有時候，殘缺也是一種美。

世界並不完美，人生當有不足。留些遺憾，反倒可以使人清醒，催人奮進，是好事。沒有皺紋的祖母最可怕，沒有遺憾的過去無法連結人生。

2·適當降低對自己的要求，學會放鬆自己。

合理的設置目標，不要好高騖遠，也要學會接受不如己意的結果。

3·對自己的潛能有個正確的評估。

既不要把自己的能力估計得太高，更不必要過於自卑。有一分熱發一分光。你如果事事要求完美，這種心理本身就成為你做事的障礙。不要在自己的短處上去與人競爭。而是要在自己長處上培養起自尊、自豪和工作

的興趣。

4‧為自己確定一個短期的目標。

尋找一件自己完全有能力做好的事，然後去把它做好。這樣你的心情就會輕鬆自然，行事也會較有信心，感到自己更有創造力和更有成效。實際上，你不追求出類拔萃，而只是希望表現良好時，你會出乎意料的取得最佳的成績。

目標切合實際的好處不僅於此，它還為你提供了一個新的起點，能使你循序漸進的去摘取事業上的桂冠。同時你的生活也會因此而豐實起來，變得富有色彩，充滿了人情味，並不像你原來所想的那樣暗淡。

5‧要相信自己，對他人要學會包容。

不要做個悲觀的完美主義者，當事情失敗時，相信下一次會更好。不要要求別人跟你一樣，寬容的對待他人的失誤和不完美。

知識窗

完美主義的人表面上很自負，內心深處卻很自卑。因為他很少看到優點，總是關注缺點，總是不知足，很少肯定自己，自己就很少有機會獲得有些人以為自己是在追求完美，其實他們才是最可憐的人，因為他們是在追求不完美中的完美，而這種完美，根本不存在。

雷尼爾山峰的誘惑

　　美國西雅圖的華盛頓大學準備修建一座體育館。消息傳出，立刻引起了教授們的反對。校方迫於壓力順從了教授們的意願，取消了計畫。原因是校方選定的位置是在校園的華盛頓湖畔，體育館一旦建成，恰好擋住了從教職工餐廳窗戶可以欣賞到的美麗的湖光景色。

　　為什麼校方會如此尊重教授們的意見呢？

　　原來，與美國教授平均薪資水準相比，華盛頓大學教授的薪資一般要低百分之二十左右。教授們之所以願意接受較低的薪資，而不到其他大學去尋找更高報酬的職位，完全是出於留戀西雅圖的湖光山色：西雅圖位於太平洋沿岸，華盛頓湖等大大小小的水域星羅棋布，天氣晴朗時可以看到美洲最高的雪山之一雷尼爾峰，開車出去還可以到聖海倫火山。

　　華盛頓大學的教授們為了美好的景色而犧牲更高的收入機會，人們戲稱為「雷尼爾效應」。

　　「雷尼爾效應」表明，華盛頓大學教授的薪資百分之八十是以貨幣形式支付的，百分之二十是由良好的自然環境補償的。如果因為修建體育館而破壞了這種景觀，就意味著薪資降低了，教授們就會流向其他大學。可以預見，學校就不能以原來的薪資水準聘到同樣水準的教授了。由此可見，美麗的景色也是一種無形財富，它達到了吸引和留住人才的作用。

　　我們可否利用「雷尼爾效應」呢？美麗的西雅圖風光可以留住華盛頓大學的教授們，同樣的道理，我們的企業也可以用「美麗的風光」來吸引和留住人才。當然，這裡的「美麗的風光」不僅是自然界的風光，同樣還包含著

良好的人際關係和親和健康的文化氛圍。

下面這些具體建議可供參考。

設計個性化的工作場所。在場所布置中要保留員工的隱私權，應留給他們個人的空間。例如：在辦公桌上放置家庭照片，案頭擺放盆景或花束，牆壁上掛有趣的掛飾等等。有的公司甚至許可員工將個人空間裝飾成自己喜歡的顏色，使得整個工作場所看起來相當有趣。

組織員工參加公益活動。在公司中招募志願者參加某些公益性的社會活動，如希望工程、青年志願者、民間基金會、扶貧活動等，也可以組織員工參加其他社區活動，如文化知識競賽、社區體育大會等。在社會活動中，培養員工作企業一分子的自豪感與榮譽感，可以培養起員工的團隊精神，而且這樣的活動也是公司內部互相溝通的好機會。

不要放過週末。「工作了一個星期，累都累翻了」，週五下班後正是大家放鬆的好時候。包下體育場的一塊羽毛球場地，或者兩道保齡球，送給大家健康是個好主意。

祝賀員工的生日。可以在報紙上刊登小小的祝賀卡片，也可以組織小型的生日聚會，邀請員工的家屬，這樣的歡樂時刻，應該讓員工的全家在一起。當然，在聚會中，可以有些小小的放肆與搞笑，用錄音記錄下每人的一段祝福的話語。在以後的日子裡，這些細節會讓每個人覺得是那麼的回味無窮，可能會成為幾個月裡大家津津樂道的談話的資料。

營造家庭般的氛圍。家庭氛圍對於企業來講，並不總是有利的，但其中的技巧在於怎樣加以利用。在企業中，每個員工都是獨立的個體，但同時他們又是密切的聯繫在一起。他們有著相同的信念，彼此尊重與忠誠，共同擔負起企業的榮辱。這樣，在企業文化中，潛移默化的培養員工家庭意識，不少分歧就可以透過情感因素解決掉了。

慶賀每次成功。成功的時刻最令人難忘，那麼，就讓公司為這份難忘推

波助瀾。不管成功的大小如何，大到賺了幾百萬，小到幾萬塊。都是值得肯定而又欣喜的理由。大有大的慶賀方式，小有小的慶賀方式，可以在飯店瀟瀟灑灑的吃頓大餐，也可以在辦公室搞純粹的自助，甚至僅僅是在俱樂部裡簡單而痛快的聊天，形式多種多樣，喜悅的心情永恆而唯一。

採用靈活的工作方式。就工作本身而言，有些員工能夠自己規定工作的方式。他們會提出更有效率的工作程序，雖然它與公司現有政策不符。你要注意這些機會，對建議做出反應時要給予足夠的靈活性。懇請員工的建議，當員工認為自己有能力進行積極的改變，要傾聽他們能做出什麼貢獻。當員工完全理解他們應當取得的成績時，要讓他們自己決定怎樣去做。人們做事的順序不同，做事的節奏也不同，但都可以使自己更舒服，更有效率，並且達到預期的結果。

有創意的使用裝飾色彩。應關注色彩對工作狀態的影響，必要的時候應該諮詢專業的裝飾研究人員。色彩能夠影響人們對空間和溫度的感覺，一般來講，冷色調諸如淺藍會和高溫環境產生心理衝突，而淡綠能使你精力集中、注意細節。當然，色彩的運用是為了更好的集中精力而不是分散精力，所以，在裝飾的過程中要注意避免使用過於紛雜的裝飾色彩。

適當的間歇休息。很多公司要求員工進入公司就開始埋頭苦幹，甚至連說幾句話都要看上司的臉色，這樣的工作環境不利於員工的身心健康。「磨刀不誤砍柴工」，適當的休息會帶來更高的工作效率。

「做作」的搞笑。部門的主管如果具有幽默的素養，那麼就是這個部門的幸運了，整個公司也是如此。不要忘記每年的愚人節，開個加薪的玩笑，員工寧可信以為真。說出一句昨晚電視劇裡經典的臺詞，可能也會在公司裡被傳誦一整天。善意的小玩笑帶給大家的快樂無與倫比，當然，在玩笑過程中切忌嘲弄別人。

知識窗

在知識經濟背景下的企業營運中，僅僅依靠物質獎勵來激勵企業員工，已經變得越來越不適宜。工作本身所需要的體力在減少，所需要的智力和創造力在增加，並且員工可以享有充分的選擇自由，人力資本有了很大的流動性，所以，要想留住有才華的員工，就必須給員工創造一種無形的財富。

創造金氏世界紀錄的神奇記憶

據國際線上記者付華報導,一位名叫拉奧的印度心理學家成功的記住並列舉出了自己一次看到的一百件不同物品的名稱,從而創造了新的金氏世界紀錄,成為世界上記憶能力最強的人。

據俄羅斯獨立電視臺二〇〇五年六月三十日報導,在用布蒙著拉奧的眼睛情況下,拉奧先生成功的說出了自己一次看到的 百件不同物品的名稱後,創造了新的金氏世界紀錄。隨後,印度政府有關部門為他頒發了一個「頑強努力精神獎」。因為,拉奧先生神奇的記憶能力並非天生所賜,而是平時刻苦鍛鍊的結果。

二〇〇三年,拉奧經由一次偶然的機會得知《金氏世界紀錄大全》中記憶能力最強的人可以說出一次看到的五十七件不同物品的名稱。此後,他便下定決心要打破這項記錄。經過兩年艱苦而系統性的鍛鍊,他的記憶能力得到了大幅度增強並最終創造了新的金氏世界紀錄。

人的大腦是一個記憶的寶庫,人腦經歷過的事物,思考過的問題,體驗過的情感和情緒,練習過的動作,都可以成為人們記憶的內容。例如英文的學習中單字、短語和句子,甚至文章的內容都是透過記憶完成的。從「記」到「憶」是有個過程的,這其中包括了識記、保持、再認和回憶。有很多人在學習英語的過程中,只注重了學習當時的記憶效果,孰不知,要想做好學習的記憶工作,是要下一番工夫的,單純的注重當時的記憶效果,而忽視了後期的保持和再認同樣是達不到良好的效果的。

在資訊的處理上,記憶是對輸入資訊的編碼、儲存和提取的過程,從資

訊處理的角度上，英文的第一次學習和背誦只是一個輸入編碼的過程。人的記憶的能力從生理上講是十分驚人的，可是每個人的記憶寶庫被挖掘的只占百分之十，還有更多的記憶發揮空間。這是因為，有些人只關注了記憶的當時效果，卻忽視了記憶中的更大的問題 —— 即記憶的牢固度問題，那就牽涉到心理學中常說的關於記憶遺忘的規律。

艾賓浩斯在西元一八八五年發表了他的實驗報告後，記憶研究就成了心理學中被研究最多的領域之一，而艾賓浩斯正是發現記憶遺忘規律的第一人。

根據我們所知道的，記憶的保持在時間上是不同的，有短時的記憶和長時的記憶兩種。

輸入的資訊在經過人的注意過程的學習後，便成為了人的短時記憶，但是如果不經過及時的複習，這些記住過的東西就會遺忘，而經過了及時的複習，這些短時的記憶就會成為了人的一種長時的記憶，從而在大腦中保持著很長的時間。那麼，對於我們來講，怎樣才叫做遺忘呢？所謂遺忘就是我們對於曾經記憶過的東西不能再辨認起來，也不能回憶起來，或者是錯誤的再辨認和錯誤的回憶，這些都是遺忘。艾賓浩斯在做這個實驗的時候是拿自己作為測試對象的，他得出了一些關於記憶的結論。他選用了一些根本沒有意義的音節，也就是那些不能拼出單字來的眾多字母的組合，比如 asww，cfhhj，ijikmb，rfyjbc 等等。他經過對自己的測試，得到了一些資料。

艾賓浩斯又根據了這些點描繪出了一條曲線，這就是非常有名的揭示遺忘規律的曲線：艾賓浩斯遺忘曲線。

這曲線告訴人們，在學習中的遺忘是有規律的，遺忘的進程很快，並且先快後慢。學得的知識在一天後，如不趕緊複習，就只剩下原來的百分之二十五。隨著時間的推移，遺忘的速度減慢，遺忘的數量也就減少。

有人做過一個實驗，兩組學生學習一段課文，甲組在學習後不複習，一

天後記憶率百分之三十六，一週後只剩百分之十三。乙組按艾賓浩斯記憶規律複習，一天後保持記憶率百分之九十八，一週後保持百分之八十六，乙組的記憶率明顯高於甲組。

而且，艾賓浩斯還在關於記憶的實驗中發現，記住十二個無意義音節，平均需要重複十六點五次；為了記住三十六個無意義章節，需重複五十四次；而記憶六首詩中的四百八十個音節，平均只需要重複八次！這個實驗告訴我們，凡是理解了的知識，就能記得迅速、全面而牢固。不然，只是死記硬背，那也是費力不討好的。因此，比較容易記憶的是那些有意義的資料，而那些無意義的資料在記憶的時候比較費力氣，在以後回憶起來的時候也很不輕鬆。因此，艾賓浩斯遺忘曲線是關於遺忘的一種曲線，而且是對無意義的音節而言，對於與其他資料的對比，艾賓浩斯又得出了不同性質資料的不同遺忘曲線，不過他們大體上都是一致的。

因此，艾賓浩斯的實驗向我們充分證實了一個道理，學習要勤於複習，而且記憶的理解效果越好，遺忘的也越慢。

有位教育家認為，學習時如果對自己的記憶力失去信心，往往會導致真正的健忘。因為人可以接受別人對自己的心理暗示，也可以自己對自己進行心理暗示。擔心自己記不住的思想顧慮往往會使腦神經細胞產生抑制作用，使刺激物在大腦中留下的印象模模糊糊。反之，如果具有一定能記住的信心，則會使大腦皮層上形成一個很強的興奮中心，其他無關部位都會處於抑制狀態，這樣勢必能集中對刺激的注意，使其留下清晰的印象。

美國的一位著名心理學家非常重視自信心在記憶活動中的重要性的研究。他認為，凡是記憶力強的人，都必定對自己的記憶力充滿信心。日本的一位心理學家說過：「記憶的關鍵，在於要有『我能記住』這種自信心。」

那麼，怎樣透過培養自信心來增強記憶力呢？主要方法有：

1 打破自我約束。

馬克思說過，搬運工和哲學家之間的原始差異要比家犬和獵犬之間的差別小得多，他們之間的鴻溝是分工造成的。每個人都要相信自己的力量，敢於向命運挑戰，與「天才」競爭，打破自己「記性不好」的自我樊籠，樹立「我一定能記住」的自信心。

2 要腳踏實地。

堅定自信心也要講科學的態度，一要策略上藐視識記對象，樹立堅定信心；二要在戰術上重視識記對象，認真對待。刻苦記憶，從中摸索規律性的方法，以大量的艱苦的記憶實踐為基礎，去增強記憶的自信心，去提高記憶的效果和成績。

3 累積微小的成功。

美國的一位科學家主張「透過一次微小的成功來增強你的自信心」。每克服一個識記困難、每獲得一次成功的記憶，都會極大的增強自信心，都有促進心理上成功記憶的暗示效果，從而在新的更高的基礎上去追求、去實現新的記憶成功。

我們常常見到有一些人總是在埋怨自己笨，記憶力比別人差許多。其實不然，只要遵循記憶規律，誰都可以提高自身的記憶力。

法國作家雨果對自己的記憶力就有著堅定的自信心。雨果在四十三歲時決定與家人共同搬到德國去居住，他的朋友問他：「你老了，年紀大了，學習德文是不是比較困難呢？」雨果微笑著回答說：「困難是有的，但是難不倒我，事情要慢慢來。我今年四十三歲，一天學一個字，一年可學三百六十五個字，七年可學兩千五百五十五個字，到了五十歲，豈不就是一個精通德文的人了嗎？假若一天學兩個字，到四十六歲半，就可以學通一國文字，儘管

我並不十分聰明，但不會一天學一兩字也學不會的。」

結果，雨果到了德國沒超過四五個月的時間，就能讀德文書籍了。大文豪雨果中年才開始學德文，倘若缺乏這種強大的自信心，恐怕他是學不會記不住的。

有自信心就能記住的道理在於：自信心可以調動大腦神經細胞的積極性，使大腦越更加活躍。

但是記憶規律可以具體到我們每個人，因為我們的生理特點、生活經歷不同，可能導致我們有不同的記憶習慣、記憶方式、記憶特點。規律對於自然人改造世界的行為，只能起一個催化的作用，如果與每個人的記憶特點相吻合，那麼就如順水揚帆，一日千里；如果與個人記憶特點相悖，記憶效果則會大打折扣。因此，我們要根據每個人的不同特點，尋找到屬於自己的艾賓浩斯記憶曲線。

知識窗

對記憶力缺乏自信心會形成消極的自我暗示，進而使記憶效果大為降低，本來能夠記住的東西，也會因為不信任自己而忘記。

記憶活動是一種艱苦的腦力勞動，每一個具體知識的記憶都是一個需要付出艱辛勞動的過程，只有意志堅強、信心十足，才能戰勝困難，擁有好記憶。

夢魘的恐懼

　　林娜是大一的新生，可是，令她痛苦的是，自從入學以來，她就噩夢不斷，至今已經持續二個月了，不僅影響自己的睡眠，夢中時常發出的驚叫聲還常吵醒同宿舍同學。更嚴重的是有一天夜裡，她在睡夢中從上鋪跌落下來，驚醒了全宿舍的人，幸好當時裹著被子落下，才沒有受傷。當時她正夢見自己在十字路口被一個巨大的車頭撞落到一個深洞裡……

　　林娜講：「入學來報到時，我被安排到了上鋪，心理一直毛毛的，很怕掉下去。我懼高症很嚴重的。國中時每次打掃我都不敢去擦玻璃，那要站到窗臺上去，低頭往窗外看時我的腿都軟了……」林娜透過宿舍管理員將鋪位調換到下鋪，想藉此消除因懼高造成的緊張焦慮。這一週內她沒再做噩夢，但室友們聽到她說過夢話，聲音不響，聽不清內容，沒有驚叫。

　　據林娜的媽媽講，林娜在高中時有一次差點被車撞到，當天夜裡她在夢中的驚叫聲很可怕，甚至吵醒了鄰居。當時林娜剛上高三，一天下午，林娜與一名女同學一起放學回家，她們邊走邊聊，一路上有說有笑。經過一個十字路口時，走到路中央時，突然看到一輛黑色的轎車從左前方飛速朝她們駛來，女同學驚恐的一下子躲到她的背後，而她卻呆住了，只記得車子緊靠著她煞住了，她當時嚇得要死，大腦一片空白……她不知車子是怎樣開走的，只記得車子開走後，自己的第一反應是：應該記車牌號碼。

　　另外林娜還回憶起從上鋪跌落的第二天有高等數學課，當時放在枕邊的幾本數學書也與她一起掉下去了，她又回想起有清楚記憶的幾次噩夢的次日好像也都有高等數學課。

帶著對噩夢的恐懼和無奈以及早日擺脫噩夢困擾的迫切心情，林娜求助了心理醫生。

　　心理醫生分析，林娜的這種噩夢中驚醒的情況叫夢魘，是一種心理學的生物學現象。

　　當我們開始入睡時，就開始進入 REM 狀態，即眼球快速運動階段。我們身體的四肢開始經歷猛烈、短促的抽動，是一種痙攣。

　　要幫琳娜擺脫噩夢困擾，首先要找出導致她夢魘的原因。睡姿、病痛、焦慮、創傷性事件、精神疾患這些因素都可能成為夢魘的誘因。據了解林娜從小喜歡運動，排球打得不錯，身體一直很好。父親是中學教師，母親是工人，家族內沒有精神病史。而且林娜的測試結果也顯示各因素項的分數都在正常值範圍內。由此。「病痛」和「精神疾患」兩項誘因被最先排除。

　　經過檢查，最後心理醫生確認那次被遺忘的車禍是林娜噩夢的真正原因。對「險遭車禍」經歷的遺忘在心理學理論中稱為「動機性遺忘」。這種理論認為，有些事件對於人們太可怕、太痛苦或太有損自我，於是人們不想記住它，而將這些記憶推出意識之外。這其實是人的心理防禦機制進行的一種自我保護。實際上林娜對這次遭遇的記憶並未真正消失，而是被壓抑到潛意識中，它趁林娜睡眠時以偽裝的形式騙過鬆懈的心理檢查機制而表現為可怕的夢境。那經常出現在林娜噩夢中的巨大的車頭和車輪就是那輛黑色轎車以誇張形式的再現。

　　導致林娜噩夢的根源找到了，接下來要做的是如何讓林娜不再做這種內容的噩夢。這就必須要讓她宣洩壓抑住的情緒，消除恐懼心理。為此，醫生運用了催眠技術，將琳娜「帶回」當時的場景，重新體驗並表達緊張恐懼的情緒。醫生又和林娜回顧分析了「險遭車禍」事件為什麼會發生，並討論了應該如何避免。最後，醫生還深挖了林娜的人格因素。

　　醫生讓林娜畫一張自畫像。她覺得很好玩，拿起筆飛快的畫起來，乾脆

俐落便畫完了，然後向醫生介紹她的畫：「這就是我，頭髮像個馬桶蓋，是同學這樣說的，嘻嘻……不好看，我的臀部肌肉特別發達，她們都叫我『胖妞』……手？不會畫，腳也太難畫了，就這樣吧，大概差不多。耳朵？沒想畫，不用了……眼珠有的，太麻煩了……」

林娜的畫極盡簡略，但已足夠說明問題。她對自我形象的評價不高，但別人說她什麼，她也不大計較；粗心大意、大喇喇；行動力差；做事隨意、缺乏計畫性。醫生對林娜自畫像的分析得到了她的認同：「我特粗心，鞋帶鬆開了我都不知道，常被鞋帶絆倒。……對，行動力差。我有點眼高手低。其實我很想用功，可是一睏了就要睡，有什麼好玩的我也會坐不住的……我最討厭高等數學課了！……想用功，可就是不用功……對什麼都感興趣，球賽啊、演唱會啊，只要有活動，我就把功課丟下去參加……是的，每次都是上高等數學課的前一天睡前翻書，怕老師問我或者測驗。」

原來林娜的學習一直是被測驗和考試推著走的。從來沒有自己的計畫。大學校園裡的各種社團活動讓好奇心特強的林娜倍感新鮮有趣，她的課餘時間大多花在這上面了，很少靜心埋頭於功課。每週兩次的高等數學是她學得最差的一門課，為了應付課堂提問和小測驗，她不得不在每次高數課的前一晚點燈夜戰、「臨陣磨槍」，帶著這樣的緊張焦慮入眠，難怪她會噩夢連連。

如果噩夢一直重複出現，則表現你始終不肯面對癥結所在，沒有真正的解決生活中的壓力。你是否在夢中有過死亡的體驗？每個人對死亡都有異常的恐慌和焦慮，這是人類對付死亡的正常反應。如果你夢到自己死亡，你知道這是什麼原因嗎？

1‧睡夢中死亡。

夢到自己在睡夢中死亡的人，在潛意識中一定是很怕死亡的人，你對死亡一直很排斥，更不能接受自己會死這個現實，以至於你會在夢中來安慰自

己，使你的潛意識中渴望可以藉這種舒服的死法，來逃避死亡的威脅。

2·遭歹徒暗算。

夢到遭歹徒暗算而死的人，在潛意識中很可能隱藏著一種不為人知的罪惡感，也許你曾經做了什麼事情稍微過分了一點，一直擱在心中耿耿於懷，所以，夢中會有這種不得好死的下場。

3·患癌症死亡。

夢見自己得癌症而死的人，可能曾目睹親友患癌症死亡，這些印象深深的留在你的潛意識中，長久下來會對你造成影響。還有如果你對自己的身體健康不是很有信心，平時就疑神疑鬼的，也就很容易出現這種夢。

4·自殺死亡。

夢到自殺的人，有下列幾種情況：

· 在現實世界中，承受的生活壓力很大，想自殺有沒有機會和勇氣，所以夢中會以自殺來減輕壓力。

· 在現實生活中非常不如意，沒有人關心，處處遭冷落，所以會夢想自殺的方式來引起所有人的關注。

· 你正處於失戀的狀態，此刻你的意志消沉，感覺到人生的無意義，而想逃避現實，但又不可能，只好在夢中使被壓抑的意識得到發洩。

噩夢不僅影響睡眠品質，使人白天感到疲乏，醒後心情緊張、恐懼和心情壓抑，而且還容易使患有心血管疾病的人發生意外。所以，應採取合理的辦法驅除噩夢的糾纏。

1·用正確的態度看待噩夢。

常做噩夢的人應該認識到，噩夢不是病，不必緊張，以免形成噩夢與精

神、生理之間的惡性循環,加劇噩夢現象。

2‧找出做噩夢的誘因,注意加以避免。

俗話說,日有所思,夜有所夢。做噩夢多與白天精神過度緊張、心理壓力過大等因素有關;還有如睡前吃得過飽,吸菸、飲酒、憋尿或看恐怖片、恐怖書籍等均可能引起噩夢。找出做噩夢的誘因後,加以消除。

3‧變噩夢為美夢。

(1) 詳細的重溫噩夢的內容,包括每一個細節,盡可能用文字描述出來。對噩夢瞭若指掌後,你受驚的程度就會減輕。

(2) 設想改變噩夢,如遇到汽車翻車可以改乘其他安全的交通工具;跳下懸崖,你可以選擇背負降落傘。

(3) 幻想好的結局,可在白天構思你原來噩夢的喜劇效果和結局,達到改變的目的。

知識窗

我們的噩夢繼續著清醒生活的衝動和興趣,這一點已由噩夢之隱義的發現得到普遍證實。

噩夢為我們提供過去的經驗,噩夢都是源於過去的。

噩夢的功能是企圖恢復心理的平衡,它透過製造噩夢中的內容來重建整個精神的平衡和均勢。

噩夢使人產生幻覺,也就是說,它用幻覺代替思想。

噩夢是一種抑制的、受壓抑的願望的偽善的滿足。

傑克為何大眾場合暴露隱私部位

　　三十七歲的傑克，是一家工廠的技術工人，體格健壯。在他所熟悉的朋友中，他們似乎並沒有在日常工作和生活中發現傑克有什麼異常，很難把他和「露陰癖」聯繫在一起。

　　自從患上「露陰癖」之後，傑克一直生活在這種循環之中。有時，作案後被抓獲，別人異樣的目光和辱罵，更讓他陷入深深後悔和懊惱之中。

　　傑克說，八歲的時候，在一男同學家裡，互相玩弄生殖器，感到很興奮。十多歲的時候，知道了很多男女之間的事情，感到這種事情非常羞恥，也從未把想法與別人提起。

　　「高中畢業後，交了一個女朋友，有一次，親眼看到她與我的一個好朋友擁抱、接吻。」與女朋友分手後，傑克心情苦悶，後來又談了幾次戀愛，都以分手告終。此後，傑克染上了手淫的習慣。

　　有一次，傑克經過一條偏僻的小巷時，迎面走來一個漂亮女孩，控制不住自己而脫下褲子，看著對方尖叫著跑開，讓他感到從未有過的刺激。從那以後，他就像著魔一樣，欲罷不能。

　　「有一次，我在公車上露鳥，被一個女士發現，對我大罵，滿車人鄙視的目光和唾罵聲，讓我無地自容。」傑克說，每次做完壞事，都深深自責，也感到非常懊悔，可總是忍不住，隔一段時間，「怪癖」就犯了。

　　「我不怪他們罵我，我是自找的，如果她們是我的姐妹，一定感到很羞恥。」對於自己的「怪癖」和行為，傑克認為是「不可原諒的」。他認為，也許自己結婚後，就會改變，但事實證明他錯了。

傑克為何大眾場合暴露隱私部位

妻子並不知道傑克是露陰癖患者。直到有一次，傑克在下班途中，遇到四五個女學生，他的「怪癖」再一次發作，被人扭送到警局。「妻子知道後，大罵我是變態，要與我離婚。」

對自己這種行為，傑克自己也特別憎惡，覺得沒臉與人交往，由於害怕「犯病」，平時除了上班外，連門都不敢出，「太丟人了，有時甚至想一死了之」。

傑克是典型的露陰癖患者。露陰癖的主要表現是反覆、強烈的，涉及在陌生異性面前暴露性器官的性渴求和性想像，並付諸於行為，一般至少持續半年，絕大多數見於男性。以這種露陰行為作為緩解性慾的緊張感，和取得性滿足的主要或唯一來源，患者對受害人沒有進一步的性接觸。這與強姦犯以露陰作為性挑逗的一種手段，進而實行強姦行為是有明顯區別的。露陰的頻率因人而異，可有明顯差別，少的可數月或一年僅數次發生，多則頻發可數日、數週一次，有的患者可累積發生數百次露陰行為。大多數發生於青年早期。

露陰癖的發病原因，目前尚無定論。一般認為導致露陰癖的原因有以下幾種：

· 從種族和個性發育的角度來看，露陰癖是原始性行為的釋放。
· 與環境密切相關。
· 性格上的缺陷。

如過於內向、適應性差和婚姻的失敗也是露陰癖產生的原因之一。此外，也不排除精神發育不全及精神病患者的所為。

露陰癖的發病年齡在十七至五十四歲之間，易發年齡在二十五至三十五歲之間。其表現為，患者常常在黃昏或不太暗的晚上，在街頭巷尾、公園或電影院附近人不多的地方，或十分擁擠但又有機可乘的地方；也有白天作案時，常常選擇行駛的公車，或站在住房的視窗、門洞等隱僻角落，當異性走

近突然暴露自己勃起的性器官，使對方驚恐不定、羞辱難耐、或恥笑辱罵，患者則從中感到性的滿足，然後迅速離去。有的還伴有其他行為，如在露陰的同時與對方說話，證明其生殖器是正常的；或大喊大叫，同時伴有手淫行為；還有的試圖與對方的手接觸。有時兩三種行為同時出現，但一般沒有性暴力行為，不直接侵犯女性身體，只是在對方的驚叫、厭惡和辱罵中獲得性滿足。越是在大庭廣眾之下，受害者的反應越強烈，情景越緊張，冒險性越大，患者興奮程度越高，有時甚至會哈哈大笑，手舞足蹈。露陰癖患者裸露的程度不一，男性多數僅顯示生殖器，女性顯露乳房，少數暴露全身。因此，有人把它分為上型（乳部）、後型（臀部）、前型（陰莖）。

露陰癖患者的意識大都是清楚的，因此他們在事後往往很懊惱，特別是被人當作「流氓」抓起來後更是羞愧難當後悔不已。但面對露陰衝動時，又難以控制自己，常常是衝動戰勝理智，出現反覆作案的現象。從目前對露陰癖患者的治療情況來看，以心理治療效果最佳，常用的有效治療方法有：

1 厭惡療法。

即誘使患者在想像露陰行為的同時，給以惡性刺激，如用電流或橡皮圈等刺激手腕、皮膚乃至生殖器官，或肌肉注射催吐藥使其嘔吐，破壞患者病理條件反射，以強化抑制直到消退已建立的條件反射。

2 認知領悟療法。

引導患者回憶幼年的有關生活經歷，尋找露陰癖產生的根源，然後由淺入深的分析認識露陰行為的危害性及產生的機理，使患者認識到此行為是兒童時期性遊戲行為的再現。幼年時與異性或同性朋友互摸外生殖器取樂，裸體或在成人面前炫耀生殖器，看異性成人裸浴或大小便等性取樂行為的性經歷雖已忘記，但並未消失，還留存在潛意識中。成年後遇到重大精神

創傷或性壓抑，或由於個性拘謹，無力排解宣洩這些煩惱，便不自覺的用幼年的方式來解除和宣洩成年的煩惱，這是露陰癖寺性變態行為產生的主要原因之一。

少數自幼年起性心理始終未達成熟的患者，即幼年式的性活動始終未間斷者，也應使其認識其行為的幼稚性。在認知領悟的情況下，大多數患者能使自己的性心理成熟起來，從而矯正性變態行為。

進行科學的性教育和努力培養健全的性格，也是預防和治療露陰行為的方法之一。

知識窗

露陰癖是指在不適當的環境下在異性面前公開暴露自己的生殖器，引起異性緊張性情緒反應，從而獲得性快感的一種性偏離現象。這是一種比較常見的性變態行為，以男性患者居多，男女之間比例為十四比一。

永保憂患意識的青蛙效應

　　十九世紀末，美國康乃爾大學做過一次著名的煮青蛙實驗。經過精心企劃安排，他們把一隻青蛙冷不防丟進煮沸的油鍋裡，這只反應靈敏的青蛙在千鈞一髮的生死關頭，突然用盡全力，一下子躍出了使牠葬身的油鍋，跳到鍋外的地面，安然逃生。

　　半小時候，他們使用一個同樣大小的鐵鍋，這一回在鍋裡放滿冷水，然後把那只死裡逃生的青蛙放到鍋裡，這隻青蛙在鍋裡面歡快的來回游著。接著，實驗人員悄悄在鍋底下用炭火慢慢加熱。

　　青蛙不知究竟，悠然的在水中享受著「溫暖」，等到牠感覺到鍋裡的熱度已經使牠熬受不住，必須奮力跳出才能活命時，一切為時已晚。它欲躍乏力，全身癱瘓，呆呆的躺在水裡，終於葬身在熱鍋裡面。

　　在生活中，突如其來的外在刺激或強敵往往能使人奮起，發揮出意想不到的潛力，而慢慢的腐蝕卻往往使人防不勝防，一蹶不振。

　　人的發展需要危機感與憂患意識。人們一旦意識到自己所處的社會環境是不利的或者是相對劣勢的，一般都會盡最大的努力去提高自己或直接改造自己所處的環境，以達到自己與社會環境的統一和平衡。

　　當一個人休閒過度，他會產生無聊、失落的感覺。這時候，他會感到有事情做總比沒事情做好。這樣，他又會勤奮一段時間，從而恢復了平衡。明白了這一點，我們就能理解，為什麼退休的老人最熱衷於管理社區上的瑣碎之事。這就是「勤奮 —— 懶惰」週期的平衡，每個人都再遵循著這樣的行事規律。

　　一位音樂系的學生走進練習室。在鋼琴上，擺著一份全新的樂譜。

　　「超高難度……」他翻動著樂譜，喃喃自語，感覺自己對彈奏鋼琴的信心似乎跌到了谷底，消失殆盡。

　　已經三個月了！自從跟了這位新的指導教授之後，不知道為什麼教授要以這種方式整人。

　　勉強打起精神。他開始用十指奮戰、奮戰、奮戰……琴音蓋住了練習室外教授走來的腳步聲。

　　指導教授是個極有名的鋼琴大師。授課第一天，他給自己的新學生一份樂譜。「試試看吧！」他說。樂譜難度頗高，學生彈得生澀僵滯、錯誤百出。「你還不熟練，回去好好練習！」教授在下課時，如此叮囑學生。

　　學生練了一個星期，第二週上課時正準備讓教授驗收，沒想到教授又給了他一份難度更高的樂譜，「試試看吧！」上星期的課，教授提也沒提。學生再次掙扎於更高難度的技巧挑戰。

　　第三週，更難的樂譜又出現了。同樣的情形持續著，學生每次在課堂上都被一份新的樂譜所困擾，然後把它帶回去練習，接著再回到課堂上，重新面臨兩倍難度的樂譜，卻怎麼樣都追不上進度，一點也沒有因為上週的練習而有駕輕就熟的感覺，學生感到越來越不安、沮喪和氣餒。

　　教授走進練習室。學生再也忍不住了。他必須向鋼琴大師提出這三個月來何以不斷折磨自己的質疑。教授沒開口，他抽出了最早的那份樂譜，交給學生。「彈奏吧！」他以堅定的目光望著學生。

　　不可思議的事情發生了，連學生自己都驚訝萬分，他居然可以將這首曲子彈奏得如此美妙、如此精湛！教授又讓學生試了第二堂課的樂譜，學生依然呈現超高水準的表現……演奏結束，學生怔怔的看著教授，說不出話來。

　　「如果，我任由你表現最擅長的部分，可能你還在練習最早的那份樂譜，就不會有現在這樣的程度……」鋼琴大師緩緩的說。

這個故事給我們的一個啟示是：有一定壓力的環境有助於我們保持「勤奮 —— 懶惰」週期的平衡。所以，人天生有懶惰的傾向性，為了克服這種惰性，適當透過各種環境給自己增加一定壓力對我們自己的成長是有好處的。

　　童話作家安德森寫過這樣一個故事 —— 貓的悲劇：

　　雪天，一隻貓慵懶的安睡在溫暖的房間裡，傍晚來臨的時候，牠準備出去覓食。牠用頭輕輕的頂門，可是，門沒有開；然後又用身體用力撞門，門還是沒有開；牠失望了，心想門必定是從外面鎖上了，於是悻悻的繼續剛才的夢。

　　第二天黎明，貓從睡夢中醒來，又試著去推門，可是門竟然沒有一點動靜，第三天，第四天，第五天……貓已經失去了所有的力氣，奄奄一息了，如果再不能出去吃東西，牠就肯定要餓死了。於是，貓強打精神朝門狠狠躍去，可是，門還是沒有開，可憐的貓帶著遺憾倒在地上死去了。

　　冬天的氣候很寒冷，後來，一陣強勁的北風吹來，門，吱呀一聲，開了……

　　貓永遠也不會明白，門其實並沒有上鎖，只是，門不是要向外推，而是要朝內拉才會打開。

　　形勢在不斷變化，必須關注這些變化並調整行動。一成不變的觀念將帶來毫無生機的局面。我覺得我還是有必要強調一點：思維定式並非壞事。

　　假設這樣一種情況：你失去條件反射的能力，任何事情都必須你親自思考後決定。比如你工作了一天，你覺得一天不吃飯是不對的。於是決定，我餓了，要吃點東西。於是你去吃東西。你同時覺得，一天沒有入廁也不正常，於是你決定入廁。也許你一不留神，你忘記對你的肝下命令，讓它排毒，你可能被自己體內的毒素毒死。你可以想像這樣的一天是多麼的疲勞和危險。

　　一般來說，經常考慮其他的可能性，是個不錯的選擇。對於關係重大，

或者一個全新的事情，你應該考察事物本身的邏輯，再根據這樣一個邏輯，做出決策。

享受過度之後，很容易沉迷其中，不能自拔。特別是現代社會的一些非常有害的東西，比如海洛因、嗎啡等毒品，還有一些網路遊戲等。這種沉迷，往往把勤奮的對象改變了，勤奮不是去工作，而是去享受。這不但有害於我們的事業，也有害於我們的健康。因為我們所強調的享受乃是補充體力，歡愉精神的享受，絕非完全的沉溺於感官的刺激中。

當完全沉溺於感官的刺激中不能自拔時，環境就顯得具有舉足輕重的作用了。這時候環境扮演著一個救世主的角色。

首先，一個環境的好壞，決定著你能否接觸這些使人墮落的「享受」—— 感官刺激。當你不能接觸時，你也就不會受它的引誘。比如安地斯山脈東側的艾米尼亞部落，這個淳樸原始的部落，不但不知道什麼是毒品，什麼是遊戲，甚至都不知道什麼是金錢。在這樣一個部落中，勤奮成了一種本能的活動，就如你我今日的吃飯喝水一樣。

其次，一個環境的好壞，決定著你對這些感官刺激的態度和取捨。你平日所受的教育，使你對毒品深惡痛絕，可能即使在你有機會接觸毒品時，你會克服心中好奇的欲望，潔身自好，敬而遠之。

最後，即使你不幸沉溺於這樣的事情中，唯一能拯救你的，仍然是環境。包括你的親人、朋友以及所在組織和整個社會特別是政府提供的支持和幫助。

知識窗

在快速發展的現代社會，環境對個人的要求是不斷提高的，社會本身也是不斷發展與進步的，因而沒有絕對的平衡，也沒有絕對的適應，人們的生存危機總是存在的，因此，保持一定的危機感與憂患意識是尤為必要的。

少管閒事？會害死人

　　有一隻老鼠住在一個油缸附近，可是油在深缸的缸底，牠只好每天晚上都拿一隻小小的吸管去偷油喝，可是吸管太小了，一晚上只能喝一點。後來，又有一隻老鼠搬到附近，於是牠們開始結伴偷油，方法是把一隻吸管弄到缸裡，輪流按住管子讓另一隻喝。但是不久，牠們就為喝油的先後順序發生了爭執。

　　恰在這時，又有一群老鼠搬來了，牠們想出了一個很棒的辦法，就是一隻咬著一隻的尾巴，吊下缸底去喝油。

　　第一隻老鼠最先吊下去喝酒，牠在缸底想：油只有這麼一點點，大家輪流喝一點多不過癮。今天算我運氣好，不如自己痛快的喝個飽。夾在中間的第二隻老鼠等了半天也沒見第一隻抬頭，有些惱火的想：下面的油沒有多少，萬一讓第一隻老鼠喝光了，那我豈不是要喝西北風嗎？第三隻老鼠也有同樣的想法。

　　於是，第二隻老鼠放了第一隻老鼠的尾巴，第三隻老鼠也迅速放了第二隻老鼠的尾巴，爭先恐後的跳到缸裡。由於油滑缸深，牠們都逃不出油缸了。

　　你不要以為這只是個笑話，現實生活中，這樣的事情比比皆是。

　　一九六四年三月十三日夜三點二十分，在美國紐約郊外某公寓前，一位叫朱諾比白的年輕女子在結束酒吧工作回家的路上遇刺。當她絕望的喊叫：「有人要殺人啦！救命！救命！」聽到喊叫聲，附近住戶亮起了燈，打開了窗戶，凶手嚇跑了。當一切恢復平靜後，凶手又返回作案。當她又叫喊時，

少管閒事？會害死人

附近的住戶又打開了電燈，凶手又逃跑了。當她認為已經無事，回到自己家上樓時，凶手又一次出現在她面前，將她殺死在樓梯上。在這個過程中，儘管她大聲呼救，她的鄰居中至少有三十八位到窗前觀看，但無一人來救她，甚至無一人打電話報警。這件事引起紐約社會的轟動，也引起了社會心理學工作者的重視和思考。人們把這種眾多的旁觀者見死不救的現象稱為責任分散效應。

對於責任分散效應形成的原因，心理學家進行了大量的實驗和調查，結果發現：這種現象不能僅僅說是眾人的冷酷無情，或道德日益淪喪的表現。因為在不同的場合，人們的援助行為確實是不同的。

我們在有人遇到困難時，心裡也願意幫忙，但會考慮很多。比如：遇見有人落水，我們考慮到自己水性不好，如果跳下去，不僅救不上落水的人，自己有可能也要別人救。而且，面對如此緊急的事件，個體可能也缺乏解決實際問題的經驗，想透過觀察他人的表現來確定自己的行為。不幸的是，他人也許正在觀察著我們，以此確定他們行為的方式，於是就出現了群體坐視不救的冷漠行為。

還有一種解釋是社會影響的結果。他人對我們行為的影響是很大的。我們覺得有別人在場，別人可以幫助受害者，如果自己搶先提供幫助的話，可能會引起他人對自己的注意、評價，甚至是嘲諷。另外，他人還在這裡達到榜樣的作用。比如：你正在餐廳裡用餐，突然聽到有人喊「著火啦」，你會怎麼反應？你往往是根據他人的行為做出反應的。如果周圍的人紛紛往外逃跑，你也會慌慌張張的往外跑。如果周圍的人無動於衷，你可能也會保持原來的坐姿，觀察一下情況再作反應，甚至你可能想這也許是某人在開玩笑吧。我們常常是看別人在如何應付這個世界，然後再確定自己應付世界的方式。其他人心煩意亂，我們也會坐立不安，其他人鎮靜自若，我們也會四平八穩。我們已經習慣了觀察別人怎麼做，特別是在難以作決定時。在緊急情

況下，如果有一個人挺身而出，就會帶動其他人，甚至演繹出「群英鬥歹徒」的正氣歌。

如何打破這種局面，這是心理學家正在研究的一個重要課題。但是涉及我們個人，既然已經了解到了這個問題的嚴重性，在日常工作和生活中，碰到類似的事情，我們就應在第一時間採取適當措施，以避免悲劇的發生。要知道，很多時候，當有一個人需要得到幫助的時候，能夠適時得到援助，就會刺激其他人參與其中，使事情的危機得到化解。

無論怎麼樣，努力去做我們該做的事情，這是義不容辭之舉。

知識窗

當一個人遇到緊急情境時，如果只有他一個人能提供幫助，他會清醒的意識到自己的責任，對受難者給予幫助。如果他見死不救會產生罪惡感、內疚感，這需要付出很高的心理代價。而如果有許多人在場的話，幫助求助者的責任就由大家來分擔，造成責任分散，每個人分擔的責任很少，旁觀者甚至可能連他自己的那一份責任也意識不到，從而產生一種「我不去救，由別人去救」的心理，造成「集體冷漠」的局面。

破窗效應成功治理混亂紐約

在紐約曼哈頓十三號地鐵站的牆壁上，畫滿了地圖。有關於搶劫的，有關於凶殺的，總之是關於各種各樣的犯罪的地圖。地圖上標出了許多個圓點，每個點代表一個犯罪事件。地圖每天都會更新，在大街上非常醒目。

與這種犯罪地圖有關的最有名的追捕是逮住了考克斯。考克斯被控在短短兩個月時間裡製造了七十宗搶劫案。手法很簡單，在電梯裡用匕首威脅單身乘客。十三號站的地圖顯示出了一些規律。警長達比安排一個特別行動小組專門關注這宗案例。結果終於在二十八號街東三十一號的電梯口把他搞定，當時他最後一次作案的受害者還沒來得及打報警。

三年前，紐約的員警也許從來都不會去關心那些導致考克斯落網的犯罪手法，更不會去老老實實一個一個把那些犯罪規律歸納出來。因為他們的上司從不肯低下他們高貴的腦袋去察看每個星期的地鐵犯罪記錄。但是到了一九九四年，前交通警察局長布拉頓上任以後，一切都變了。

布拉頓推行了以掃蕩街頭犯罪為中心的一項改革。結果在全市範圍內，所有七十六個地鐵站的總犯罪率戲劇性的大幅下降到一九七〇年代初以來從未有過的水準。一九九三年到一九九五年凶殺減少百分之三十九，夜盜減少四分之一，遺失的汽車減少了百分之三十六。在全美二十五個最大都市的犯罪率排名中，紐約居然列第二十三位。這種不可思議的變化已經完全不是任何社會理論或者人口統計學資料可以解釋得了的了。

市民的反應也是相當滿意。紐約的一位老師哈里森說：「每天我從床上起來，看看窗外這座終於變得寧靜祥和的都市，我真想感謝上帝。」一九九三

年她十五歲的兒子曾經就在她家的樓前遭到一群小流氓毒打。

　　紐約員警採用的這些措施都是受到了一個所謂「破窗效應」的啟發。這個理論最初由政治學專家威爾遜和犯罪學家凱琳在一九八二年提出。理論認為：如果有人打壞了一個建築物的窗戶玻璃，而且這扇窗戶又無法及時的維修，別人就可能受到某種暗示性的縱容去打爛更多的窗戶玻璃。久而久之，這些破窗戶就給人造成一種無秩序的感覺。結果在這種大眾麻木不仁的氛圍中，犯罪就會滋生。

　　這一理論的基礎是由史丹佛大學的心理學家津巴多在二十六年前組織的一項實驗。他找了兩輛一模一樣的汽車，把其中的一輛擺在帕羅阿爾托的中產階級社區，而另一輛停在相對雜亂的布朗克斯街區。停在布朗克斯的那一輛，他把車牌拆掉了，並且把敞篷打開。結果這輛車一天之內就被人偷走了，而放在帕羅阿爾托的那一輛，擺了一個星期也無人問津。後來，津巴多用錘子把那輛車的玻璃敲了個大洞。結果呢？僅僅過了幾個小時，它就不見了。

　　按照加州洛杉磯大學公共政策教授威爾遜的說法，「有兩種類型的行為異常：躁動和生理異常。兩者都可能導致人們拿他周圍的鄰居當出氣筒」。對員警來說，關鍵問題是要高度重視行為異常的細微的徵兆，並且做出應對。

　　布拉頓在他掌管紐約交通警的時候開始實踐他的策略。因為地鐵員警以前是不重視所謂「低度犯罪」的。布拉頓在雜誌寫的一篇文章中提到：「地鐵無序和地鐵犯罪在一九八〇年代後期開始蔓延。那些長期逃票的、違反交通規則的、無家可歸罵街的、月臺上非法推銷的、牆壁上塗鴉的……所有這些加在一起，使得整個地鐵裡彌漫著一種無序的空氣。我相信，這種無序就是不斷上升的搶劫犯罪率的一個關鍵動因。因為那些偶然性的罪犯，包括一些躁動的青少年，把地鐵完全看成是一個可以為所欲為、無法無天的場所。」

　　布拉頓採取的措施是號召所有的交警認真推進有關「生活品質」的法律，

他以「破窗效應」為師，雖然地鐵站的重大刑案不斷增加，他卻全力打擊逃票。結果發現，每七位逃票嫌疑犯中，就有一位是通緝犯；每二十位逃票嫌疑犯中，就有一位攜帶武器。結果是，從抓逃票開始，地鐵站的犯罪率竟然開始下降，治安大幅好轉。

一九九四年一月，新當選的紐約市長朱利安尼任命布拉頓掌管紐約警察局。就因為他對「破窗效應」的出色闡釋。而布拉頓開始把這一理論推廣到紐約的每一條街道、每一個角落。他指出，這些小奸小惡正是暴力犯罪的引爆點。因為針對這些看來微小，卻很有象徵意義的犯罪行動大力整頓，結果帶來很大的效果。五千名新增警力精神抖擻走上街頭，幾十年來他們第一次被告知要認真推進這些看似細枝末節的法規。那些酒徒、街痞、癮君子全都被雷霆萬鈞的「生活品質」行動掃蕩得一乾二淨。借助犯罪地圖，員警們可以迅速確定那些持槍犯罪的「熱點」。在這些街區，會有專門的特警小分隊重點盯防，他們提醒所有的居民不要放過那些帶槍的傢伙們，哪怕是最輕微的犯罪苗頭。在兩週一次的策略分析會上，所有部門負責人都要集中研究街頭犯罪的行為模式。尤其是地鐵站，如果哪個區域的犯罪率上升，那裡的警隊隊長就要被炒魷魚。

「警局的最高主管居然要關心街頭的那些『毛毛雨』犯罪，這在紐約是史無前例的，甚至在整個美國絕大多數警察局也是史無前例的。」馬里蘭大學政策研究專家沙爾曼感慨的說。「以前的情況就好像醫院的主管們並不管看病，只關心怎麼經營他們的醫院。警察局裡，抓罪犯是當兵的做的差事，當官的管不著。」

在許多別的都市，員警部門也同樣對「破窗效應」引起了重視。但是他們選擇的目標大多是一些市容環境的治理，比如說修路燈，拆舊樓，把那些廢棄的汽車全都拖走。結果效果並不理想。比如達拉斯的警察局就有一種非常望文生義的想法：修好窗戶，犯罪就會減少。可是往往是維修工人前腳剛

走，「咣噹」一聲就又給砸破了。可見，真正的都市垃圾並不是那些破爛的東西，而是以往被人們掉以輕心的形形色色的小奸小惡。

在「破窗效應」的指導下，紐約市的治安已經大幅好轉，甚至成為全美大都會中，治安最好的都市之一。

最後還有一個小小的插曲，一九九七年三月，布拉頓被朱利安尼請出了警察局。因為人們把這個龐大都市數十年來從未有過的嶄新氣象都歸功於布拉頓，功高震主了。

「偷車試驗」和「破窗效應」思考問題的出發點更多的是犯罪心理學。不管在什麼領域，什麼角度，「破窗效應」都反映了這樣一個道理：環境具有強烈的暗示性和誘導性。

以此類推，從人與環境的關係這個層面上看，我們周圍生活中所發生的許多事情，大多都與環境暗示和誘導作用分不開的。

比如：在公車站，如果大家都自覺排隊上車，就不會有幾個人想貿然插隊？相反，如果車輛還沒有停穩，人們便你推我擠，爭先恐後，急著上車，就算是有人想排隊的話恐怕也沒有耐心了。

在公共場合，文明而富有教養的氛圍是要靠每個人舉止優雅、談吐文明、遵守公德營造出來的。千萬不要因為我們個人的粗魯、野蠻和低俗行為而形成「破窗效應」，進而給公共場所帶來無序和失去規範的感覺。因此，環境好，不文明之舉也會有所收斂；環境不好，文明的舉動也會受到影響。人是環境的產物，同樣，人的行為也是環境的一部分，兩者之間是一種互動的關係。

「從我做起，從身邊做起」，這不是一個空洞的口號，它決定了我們自身的一言一行對環境造成的影響。形成這種影響的關鍵是我們如何去把握環境的這種暗示和誘導的作用。

知識窗

破窗效應告訴我們：任何一項大的破壞和犯罪，都是從「小奸小惡」開始。小洞不補，大洞吃苦，這已經成為屢驗不差的真理。因為任何一扇「破窗」的出現，都會給人造成一種無序的感覺。這種無序感會成為引發犯罪的一種因素。

害怕結婚的彼得

　　彼得是一位事業有成，但感情上受到過傷害的中年男子。現在他已經四十八歲了，是一個十六歲少女的單親父親。十二年前，他的婚姻由於前妻的背叛而宣告結束，此後他的每一次戀愛都在女方提出結婚的時候被他終止。

　　彼得成長於一個不幸的「沒落貴族」式家庭。祖父有錢有勢，卻唯獨買不到他心愛的女人的真情，而他的母親為了優越的生活嫁給了他的父親，卻對丈夫和子女漠不關心。在人生低谷的時候，面對這個她從來沒有真正愛過的男人，她陡然反目、落井下石，導致他深愛的父親早早的離開了人世。他的童年就這樣在忽視、不安和創傷中度過了，這使他的心靈中蒙上了一層怎麼也無法抹去的陰影。

　　成年以後，彼得透過自己的拚搏成為了一位腰纏萬貫的商海驕子，愛情也如雨點般傾落在他的頭上。幾番精挑細選，他終於和一個風情萬種的芭蕾舞演員攜手走進了禮堂。兩人恩恩愛愛和和美美，很快就有了一個俊秀可愛的女兒。然而好景不常，突然一覺醒來，他震驚的發現他的美人和近乎一半的家產都已經歸屬於另一個男人。

　　彼得的現任女友是個年輕美貌的電視臺女主播，溫柔嫻靜、知書達禮。他們已經同居了五年，彼此相濡以沫、難捨難分。然而，這段貌似甜蜜的愛情長跑似乎總也達不到終點。六年的時間已經讓她從一枚青澀的橄欖變成了一顆熟透的蘋果，她在渴望著那個幾乎所有的女人都會渴望的愛情歸宿——婚姻。可是，這個似乎再合理不過的願望卻一再被彼得打碎。彼得一直在逃

避婚姻，也許曾經的傷害讓他談虎色變。但看到她的失望、痛苦和迷惘，他深深的感到自責、苦悶和焦慮。他的心分明告訴自己他在多麼深切的愛著她、依戀著她，可不知為什麼他就是無法和她牽手走進婚姻！

帶著複雜的矛盾的心情彼得求助了心理醫生。

心理醫生分析彼得患的是典型的「婚姻恐懼症」。婚姻恐懼症的通常症狀是：焦慮、煩躁、易激怒，或是疏遠、冷淡、沉默寡言，因此對個體的生活和工作都會有負面影響。

這是一類很具有代表性的現代社會心理疾病，病因比較複雜，大致有這麼幾個：

· 忙於事業而無暇承擔婚姻中的責任；

· 及時行樂的信念價值觀系統；

· 對結婚對象的婚姻動機持懷疑態度；

· 有過失敗的婚姻史怕再次受到傷害，或是擔心由於雙方子女引發再婚糾紛等。

· 婚前同居使得以往未婚青年對婚姻的期待心理相當程度的減弱，從而對婚姻失去新鮮感，反而增加了對婚後責任更多的考慮，由此便表現出對結婚的恐懼。

彼得因為以前有過一段失敗的婚姻，由於前妻的欺騙，使他的感情受到了極大的傷害，在他的內心深處潛藏著對婚姻的焦慮不安和恐懼，從而導致了他對婚姻自我保護式的逃避態度。而逃避是不敢面對現實，以鴕鳥式的自欺欺人方式躲開，希望因此能夠避開應有責任一種消極的心理，這樣反倒無助於問題的解決。

逃避心理產生的原因：

1·逃避來源於沒自信。

一個人不自信，他的心理承受能力就比正常人要脆弱得多。當突如其來

的困難來臨或面臨著重大抉擇時，他發現自己肩上的擔子超過平常，因為不自信不敢以積極的心態去承擔，於是選擇了逃避。

2．逃避是因為害怕懲罰。

一個人做錯了事擔心受到指責，而這種指責往往又是當事人不願意接受的，於是他往往會找藉口推卸責任或者採取欺騙，希望他人能夠不再追究。

當今社會之所以有那麼多的人選擇單身，是與嬗變的生活觀念、家庭觀念密切相關的。現在有越來越多的人只對自己負責任，一切行為準則都是以自我為中心，致使自己變成了一個沒有責任感的人。害怕承擔責仟是他們逃避婚姻的最主要原因。

逃避心理的表現：

- 為了能夠有效的逃避責任，有逃避心理的人於是在面對他人的指責時，往往會找出：「我也不想的。」，「事情本來不是這樣的，都是……」，「是××讓我這樣做的，我沒有選擇的餘地。」等諸如此類的 N 個藉口。這些辭令聽起來表達了說話者無可奈何的心情，其實是他們逃避責任的潛意識表現。
- 因為自身原因沒有按要求完成仟務時，有逃避心理的人他們還會採取欺騙的手段而是逃避升級。
- 另外，有逃避心理的人在面臨生活的挫折或挑戰時，總是喜歡從外部條件出發，讓外在因素成為主導因素。抱怨沒有好的環境發展自己，抱怨別人排擠自己等等，在這種抱怨中人變得膽怯畏懼適應不了新的變化。

心理醫生向患有婚姻恐懼症患者推薦了下列幾種應對的方法：

1　開放的態度和良好的溝通。此法尤其適合那些對戀愛對象的婚姻動機持懷疑態度的「患者」。

2　轉變不合理認知。此法尤其適合那些被囚禁在過去失敗陰影中而遲

遲無法獲釋的「患者」。

3　進行心理輔導及放鬆訓練。接受系統的心理輔導，並在心理諮商師的專業指導下接受一些放鬆訓練或者直接運用默想脫敏法治療。

要想面對壓力，不選擇逃避，成為責任的勇敢承擔者，你也可以嘗試下列做法：

1　不要為你做的每一件事找到理由。當別人問你為什麼要這樣做或那樣做時，你並不一定要說出可信的理由，以使別人滿意。實際上，你決訂做任何事情的理由都很簡單 —— 因為為你想這樣做。

2　儘管努力去做。你可以在家裡盡情的唱歌、跳舞，儘管你唱得不好，舞姿也不優美。

3　努力選擇並嘗試一些新事物。比如：盡力結識更多的新朋友，多多置身於一些新的環境，嘗試一些新的工作，邀請一些觀點不同、性格不一的人到家裡來做客。

4　主動去接觸那些讓你害怕的人。主動同他們談話，向他們表明你的態度，以及你對事物的看法，看看他們如何反應。當你發現，他們的懷疑態度是你擔憂的因素之一時，你便可以正視這種態度，擺脫他們的控制。

5　嘗試做一些改變，讓你的生活變得豐富多彩。比如：上班時不一定非得要乘坐同一種方式的交通工具，每天早餐不一定總是要吃同樣的東西等。你可以充分發揮自己的想像力，如果想像自己擁有一大筆錢，足夠存幾年內怎麼也花不完。這時，你也許會發現，你原來設想的計畫幾乎都是可以實現的。

知識窗

面對婚姻恐懼，逃避是一條走不通的路，你無法逃避現實的存在，主宰自己的命運，控制自己的情緒，戰勝自己的敵人，你就會成為生活的強者，成為真正的勇士，成為命運的主人。凡是歷史上的成功人士，沒有一個不是充滿勇氣，勇於承擔屬於自己的責任。只有勇於承擔，才會讓自己更具有責任感，也才會在各種磨礪中，使自己更加成熟。

阿希從眾試驗

　　上面有四根線條。一根是標準線條，另外三條是試驗用的線段。很顯然。A 線條與標準線條是一樣長的。這點是毫無疑問的，但在該試驗中我們發現被試驗的學生卻出現了驚人的判斷錯誤，值得說明的是他們都和我們一樣，眼睛是正常的，這是怎麼回事呢？

　　告訴前來參加試驗的學生要做一個關於視覺測試的試驗。然後讓每五位大學生為一組，圍著一張半圓桌坐下，每次向他們呈現一組卡片，每組卡片包括兩張。一張卡片有一條線段，稱為標準線段；另一張卡片上有三條線段。其中只有一條線段與標準線段一樣長。另兩條線段與標準線段長短差異明顯。所有正常的人都非常容易能夠做出正確的判斷。

　　呈現第一組卡片後，大學生們依次大聲的回答自己的判斷，所有人的意見都一致，也都是正確的，然後再呈現第二組，亦是如此。正當這個無聊的測試使大學生感到無聊乏味時，情況發生了變化。

　　第一位大學生仔細看了看兩張卡片上的線段後，鄭重的做出了顯然錯誤的答案，接著第二、三、四位大學生也作了同樣錯誤的判斷。輪到第五位大學生做判斷時。他明顯感到左右為難，因為他的眼睛明顯的告訴他別人的答案是錯誤的，他應該選擇與標準線段一樣的那個答案，但最終他還是小聲的說出了和其他人一樣的錯誤答案。

　　其實，前四名大學生是心理學家特意安排的助手，他們按照事先制訂好的試驗程序來回答答案，而第五位大學生不知真相實情，只有他才是唯一的一個被測試的對象。

該實驗沒有任何獎賞和懲罰的利益動機，試驗者可以隨意選擇答案，但當這個第五位被試大學生做出選擇時，面臨了強大的來自群體的心理壓力。當絕大多數人都做出同樣反應時，個人判斷很容易動搖。

他們的眼睛沒有任何問題，實驗中也沒有任何直接命令和要求他必須如何做，按理他可以隨意的做出正確選擇，但令人驚訝的是，他們寧可不相信自己的眼睛，也要和群體的判斷保持一致，某些時候他們甚至真的開始懷疑自己的眼睛是否真的有問題。這就是著名的阿希從眾試驗。

經過大量的重複實驗表明，大約百分之五十 - 百分之八十的被試大學生至少有一次從眾於多數人的明顯錯誤判斷，有三分之一的被試大學生有超過半數或更多次的判斷從眾於其他多數人，僅有不到四分之一的被試者是自始至終保持獨立性，沒有等到從眾影響做出正確判斷。

從眾現象在我們生活中，比比皆是。大街上有兩個人在吵架，這本不是什麼大事，結果，人越來越多，最後連交通也堵塞了。後面的人停了腳步，也抬頭向人群裡觀望……

美國人詹姆斯‧瑟伯有一段十分傳神的文字，來描述人的從眾心理：

突然，一個人跑了起來。也許是他猛然想起了與情人的約會，現在已經過時很久了。不管他想些什麼吧，反正他在大街上跑了起來，向東跑去。另一個人也跑了起來，這可能是個興致勃勃的報童。第三個人，一個有急事的胖胖的紳士，也小跑起來……十分鐘之內，這條大街上所有的人都跑了起來。嘈雜的聲音逐漸清晰了，可以聽清「大堤」這個詞。「決堤了！」這充滿恐怖的聲音，可能是電車上一位老婦人喊的，或許是一個交通警說的，也可能是一個男孩子說的。沒有人知道是誰說的，也沒有人知道真正發生了什麼事。但是兩千多人都突然奔逃起來。「向東！」人群喊叫了起來。東邊遠離大河，東邊安全。「向東去！向東去！」……

一位名叫福爾頓的物理學家，由於研究工作的需要，測量出固體氦的熱

傳導度。他運用的是新的測量方法，測出的結果比按傳統理論計算的數字高出五百倍。福爾頓感到這個差距太大了，如果公布了它，難免會被人視為故意標新立異、譁眾取寵，所以他就沒有聲張。沒過多久，美國的一位年輕科學家，在實驗過程中也測出了固體氦的熱傳導度，測出的結果同福爾頓測出的完全一樣。這位年輕科學家公布了自己的測量結果以後，很快在科技界引起了廣泛關注。福爾頓聽說後以後悔莫及的心情寫道：如果當時我摘掉名為「習慣」的帽子，而戴上「創新」的帽子，那個年輕人就絕不可能搶走我的榮譽。福爾頓的所謂「習慣的帽子」就是一種「從眾心理」。

看來，從眾心理對人的影響確實很大。造成人產生從眾心理的原因，是多方面的。在群體中，由於個體不願標新立異、與眾不同感到孤立，而當他的行為、態度與意見同別人一致時，卻會有「沒有錯」的安全感。從眾源於一種群體對自己的無形壓力，迫使一些成員違心的產生與自己意願相反的行為。

不同類型的人，從眾行為的程度也不一樣。一般來說，女性從眾多於男性；性格內向、自卑感的人多於外向、自信的人；文化程度低的人多於文化程度高的人；年齡小的人多於年齡大的人；社會閱歷淺的人多於社會閱歷豐富的人。

從眾行為表現在各方各面，工作中、生活中、學習中，都有所表現。我們了解人的從眾心理，並恰當的處理其行為，是很有意義的。有的主管意見本是錯誤的，有些員工由於懼怕反對而對自己今後不利，而違心的投了贊成票，結果後面的人都跟著投了贊成票。如果這時，你能堅持住，是會對公司今後的工作有益的；有的老師的一個解題方法本來不是最佳的，由於很多學生不反對，而導致絕大部分學生效仿老師的那種解題方法。如果你這時能提出自己比老師的方法更好的解題方法，那不是會使很多學生少走彎路嗎？因此，不管是主管還是老師，了解了人的從眾心理，對改善和提高自己的工

作，是很有幫助的。

有的人對「從眾」持否定態度。其實它具有有雙重性：消極的一面是抑制個性發展，束縛思維，扼殺創造力，使人變得無主見和墨守成規；但也有積極的一面，即有助於學習他人的智慧經驗，擴大視野，克服固執己見、盲目自信，修正自己的思維方式、減少不必要的煩惱如誤會等。

不僅如此，在客現存在的公理與事實面前，有時我們也不得不「從眾」。如「母雞會下蛋，公雞不會下蛋」——這個眾人承認的常識，誰能不從呢？在日常交往中，點頭意味著肯定，搖頭意味著否定，而這種肯定與否定的標記法在印度某地恰恰相反。當你到該地時，若不「入鄉隨俗」，往往寸步難行。因此，對「從眾」這一社會心理和行為，要具體問題貝體分析，不能認為「從眾」就是無主見，「牆上一棵草，風吹一邊倒」。

自然，生活中，我們要揚「從眾」的積極面，避「從眾」的消極面，努力培養和提高自己獨立思考和明辨是非的能力；遇事和看待問題，既要慎重考慮多數人的意見和做法，也要有自己的思考和分析，從而使判斷能夠正確，並以此來決定自己的行動。凡事或都「從眾」或都「反從眾」都是要不得的。

知識窗

一般說來，群體成員的行為，通常具有跟從群體的傾向。當他發現自己的行為和意見與群體不一致，或與群體中大多數人有分歧時，會感受到一種壓力，這促使他趨向於與群體一致的現象，叫做從眾行為。

懼怕鮮花的孩子

　　人們都喜愛百花爭妍的春天，可是這對瓊斯來說卻是件可怕的事，在她上學的路上，為了躲開那些「可怕」的鮮花，竟不得不繞道走未種花的那些偏僻小路。因為鐘斯對花有一種天生的恐懼。

　　鐘斯是一個十五歲的女孩，她從小就得了一種怕花的怪病。鐘斯七個月時，她母親抱著她去親戚家參加婚禮，剛進新房，院裡響起了鞭炮聲，一隻小花貓竄上桌子，把插著花的花瓶碰倒並摔到地上。鐘斯見此情景非常害怕，大哭起來。十個月時，她奶奶抱她在院子裡玩，一走近院裡種的牡丹花她就大哭起來，怎麼哄也不行，抱她離開花，就不哭了。一歲時，又帶她去串門，發現她一看見別人家床單上的花卉圖案和花瓶裡插的花就放聲大哭。家裡人這才意識到鐘斯怕花，但並未引起重視，認為長大會好的。但是，隨著年齡的成長，她對花的懼怕程度不但沒減輕反而更加重了。

　　四歲時，鐘斯和村裡的一群孩子跟在出殯的隊伍後面看熱鬧，當她發現棺材上的大白花和人們佩戴的小白花時，立刻轉身沒命的往家裡跑，跑到家裡已經面無血色了。她奶奶焦急的問她：「發生了什麼事？」她驚恐異常的答道：「花追我來了！花張著嘴追我來了！」逗得全家人哄然大笑。

　　六歲時，她上了學前預備班，剛一去就趕上歡度國慶日，排演文藝節目。她們班女同學的節目是手持紙花跳舞，這下可觸犯了她的大忌，說什麼也不肯參加排演。以後漸漸發展到只要是花她就害怕，無論是布上、紙上的花卉圖案，還是紙花、塑膠花、鮮花，她都怕得不得了。

　　同學們都知道她怕花，常跟她開玩笑，故意往她身上扔花，嚇得她臉色

蒼白，手腳冰涼，甚至上課時她也不能集中注意力聽老師講課，總要東張西望，唯恐窗外有人把花扔進來掉在她身上。在她的心理，花是那麼可怕，使得她生活不寧，成績下降。

　　鐘斯的父母警覺到了問題的嚴重性，於是帶著鐘斯去看了心理醫生。

　　心理醫生分析，鐘斯怕花是因為患上了恐懼症而產生的膽怯心理。膽怯是一種比較頑固的心理障礙。有這種心理的人，做事謹小慎微，凡事總要三思而後行，滿足於得過且過，不敢去創新，甚至於不敢去想。人生下來是不知道什麼是膽怯的，但是隨著時間的推移，經驗的累積，特別是痛苦的經歷，如考試的失敗，工作的挫折等，大多數人都會產生一種保護心理，用一種無形的退避的心態把自己封閉起來。久而久之，便在自己的心上累積起一層厚厚的沉澱物，這就是膽怯。鐘斯因為小時候受到過驚嚇，實際上是由鞭炮 —— 小花貓 —— 花瓶 —— 花所產生的連鎖效應，於是在心理留下了深深的陰影，以至於長大後影響了她的正常生活。這正所謂「一朝被蛇咬，十年怕草繩」。

　　膽怯其實無處不在，即使成年人當中，膽怯也是廣泛存在的。作為父母，應該有信心幫助孩子克服膽怯。儘管克服膽怯沒有「靈丹妙藥」，但綜合中外專家的研究來看，克服和減少孩子的膽怯還確實是可能的。

　　針對鐘斯病情，心理醫生採取可脫敏療法對鐘斯進行了心理治療。

　　首先，醫生讓鐘斯進行深部肌肉放鬆的練習。經過兩週的努力勤練，她終於學會了深部肌肉放鬆。

　　然後開始正式治療，在醫生的引導下鐘斯躺在躺椅上進行肌肉放鬆，十五至三十秒後專心想像她所害怕而程度最輕的情境（例如：用手摸紙上或布上的花卉圖案）。由於這種想像而出現害怕情緒時，馬上叫她停止想像。再放鬆十五至三十秒鐘，然後仍想像上述情境。這樣重複兩次後，再開始想像害怕程度稍重的情境（例如：手持紙花或塑膠花）。放鬆、想像重複兩次。

再回到想像第一種情境。這樣交替進行，直到連續兩次想像第一種情境不再引起害怕情緒時，放棄第一種情境的想像。再開始想像害怕程度最重的情境（例如：站在鮮花面前）。重複想像兩次，再與第二種情境交替想像，直到這些想像都不再引起害怕情緒為止。

最後進行接近實物的練習。醫生先讓鐘斯坐在離紙或布上的花卉圖案五米遠的地方，用眼睛看著圖案，同時全身肌肉放鬆，這樣多次練習後，待無恐懼體驗出現以後，就將距離逐漸縮短，直到用手去觸摸也不恐懼為止。再進行面對紙花和塑膠的練習，重複以上步驟。最後進行接近鮮花的脫敏訓練，重複上述由遠至近的過程，終於她可以手持鮮花而不感懼怕了。

就這樣經過幾個月的系統脫敏，鐘斯的恐懼症治癒了。她高興的說：「這是我有生以來第一次感到花是美麗的、可愛的。」

美國史丹佛大學心理學家菲利浦‧津巴多在一九七〇至一九八〇年代對近萬人的調查中發現，其中約有百分之十五的人屬於「情景性膽怯」，即在諸如當眾發言的緊張環境中，感到怯場。研究表明，在這個問題上，男女的敏感度是相同的。膽怯一旦給你帶來麻煩，就得設法克服它，專家建議可採取如下措施戰勝膽怯。

1‧分析膽怯類型，探尋恐懼之源。

（1）分析膽怯類型。

先讓自己冷靜下來，並且回想是什麼讓你感到膽怯：怕生人、怕考試、怕黑暗、還是怕孤單？然後把這些感到膽怯的東西記錄下來，而後加以分類。看哪些是情景性膽怯？哪些是非情景性膽怯？

（2）分析膽怯的來源。

有的專家早就指出，膽怯來自對未知世界的恐懼。那麼，對你來說，你的未知世界是什麼？有時候，分析清楚恐懼的荒謬，膽怯便會消失。

2・想像自己很勇敢。

很多人膽怯是擔憂自己在眾人面前有讓人失望的表現。

專家建議，膽怯者不妨大膽假設自己是劇中的某一角色，只是在舞臺上表演角色性格。當這樣假設時，窘迫感就會減少，並逐漸消失。自演「劇本」的好處是，不管是參加校園演講比賽、上課發言等，當他（她）做這方面的操練時，他（她）已準備好即將說什麼，對將要進行的活動充滿信心。這種角色預演容易消除真實角色與扮演角色的界線，因為你的行為已表達出明確意義，因此就能反映出真實自我。而膽怯者往往太顧及自己的言行，留給別人的印象因而難以表現出真實的自我。

3・調整你的身體語言。

膽怯給人的印象是冷淡、閃爍其詞等，但往往自己並沒有意識到這一點。實質你的這種身體語言傳遞的資訊是「我膽怯、我害怕、我不安」。而與你交往的人並沒有注意這一點。他們會把這種身體語言誤解為冷淡、自負，從而避之千里。這使膽怯者更加遲疑不安。美國心理學家默斯認為，只要將身體語言作些調整，就能產生令人吃驚的直接效果。如你可以面帶微笑、以坦率開通的姿勢（手臂不要交叉）、眼睛注視對方來表達你的友好和善意。

4・交談多用些主動性的語言。

膽怯者感覺與人交談十分困難，在於交談中只顧忌留給對方的印象，因此為了使談話不至於中止，他們會用「是的，我同意」或「多有趣啊」等敷衍性的語言。其實，當人際交流受阻時，可以問些開放性的問題，如「你是怎麼形成這種愛好的？」輕鬆隨意的話題能夠表達你的友好，這類問題可能將注意力集中在對方，而不是自己身上。

5‧作最壞的打算。

　　備受膽怯之苦的人可以與他人探討一下最深的恐懼是什麼。譬如有人害怕演講，大家便向他提問：「你的恐懼來自何處？」「我還是小孩子時，人們就嘲笑我。」「現在又怎麼樣？」「怕人家嘲笑。」「可能發生的最壞結果是什麼？」「他們都嘲笑我！」「那又怎麼樣？」「我不去理會他們，再也不和他們講話了。」「既然最壞的結果不過如此，還擔憂什麼呢？」

知識窗

怯懦者表現為：膽小怕事，遇事好退縮，容易屈從他人，甚至逆來順受，無反抗精神；進取心差，意志薄弱，害怕困難，在困難面前張惶失措；感情脆弱，經不住挫折和失敗；一個人一旦形成怯懦性格後，往往從懷疑自己的能力到不能表現自己的能力，從怯於與人交往到孤僻的自我封閉，而由此形成的不良人際關係，反過來又會加深怯懦。

孤獨心理產生的與世隔絕

在現代社會，有這樣一部分人，他們性格孤僻，害怕和人往，有時還會莫名其妙的封閉自己，顧影自憐，孤芳自賞，無病呻吟，逃避社會，心理學上把這種心理稱為孤獨心理。由孤獨心理產生的與世隔絕、孤單寂寞的情感體驗，就叫做孤獨感。

孤獨感是指個體感到與世隔絕、內心深處充滿孤單和寂寞的心理狀態。

它產生的原因大致有以下幾個方面：

1‧個人性格方面。

具有內向性格的人很容易產生孤獨感。他們常常以自我為中心，對周圍的人和事物不關心，很冷漠，難以合群。同時他們內心深處對他人往往有很強的排斥感，總是喜歡自己一個人。

2‧自我評價過低。

有的人對自己的評價很低，不是將自己的缺點誇大，就是總看到自己的缺點和不足，認為自己不如別人，所以害怕與人相處，怕別人看到自己的缺點和不足，因此導致總是喜歡在自己的世界內生活，不與人交往。這樣的人就很容易產生孤獨感。

3‧缺乏基本的社交技能。

有的人由於平時很少與人接觸，導致基本的社交技能缺乏。不知道如何

與人相處。對對方的談論不感興趣時，就不會給對方以回應，同時又不向對方提供自己的相關資訊，而且還往往喜歡談論自己和對方不感興趣的話題，這就導致朋友缺少，日久天長就產生了孤獨感。

4‧社會因素。

隨著社會的發展，人們更多的注重物質利益。人們之間的交往首先只想到了索取，而不是給予，導致朋友之間的相處也是這樣的，人們都不願意為友誼付出。一旦朋友出現困難對自己沒有用處，甚至還會給自己帶來負面的影響，就會逃避。這樣也就交不到真正的朋友，內心就會產生孤獨感。

既然它產生的原因是這樣的，那它又有哪些表現形式呢？它的表現形式不外乎有以下兩點：

1　被動交往。內心充滿孤獨感的人，在行為上是被動交往的方式。他們為人孤僻，不喜歡與人來往，總是難以與人接近。即使與人交談，也往往是一副不樂意的樣子。當人們希望他多說的時候，他總是說的很少；當人們希望他少說的時候，他說的總是過多，導致在別人眼中，他是一個比較冷漠的人，漸漸的人們也會疏遠他。

2　做出一些反常的行為。孤獨感很強的人，可能會做出一些反常和誇張的行為，希望能引起人們的關注。有的可能會違反社會道德規範，如隨口髒話、翹課、打架等，有的甚至做出違法的行為。

擺脫孤獨的困擾可以從兩個方面下手，一個是自己積極主動去接近別人，一個是透過改變自我，使別人願意接近自己。

積極主動的接近別人的最好方法，便是關心、幫助別人。當你看到周圍的人有為難之處的時候，如果能主動伸出手去幫一把，很可能就為自己贏得了一位朋友，從而也幫助自己擺脫了孤獨。

要想有朋友，就不能光想著自己。總把「我」放在嘴邊的人，最招人反感。如果和別人交往時，你不懂得尊重別人，老是隨便打斷人家的話，或是

說些刺激人的話，讓人下不了臺，或是總想和人爭個高低，處處顯得你正確，恐怕你也就很難擁有朋友和友誼。所以，擺脫孤獨，最主要的是從自己做起。

那從自己做起，有哪些具體可行的方法呢，不妨參見以下幾點：

1·增強自信，戰勝自卑。

因為覺得自己跟別人不一樣，所以就不敢跟別人接觸，這是自卑心理造成的一種孤獨狀態。這就跟作繭自縛一樣。所以，這樣的人要衝出這層黑暗，就必須首先咬破自卑心理組成的障礙。沒有必要為了自己跟別人不一樣而憂思重重，人人都是既一樣又不同的。只要你自信一點，鑽出自織的「繭」，你就會發現跟別人交往並不是難事。

2·多與外界溝通、交流。

獨自生活並不意味著與世隔絕。一個長年在山上工作的氣象員說，他常常感到有必要把自己的想法告訴人家，可是他的身邊卻沒有人可以傾訴，所以他就用寫信來滿足自己的這項要求。

當你感覺到孤獨的時候，翻一翻你的通訊錄。也許你可以給某位久未謀面的朋友寫封信；或者是給哪一個朋友打個電話，約他去看一場週末電影；或者是請幾位朋友吃頓飯，你可以親自下廚，炒上幾個香噴噴的菜，這都會讓人感到心情舒暢。當然，跟朋友的聯繫不應該只是在你感覺到孤獨的時候。要學會常聯繫，常溝通。

3·學著付出。

學著付出，這很有好處。記住：溫暖別人的火，也會溫暖你自己。

4·多參加一些活動。

一些習慣了孤獨的人懂得充分的享受孤獨提供給他的閒暇時光。生活中有許許多多活動都是充滿了樂趣的，而孤獨使你能夠充分領略它們的美妙之

處。這種福分，不是那些忙忙碌碌的人可以享受到的。很多有過痛苦經歷的人都說，當他們遭到厄運的襲擊而又不能向人傾訴時，他們會不由自主的走到江邊去，讓清爽的江風吹著，心情就會漸漸的開朗。

5‧確立一些人生目標。

也許，因為人類早在原始社會就過慣了群居生活，所以現代社會才有了「孤獨」這樣一種世紀病。一個人害怕自己跟他人不一樣，害怕被別人排斥，害怕在不幸的時候孤立無援，害怕自己的思想得不到旁人的理解，總之是一種內心的恐慌，這種恐慌似乎使我們的心靈越來越脆弱了。

要想從根本上克服內心的脆弱，最好的方法莫過於給自己確立一些目標和培養某種愛好。一個懂得自己活著是為了什麼的人是不會感到寂寞的；同樣，一個活著而有所愛、有所追求的人也是不怕孤獨的。

6. 擁抱大自然。

適時的離開喧鬧的都市，接近大自然，享受大自然帶給我們的樂趣。也是排遣孤獨的良好方式。

知識窗

具有嚴重孤獨心理的人沒有朋友，更沒有知心的朋友：他們沒有什麼特別的嗜好，甚至沒有希望；他們喜歡自己勝過喜歡他人，有些「自戀」的味道；他們對自己信心不足，或擔心不會被別人所接受、所愛。

具有這種心理病症的人以性格內向的人為最多見，主要是由於獨立意識的成長、自我意識的發展，生理、心理從不成熟走向成熟，伴隨著邏輯思維能力的加強，實踐範圍的擴大，希望自己得到應有的重視和保護，於是在自己的心中構建起一座圍牆，把自己封閉起來從而產生孤獨感。

窮者越窮，富者越富的馬太效應

《聖經》中有這樣一個故事：

一位主人將要遠行到國外去，臨走之前，將僕人們都叫了過來，把財產委託他們保管。

主人根據每個人的才幹，給了第一個僕人五個塔倫特（注：古羅馬貨幣單位），給第二個僕人兩個塔倫特，給第三個僕人一個塔倫特。

拿到五個塔倫特的僕人把它用於經商，並且賺到了五個塔倫特。

同樣，拿到兩個塔倫特的僕人也賺到了兩個塔倫特。

但是拿到一個塔倫特的僕人卻把主人的錢埋到了土裡。過了很長一段時間，主人回來與他們確認成果。

拿到五個塔倫特的僕人，帶著另外五個塔倫特來到主人面前，說：「主人，你交給我五個塔倫特，請看，我又賺了五個。」

「做得好！你是一個對很多事情充滿自信的人，我會讓你掌管更多的事情。現在就去享受你的土地吧！」同樣，拿到兩個塔倫特的僕人，帶著另外兩個塔倫特來了，他說：「主人，你交給我兩個塔倫特，請看，我又賺了兩個。」

主人說：「做得好！你是一個對一些事情充滿自信的人，我會讓你掌管很多事情。現在就去享受你的土地吧！」最後，拿到一個塔倫特的僕人來了，他說：「主人，我知道你想成為一個強人，收穫沒有播種的土地，收割沒有撒種的土地。我很害怕，於是把錢埋在了地下。看那裡，那裡埋著你的錢。」

主人斥責他說：「懶惰的人，你既然知道我想收穫沒有播種的土地，收割

窮者越窮，富者越富的馬太效應

沒有撒種的土地，那麼你就應該把錢存在銀行家那裡，讓我回來時能連本帶利地還給我。」

　　然後，他轉身對其他僕人說：「奪下他的一個塔倫特，交給那個賺了五個塔倫特的人。」

　　「可是他已經擁有十個塔倫特了。」

　　「凡是有的，還要給他，使他富足；但凡沒有的，連他所有的，也要奪去。」

　　這個故事出於《新約‧馬太福音》，它的寓意是貧者更加貧窮，富者更加富有。

　　一九七三年，美國科學史研究者默頓用《聖經》中的這幾句話來概括一種社會心理現象：「對已有相當聲譽的科學家做出的科學貢獻給予的榮譽越來越多，而對那些未出名的科學家則不承認他們的成績。」默頓將這種社會心理現象命名為「馬太效應」。

　　社會心理學家認為，「馬太效應」是個既有消極作用又有積極作用的社會心理現象。

　　其消極作用是：名人與未出名者做出同樣的成績，前者往往上級表揚，記者採訪，求教者和訪問者接踵而至，各種桂冠也一頂接一頂的飄來，結果往往使其中一些人因沒有清醒的自我認識和沒有理智態度而居功自傲，在人生的道路上跌跟頭；而後者則無人問津，甚至還會遭受非難和妒忌。

　　其積極作用是：其一，可以防止社會太早承認那些還不成熟的成果或太早的接受貌似正確的成果；其二，「馬太效應」所產生的「榮譽追加」和「榮譽終身」等現象，對無名者有巨大的吸引力，促使無名者去奮鬥，而這種奮鬥又必須有明顯超越名人過去的成果才能獲得嚮往的榮譽。

　　從這個意義上講，社會的進步和科學上的突破還真與「馬太效應」有點關係。

日常生活中的例子也比比皆是：朋友多的人，會借助頻繁的交際結交更多的朋友，而缺少朋友的人則往往一直孤獨。

名聲在外的人，會有更多拋頭露面的機會，因此更加出名。

容貌漂亮的人，更引人注目，更有魅力，也更容易討人喜歡，因而他們的機會比一般人多，有時一些機會的大門甚至是專門為他們敞開的，比如當演員、模特兒等。

一些收藏愛好者也有這樣的體會，無論是收集郵品、古錢幣或者火柴盒，當你的集品數量和品質達到某個水準時，你就會進入由這些有著同樣愛好的人組成的小圈子。與他人交流更為方便，增加收藏品的機會就更多。

同樣的例子還包括：你受的教育越高，就越可能在高學歷的環境裡工作和生活，你越是消費某種奢侈品，就越有可能消費更多的奢侈品（供應商會經常上門服務，提供資料或吸納你加入他們的消費者俱樂部，十方百計的把你留在這個圈子裡）；甚至只要你吸某個著名牌子的香菸，也會讓很多人對你肅然起敬。

不僅如此，在流行程度與金錢的報酬上，同樣也集中在少數人身上。市面上賣出的小說中，超過百分之八十的銷售量集中於不到百分之二十的那幾本。其他出版物如流行音樂的專輯和音樂會、電影，甚至商業類書籍亦然。在演藝圈、電視圈也是如此。還有，高爾夫球和網球的比賽總獎金的大部分歸於少數幾個職業選手。至於賽馬也是如此，大部分獎金落在少數馬主人、騎師和訓練人員身上。

整個世界逐漸市場化。位居專業頂尖位置者占有了龐大的酬金，如果他們不優秀或名氣較小，賺的錢就差很多了。

位居頂尖，且眾人皆識，大大不同於距離頂尖處不遠但只是在圈中為人所知的二流好手。最有名的籃球、棒球或足球明星日進斗金；稍居其次的選手，日子只不過是過得還算舒服而已。

窮者越窮，富者越富的馬太效應

但是，說了這麼多的現實的實際情況，也並不等於說對於剛剛開始打拼的年輕人或者弱勢群體來說，就永遠沒有發展的機會了。這裡，不妨學學「寄生蟲」的智慧。

在自然界中，借助外在力量獲取利益的例子比比皆是。鯊魚的身邊總是游弋著幾條靈巧的小魚，牠們靠揀拾鯊魚獵食的殘餘為生；海鷗喜歡尾隨軍艦，因為後者的排水可以使海裡的小生物浮上水面，成為牠們的食物；在叢林中，很多藤蘿植物是靠依附在參天大樹上得以享受陽光的。

在這個「巨獸」橫行的時代，做一個「寄生者」是很不錯的選擇。

如果一個寄生者足夠「聰明」，一定會選擇做一個有益的寄生者而不是相反，因為靠寄主生存，如果導致寄主受到損害，自己也會面臨麻煩。如果貪得無厭導致寄主死亡，那情況就更糟：自己也會因失去生存環境而滅亡。

當然，自然界中的「寄生者」並沒有這麼聰明，但我們必須知道，做一個毫無用處的吃閒飯者是毫無前途的，如果要成功的「寄生」，就必須對你所寄生的組織有用。如果你進入一家很有競爭力的大公司，你就應該充分發揮你的才能，使公司更加成功，這樣你才能獲得更多。

毫無疑問，作為「寄生者」的你與你想投靠的寄主，雙方地位是不平等的，要想成功的「寄生」，你必須要讓對方明白允許你「寄生」是值得的。事實也是如此，很多成功的大企業和著名的產品，都從它的「寄生者」身上得到了很多好處。

你一定熟悉可口可樂的瓶子，這個造型獨特的瓶子現在已經成了可口可樂的一部分。其實，它就是一個「寄生」的結果。

一個年輕人走進可口可樂公司經營者的辦公室，向這些大老闆顯示他設計的飲料瓶。他介紹他的設計：優雅的曲線富有女性的嫵媚之美；收細的腰身正好適於手的抓握；而且，最主要的是這種包裝可以節省飲料而又不會為消費者注意。

為了使論點更有說服力，這位設計者還做了一個樣品當場展示。他成功了，可口可樂公司接受了這一設計。這是一個雙贏的結果，「寄生」和「寄生者」都獲得了他們想要的東西。

　　所以，如果你還不具備創業所需的卓越能力，如果你艱苦卓絕的毅力和征服一切的膽識還不夠，那麼要想自己開創事業，要想在激烈競爭中立住腳跟，的確不是一件容易的事。不少人在毫無把握的情況下獨立經營事業，他們確實做到了埋頭苦幹、刻苦耐勞，但每月的收入還不及那些被雇傭者。

　　許多在大公司、大商行裡工作的雇員共同生活得很舒適，他們不僅可以添置許多房產，而且有富麗堂皇的私人小車。這些人的優越生活完全來自於自身的能力嗎？並非如此，其實，他們只是馬太效應的受益者：他們所供職的公司在競爭中的優勢地位，使他們比別人獲取更多。

　　所以，對於立志創業的年輕人來說，當自己的資源不足以實現馬太效應時，就該好好的考慮一下下一步該怎麼走？如何才能成為馬太效應的受益者？

知識窗

馬太效應啟示我們：要想在某一個領域保持優勢，就必須在此領域迅速做大。當你成為某個領域的領頭羊的時候，即使投資報酬率相同，也能更輕易的獲取比弱小的同行更大的收益。對於個人來說，也是一樣的。

馬太效應的形成有很多，一個對個人成長有特殊啟發意義的是：領先效應。當別人徘徊時，我們已經起步；當別人起跑時，我們已經開始衝刺。社會現實告訴我們，一步領先，步步領先，一步落後，步步落後。如何形成馬太效應？日本索尼公司的企業文化值得我們借鑒。在索尼公司中，公司從上到下，提倡員工時時保持「領先一步」的意識。凡事領先別人一步，機會也就自然多一點。這點，對於處於事業上升期的人來說尤為重要。

她為什麼不敢穿漂亮衣服

　　張穎是一名高中生，花一樣的年紀，卻被恐懼的陰影所覆蓋。她的家離學校很遠，上學要騎一個多小時的自行車。但她上學騎車，卻踩得飛快，像是要逃避所有的人。上課時，愛用雙手遮住臉，生怕別人看見自己後自己會感到不自然。放學後總要拖到天色很黑才敢回家。她不敢獨自上街買東西，不敢理髮，更不敢穿漂亮的衣服……

　　原來張穎生活在一個單親的家庭裡，在她很小的時候父母就離婚了，小張穎與父親相依為命。父母的離異給小張穎幼小心靈蒙上了一層揮之不去的陰影。在孩子們的世界裡，一向是對這類事敏感好奇，他們用異樣的眼光在看張穎，還在遠處指指點點，好像張穎是個什麼怪物。張穎從此變得憂鬱寡歡，不愛說話，也不愛笑。

　　上高中後，又一件事情深深的刺痛了她的心。因為學校離家遠，交通又不方便，所以她不得不騎自行車上學。因為張穎從小就穿得很寒酸，加上騎的是一輛除了鈴不響，剩下哪都響的破自行車，所以更加害怕被別人瞧不起，尤其是異性。但是有一天，爸爸給她買了一輛新車。在上學的路上，張穎騎著新車，心情無比的激動與高興。然而，由於壓抑的慣性，她覺得自己很不自然，馬上暗自告誡自己不要太高興了，這只不過是一輛新自行車。但是，他越控制自己不笑，要「顯得正常些」，她就越顯得不自然。從此，張穎一上街就會神色緊張，總認為別人在盯著她，但又怕去看別人的目光，全部意識都集中在自己身上，就好像自己是在赤裸裸上街，恨不得鑽進地洞裡去。過後總是想下次上街該怎麼辦，但是越是這樣想他越是慌張……從此她

在許多方面都不正常起來。

張穎覺得自己是罹患了嚴重的心理疾病，而且已經影響到了她正常的生活和學習，於是在父親的陪同下，張穎來到了心理門診。

心理醫生分析張穎患的是社交恐懼症。社交恐懼症往往緣於過於自卑，以至無法做出正常的社會應對。

青少年是進行自我認識、自我評價的初始期，但是他們的自我認識往往不客觀、不全面、不辯證、不準確、不穩定。比如他們認識自己不能從自己的能力、性格、知識水準、品德等主要方面去看待自己，而是愛從別人說了自己一句什麼，自己穿得怎麼樣，自己是否能說會道等膚淺、片面的方面來評價自己，於是不免陷入了自我認識的盲點。特別是像張穎這樣原來自尊心就很脆弱的人，稍稍有點不良的刺激便會引起心理上的「過敏反應」。

從心理學的角度來看，張穎的問題在於他有著一個極差的自我意象。所謂自我意象就是人的心目中所反映的關於自己的形象。張穎這一個極差的自我意象產生的原因有以下幾個方面：

- 內向、孤僻的性格特徵。小時候父母離異是造成張穎這一性格的主要原因。
- 張穎正值青春期，非常注意別人對自己的評價，而自身的條件使她陷入了深深的自卑當中。
- 當出現對人恐懼反應後，便竭力的控制自己，這就產生了一種暗示、強化「症狀」的作用。再加之越感到「不自然」頭腦中就越多的出現「想像觀念」。這進一步導致了自我感覺惡化。如此惡性循環，「症狀」便日益嚴重了。

自我意象的作用便是你把自己想像成什麼人，你就按那種人行事。像張穎這樣把自己想像成一種卑下的、不正常的、別人難以接受其形象的人，那麼她會想盡辦法逃避他人、害怕他人。即使沒有那個「舊車、新車」事件，她也會最終得上這種「見人恐懼症」的。因為在她心目中的自我提醜陋的、

不被人接受的，所以在外部的某種場合下，外人的目光馬上會引起她的自慚形穢，刺傷她的自尊心，導致她本能的產生迴避的反應。

對於張穎來說，要想消除怕見人的心理障礙，就必須有一個現實的自我意象伴隨著自己，就必須能接受自己，必須有健全的自尊心，必須信任自己，必須不以自我為恥，還要能隨心所欲的、有創造性的表現自我，而不是力圖把自我隱藏或遮掩起來。當這個自我意象完整而穩固的時候，她將告別社交恐懼症。

據統計，平均每十人中就有一人被社交恐懼症所困擾，但就診者寥寥無幾。如果不及時治療，患者可因長期處於人際關係障礙及社交功能喪失的情況下併發酒癮、毒癮或憂鬱症等精神疾病。東方人性格多數內斂、含蓄，不輕易表達自己的感情。這在基本上，影響了社交恐懼症的判定。

社交恐懼症已是繼憂鬱症和酗酒之後排名第三的心理疾病。有一次召開了有關社交恐懼症的研討會，主講人是美國著名精神病學教授大衛‧西漢先生說，心理、生理兩方面的因素會共同導致社交恐懼症，它的發病是因為人體內一種叫「5-羥色胺」的化學物質失調所致。這種物質負責向大腦神經細胞傳遞資訊。這種物質過多或過少都可引起人們的恐懼情緒。

不過，社交恐懼症既然是後天形成的，那麼就可以採取相對的措施加以克服和避免。

1‧消除自卑，建立自信

心理專家從研究中發現，許多患有社交恐懼症的人，他們在社會交往中的實際表現，要比他們自認為的要好。所以社交恐懼症患者往往是嚴重的自卑者，對於社交恐懼症患者來說，一定要樹立自信，樹立正確的自我認識，既接納自己，也接納他人。對自我形成客觀評價，在交往中積極的鼓勵和暗示自己。只有這樣才能在交往中自然大方，揮灑自如。

2‧改善自己的性格

　　害怕社交的人多半比較內向，應注意鍛鍊自己的性格。多參加體育、文藝等團體活動，嘗試主動與同伴和陌生人交往，在交際的實際過程中，逐漸去掉羞怯、恐懼感，使自己成為開朗、樂觀、豁達的人。

3‧學會與人友好相處

　　你目前受孤立的原因，一是因為你在言行方面得罪了一些無聊之人；同時也不排除因你從內心排斥身邊的人，從而使別人也遠離了你。所以學會與人為善，平等尊重，友好相處是改善你受孤立的好辦法。

4‧多與身邊的人溝通

　　不與人交際比被人嘲笑要可怕得多，逃避交際就是逃避現實，就是讓自己從生活中出局。所以要多與身邊的人交流和溝通，從而增進了解，加深情誼。生活中很多事例告訴我們，人之間的誤會常常是因為語言溝通不夠、感情交流太少引起的，所以在與人交往中，要設身處地體驗、理解對方的感情，善於諒解和同情別人，這是增進相互理解、縮短人際距離的一種有效方法。

5‧以寬容的心對待身邊的人和事

　　對於周圍出現的令人厭煩的人或事，要學會克制自己，毫不掩飾的表現自己的反感情緒對人對己都無益處。對於一些無關緊要的事，不妨粗心放過。這樣做，其一節省了精力，可以去想有價值的事；其二精神上放鬆，不為這些小事不愉快；其三在別人眼中，你是個胸懷寬廣的人，大家也願意與你相處。

知識窗

社交恐懼症的表現形式不僅僅是面對陌生人而手足無措，而且還表現為不能在大眾場合打電話，不能在大眾場合和人共飲，不能單獨和陌生人見面，不能在有人注視下工作等較為極端的行為。在這種恐懼、焦慮的情緒出現時，還常伴有心慌、顫抖、出汗、呼吸困難等症狀。

社交恐懼症者對自己太過於專注，例如一次普通的談話，很簡單，就是注意對方的談話內容。但害羞的人所擔憂的卻是他給對方留下的是怎樣的印象。這樣一分神，他就往往跟不上對方講話的內容。所以社交恐懼症者必須停止考慮自己而將注意力轉向對方。

一個家庭主婦擁有眾多信徒

　　一九五四年九月，一個筆名叫瑪麗安‧基切的家庭主婦在美國一份報紙上宣稱，在過去一年多的時間裡，她一直在接收來自克拉利昂行星上的超級生物的資訊。她傳達超級生物的資訊說，「十二月二十一日，整個北半球將被突如其來的一場大洪水淹沒，除了極少數具有堅定信仰的人之外，生活在這裡的所有人都將被淹死。」

　　看到這個消息，美國社會心理學家里昂‧弗斯丁格如獲至寶，認為這是一個研究認知失調的天賜良機。當時，里昂‧弗斯丁格正在研究認知失調理論，並在一九五六年出版的《當預言落空時》的報告中提出了一個假說：「假設某人真心真意的相信某事或某種現象，並受此信仰的約束，進而採取不可逆轉的行動；假設就在此時，確信無疑的證據證明他的信仰是錯誤的，將會發生什麼呢？我的結論是：這個人絕不會善罷甘休，而是更加確信自己的信仰，甚至比以前更甚。」

　　弗斯丁格認為，基切夫人的公開聲明和接下來的事實，肯定是一個活生生的寶貴例證，完全可以說明對互相矛盾下的證據的矛盾反應是如何生成的。

　　於是，他找來他的兩個學生，亨利‧ｗ‧萊厄肯和沙切特，一起做了差不多兩個月的密探。他們給基切夫人打電話，自我介紹是三個好朋友，均對她的教事感到好奇，想參加她們組織的活動，他們的請求被基切夫人很爽快的答應了。

　　基切夫人早已形成了一個活動團體，她們定期聚會，已經在為將來籌

劃，並正在等待來自克拉利昂行星的最後指令。

弗斯丁格制訂了一份研究計畫，為了擴大調查範圍，他又徵求了五位大學生志願者，作為不公開的參與觀察者參與基切夫人的活動。他們就像真正的信仰者一樣，整天忙個不停的參加活動，聽基切夫人作報告，訪問這個小團體中的成員等，並在七個禮拜內參加了六十多次會議。

這些活動就像降神會一樣，枯燥乏味，無休無止，把人搞的身心疲憊。更讓實驗者難以承受的是，一方面他們必須在會議期間時刻提醒自己，對那些荒誕不經的事情做出「虔誠」的反應，另外他們還得高度緊張的記錄下由基切夫人和其他人在恍惚狀態中所傳達的行星守護者的神祕資訊。

弗斯丁格回憶說：「我們三個人當時輪流去廁所記筆記，進出的頻率要控制得恰到好處，否則將會引起別人懷疑。廁所也是這個房子裡唯一談得上隱私的地方。我們中的一個或兩個會不時的宣稱自己出去走動一下，呼吸一下新鮮空氣。然後，我們會飛快的跑到旅館房間，將記下來的筆記錄下來……到研究結束時，我們差不多已經快累垮了。」

終於到了十二月二十一日，信仰者的飛船沒有等來，同樣所謂的洪水也沒有暴發。

這時，基切夫人稱又收到了資訊：「由於信徒們的善良和忠誠感動了上帝，上帝已經決定不再降臨這次災難，讓世界重歸於安寧、信徒也重返家園。」

聽到這個消息，信徒們出現了兩種截然不同的反應：那些本來就半信半疑的人，根本無法承受自己信仰的失敗，紛紛宣布退出團體；另外，一些信仰堅定的信徒，正像弗斯丁格預料的那樣，更加死心塌地信仰由基切夫人傳達出來的真理，有的甚至辭掉工作，變賣家產，決心一輩子追隨基切夫人，早日到達信仰的彼岸。

一年後，弗斯丁格出版了《預言何時破產》一書，報告了這項發現。他

認為，信仰與行動有關，為了自己的信仰而採取過某些重要行動或做出過犧牲的人，對這一信仰會更加忠誠。同時，與一般公認的觀點不同的是，弗斯丁格還強調信仰應該有其對立面，即必須出現某些強烈反對該信仰的事件或證據，而信仰者也清楚的知道這些證據的存在。因此，是信仰者為其信仰所做的事決定了他們的忠誠度，而不是相反；與信仰相矛盾的事實對於狂熱分子而言只會進一步鞏固他們的信仰，而不能幫助他們幡然醒悟。另外，孤立的信仰者很難堅持下去，一個特定的群體內相互支持對於維持和傳播信仰是非常必要的。把認知失調理論應用於預言領域是一大創舉，特別是關於信仰者的行為決定其態度的論述，對於我們認識一些新興宗教團體的特性很有啟發意義。

　　除了上面的社會調查之外，弗斯丁格與他的合作者一起還做了大量的實驗，對這一理論加以驗證。在其中的一個經典實驗中：弗斯丁格以研究「每個人對事情的興趣，是否影響到了工作效率」為名義，招募了一批大學生來做一些枯燥乏味的工作。其中一件事是把一大把湯匙裝進一個盤子，再一把把的拿出來，然後再放進去，來來回回半個小時還有一件是轉動計分板上的四十八個木釘，每根順時針轉四分之一圈，再轉回，也是反反覆覆耗費了半個小時。工作完成後，實驗者要求每個大學生告訴下一個來做實驗的人這個工作十分有趣，並分別給予一美元或二十美元的獎勵。幾乎所有的人都照辦了，接著，再調查他們本身對剛才所進行工作的看法，結果發現與一般預期相反，得到一美元獎勵的人反而認為工作比較有趣。弗斯丁格指出這背後正是認知失調在起作用，因為說謊這件事與不應該說謊的信念出現了衝突，使人處於認知失調狀態。給以二十美元的獎賞，使一部分人獲得了說謊的好理由（在一九五〇年代末的美國，二十美元算得上是一筆可觀的收入），從而幫助他們解脫了認知失調；然而對於只得到一美元的人來說，卻不足以作為說謊的藉口，於是他們不得不做出心理調整，改變了自己的觀點，肯定工

作的確是令人愉快的，以從另一個方向解除認知失調現象。另外還有一個實驗是讓孩子們去吃自己不喜愛的蔬菜，同時告訴其中的一組孩子，他們的父母知道他們會吃光這些蔬菜，以造成某種既成事實。結果發現，被迫吃完了這些蔬菜的孩子對蔬菜的喜好程度明顯增加了，這也證實了認知失調理論的科學性。

認知失調是我們生活的一部分，總是會出現，要想避免陷入執迷不悟，最好盡快改變自己內心的想法，然後改變自己的行為使之與環境相協調。

所以不要在關鍵時刻自欺欺人，要知道，找到正確的方法調整自己才是關鍵。

知識窗

認知失調，就是當你做決定、採取行動或者遇到跟你原先預想的不一樣的信念、情感、或價值觀後，引起內心衝突，所體驗到的一種心理狀態。

在一般情況下，人們都有維持自己的觀點或信念一致性的需要，以保持心理平衡，如果人們的觀念出現了前後不一致或相互矛盾時，也就是出現了所謂的認知上的失調。這時人的心理出現紊亂或不安，於是，很可能放棄或改變一種認知，遷就另一認知，以恢復調和一致的狀態。

極度自戀的博士生

下面是一位心理諮商專家提供的案例：

「我是一個文學方面的研究生，正在讀博士學位，可稱得上天之驕子了吧。從小學到大學，我一切順利。大學畢業後，又被推薦上了研究生。但最近，我發覺自己陷入困境，似乎很難念完博士學位。」「前不久，我寫了一篇論文。我認為那是篇很有價值的論文，我相信，它曾在文學界產生極大的震動，並會產生深遠的影響。但我寫到三分之二時，卻很難進行下去。我的導師們對我的文章很不以為然，而且，還軟磨硬拖，阻礙它早日脫稿發表。我知道，他們都是妒賢嫉能，怕我的文章出來後，顯得他們自己臉上無光。其實，這正說明他們故步自封。不過，我會盡力而為，用行動證明自己能超越他們，同時證明他們不過如此。」「就是因為此事，近來我嚴重失眠，常在床上翻來覆去睡不著。本來我和女朋友的關係還可以，近來也顯得非常緊張。我不知是怎麼回事，希望能得到您的幫助。」以上是一個研究生的諮詢求助信。

為了能更好的全面了解這位青年，並盡可能給他一些指導，我回了封信，約他前來心理諮商室詳談一次。

他是和女朋友一起來的。我和他之間的談話是從他那篇論文談起的。一觸及此，他便眉飛色舞，甚至於手舞足蹈，似乎他正在萬人會場的主席臺上慷慨陳詞。

我問他：「你有過自卑的時候嗎？」

他仔細想了想，說：「沒有，我沒有必要自卑。」

我接著問：「那麼，你有孤獨的時候嗎？」

「我一直在孤獨中。不過，這沒關係，我知道，有成就的人總是孤獨的。」

「你和女友關係怎樣？」

「不怎樣。和女人相處，對我來說只是一種調節劑，不會有太大的收穫。」對此，他倒是坦誠相見，毫不隱瞞。

然後，我請他到外面稍等片刻，請他的女友進來，側面了解一些情況。

他的女友說，在她以前，他曾結交過好幾個女孩子，但不知什麼緣故，談的時間不長，一個個都離他而去了。「我同他認識的時間也不長，開始，他似乎對我很迷戀，但不到兩個月，便開始冷淡我。起初，我對他的孤傲、自負很讚賞。但現在，我越來越受不了他那種盛氣凌人的態度了。」她還說，他在學校裡，總是「天馬行空」，獨來獨往，逢年過節公司慶祝時，也沒什麼人和他說話，他也不理睬別人。

恰巧，我有個朋友就在他所在的大學，這使我得以了解到這位研究生的其他情況：據說，他那篇被他說成驚世之作的論文完成之後，他的導師和其餘幾位教授都認為，那只是一篇平庸之作，既無新的見解，論述也不夠全面。他的同學們也反映，他這人極無涵養，總是以一種高高在上的優越感與人相處，令人難以接受。當然他也有不如別人的時候，此時，他會妒性大發，把別人說得一文不值。

心理醫生分析，案例中的研究生就是一位典型的自戀症患者。

「自戀」，不只是「自我迷戀」，它還有其他重要特徵。大多表現為過度自我重視、誇大、對別人缺乏同情心，對別人的評價過度敏感等等。他們總是認為自己將獲得無止境的成功、權力、榮譽，認為自己生在世上就享有一種特權，不必像普通人一樣買票排隊，注意公共秩序，他們有時做一些損人利己的事情，如擠車時，別人將他擠到車上，他卻不再讓車下的人上去。除此

之外，他們對別人的議論是頗為關心的，一旦聽到讚美之詞，就沾沾自喜，反之，則會暴跳如雷，他們對別人的才智十分妒嫉，有一種「我不好，也不讓你好」的心理。在和別人相處時，他們很少能站在別人的角度理解別人。

從表面上看，自戀性人格障礙患者處處為自己物質的和心理的利益考慮，而實際上，他的一切利益都因自戀而受到了損害。為什麼這麼說呢，這是因為：

- 自戀是一種對讚美成癮的症狀，為了獲得讚美，自戀者會不惜一切代價。比如有人冒生命危險而求得「天下誰人不識君」的知名度，這就走向了自戀的反面 —— 自毀。
- 自戀是一種非理性的力量，自戀者本人無法控制它，所以就永遠不可能獲得內心的寧靜，永遠都會被無形的鞭子抽打，只知道朝前奔走，而沒有一個具體可感的現實目標。
- 自戀者也會下意識的明白，總是從別人那裡獲得讚美是不可能的，所以他會不自覺的限定自己的活動範圍，以迴避外界任何可能傷及自戀的因素。這就容易導致自閉。
- 在與他人的交往中，自戀者會因為他的自私表現而喪失他最看重的東西 —— 來自別人的讚美，這對他來說是毀滅性的打擊，並且可以使其進入追求讚美 —— 失敗 —— 更強烈的追求 —— 更大的失敗的惡性循環之中。自戀者易患憂鬱症，原因就在這裡。
- 自戀有時會以不可理喻，甚至讓人難受的方式表現出來。比如自戀者時常過度關心自己的健康，總懷疑自己患了任何儀器都查不出來的某種疾病，即使自己都認為這種懷疑是荒謬的也無法擺脫疑慮，終日煩惱不安。

寫日記可能是自戀的表現形式之一。

從表面看，寫日記可以記錄重大事件，鍛鍊寫作能力，但從動機層面看，則可能是為了滿足自戀。有一組外國漫畫 —— 《一個女孩的一天》，描

繪了一個十一二歲的小女孩一天的經歷：起床，照鏡子，打扮，與一個年齡相仿的男孩一起玩，男孩送給她一朵花，還吻了她，然後回家，寫日記，最後在寫完日記的美好心情中甜蜜的入睡。可以想見，這個小女孩對自己是何等滿意，白天的經歷證明了她對自己的滿意是何等正確。這樣的事當然應該用有溫馨色彩的日記本記下來，以便將來一遍遍重讀，滿足自戀情結。

如果說日記是一本書，那這本書通常只有一個讀者 —— 寫日記的人。那些把日記拿出來展示的人，是把他們的自戀擴大化了。有一點說明的是，小學生們迫於老師和家長的壓力寫日記，不關自戀。

有心理專家建議，對這些人應當讓他們學會理智調節法。自戀人格在出現過度緊張等不良情緒時，往往會伴隨出現思維狹窄現象，而思維狹窄現象出現後，又會加速不良情緒的盲目成長。人的不良情緒強度越大，其思維就越有可能被捲入情緒的漩渦，從而發生不合邏輯，失去理智的種種反應。

理智調節法是指用正常的思維，消除不良情緒盲目成長的自我調節方法。運用這個方法一般有三個步驟：

首先，必須承認不良情緒的存在；

然後，當承認自己存在某種不良情緒之後，就要分析引起這種情緒的原因，弄清自己為什麼苦惱、憂愁、憤怒和恐懼；

再次，對具有真實原因的不良情緒，要尋求適當的解決途徑和方法。

如果是由於缺乏認真溝通而造成同別人之間的隔閡，使你產生不被理解的苦惱，那你就得主動、誠懇的與他人交談，讓別人理解你的立場。思想和行為，消除彼此的隔閡，也就會使你內心恢復平靜。

另外，對自戀症的矯治，還可運用對比法。讓患者在事實的面前領悟自己不過是滄海一粟，從而克服井底之蛙的淺見與自大。運用對比法時應注意，有一些人原是由於自卑引起的外在表現上的自尊，運用對比法會加深其自卑，那將是有害無益。

知識窗

對於自戀的人格障礙，加拿大著名心理學家塞利曾說：「對那些自戀狂人進行深入研究，會發現在其內心深處，常有深藏的自卑和自責心理。他們雖然表現出自命清高，超「凡」脫「欲」，但對別人的隻言片語都極為在乎，而且，一旦被人擊中「痛點」就會怒不可遏，暴跳如雷。往往，他們只是用自尊、自重來構築一堵自我防禦的圍牆，而這堵牆實際上並不牢固，一旦有外力作用，就會搖晃甚至坍塌。因此，自戀症患者總會時時出現各種情緒困擾，如憂鬱、煩惱等，並可有失眠、頭痛、汗多等生理症狀。

為索親情綁架表妹

　　二○○五年五月十六日，法院對一樁綁架案做出一審判決，女孩劉麗（化名）被判處有期徒刑八年，參與綁架的她的男友被判處有期徒刑十二年，另一個同夥被判八年。劉麗主導這樁綁架案的目的主要，是為了取回母親多年以來對她的親情，沒想到竟付出如此沉重的代價！劉麗和媽媽之間究竟發生了什麼，導致了這樁荒唐的悲劇？

　　劉麗一九八七年出生，爸爸是一家工廠的廠長，媽媽張馨（化名）在家相夫教子，一家人過得其樂融融。然而，這種幸福卻在劉麗六歲的時候被一場意外給打碎了。那一年，爸爸因瑣事和客戶發生口角，衝動之下，他拿刀將對方殺害，被判無期徒刑。家裡的錢大部分被用於賠償，經濟來源沒有了，生活就靠媽媽艱難的支撐著。一年後，她的母親忍受不了精神和經濟上的雙重壓力，帶著劉麗匆忙改嫁給了一家裝飾公司的老闆。那個老闆沒有太多涵養，平時對待劉麗態度粗暴。再加上他和劉麗的母親結婚後又生了一個女兒，有了親生女兒，劉麗更顯得微不足道。繼父常無端的對劉麗發脾氣，讓劉麗心存畏懼，媽媽也因為繼父和小女兒的原因沒空照顧她。劉麗特別失落，渴望媽媽能像原來一樣愛她疼她，但媽媽再也不可能回復到幼時對她的那種態度了。在一次次失望中，劉麗漸漸長大，她的性格也變得孤僻、執拗，總是和父母發生爭吵。

　　後來，劉麗考入一所專科學校，開始了她的住校生活。有一次在公車上，由於錢包被偷，一個年輕人幫她解了圍，這個人叫王風（化名）。兩個同病相憐的年輕人大有相見恨晚的感覺。從那後，王風常去學校看望劉麗，

有時還給她帶些水果或女孩子喜歡的小禮物。王風的關心讓劉麗感到特別溫暖，兩個少男少女很快開始了熱戀。然而，劉麗沒想到自己的這個祕密很快就被媽媽知道了。在電話裡劈頭劈臉罵了她一頓：「你怎麼不好好讀書，還去和打工仔鬼混……」劉麗聽到媽媽的聲音，嚇蒙了，囁嚅半天才說：「媽，他對我挺好的……」「什麼好不好，你現在這麼小談什麼戀愛？趕緊分手！」「別的事我可以聽你的，這事你就別管了。」劉麗不同意媽媽的意見。兩天後，氣急敗壞的媽媽就從家裡趕到女兒的學校，把情況告訴了劉麗的老師，並替劉麗請了一個月假，硬拉著劉麗回到老家。媽媽這樣做的目的是想讓他們倆徹底分手。

後來，隨著事情的變化，有一次，劉麗趁父母不在家的時候，偷跑出去找王風。媽媽發現劉麗竟然離家出走後，氣得馬上趕到劉麗的學校，可是沒找到她。一怒之下，她當著老師和同學們的面把劉麗和男朋友私奔的事說了出來。劉麗聽同學們說她和王風的事已經在全校傳得沸沸揚揚，這讓她羞憤不已。她覺得媽媽既然這樣對自己，那她就更不用再考慮是不是對得起他們了。於是，劉麗不再回學校念書，她負氣的放棄了學業，和王風住在一起。媽媽四處找不到女兒，也氣得病倒了。一個月後，她終於打聽到了女兒住的地方，帶著幾個親戚來到王風租住的小屋，二話不說強行帶走劉麗。劉麗哭著掙扎反抗，可無濟於事。但劉麗又一次逃走了。她逃到王風那之後，一個近乎荒唐的想法在她心中悄然萌發：把自己當作人質，向媽媽勒索錢財，看看媽媽到底管不管她。

但結果卻完全出乎劉麗意料之外。她原以為媽媽無論怎麼生氣，只要聽說女兒被綁架了，就會全力以赴的拿錢來救她，而她也就順勢和媽媽重歸於好。可她沒想到媽媽竟如此狠心，連她的安危都不顧了，這讓她傷透了心。劉麗對這次「綁架」失敗的事一直耿耿於懷，性格執拗的她不願就此善罷甘休，她一定要引起媽媽的重視，讓媽媽多關注一下自己。於是，她又想出一

個極端的辦法：綁架表妹……

二〇〇五年五月十六日，法院開庭審理了此案，王風因綁架罪被判有期徒刑十二年，劉麗被判有期徒刑八年，因考慮到劉麗正在哺乳期，准予監外執行。

看了這個案例，我們是否從劉麗等人犯罪的心理軌跡看到了父母的責任：即使在孩子犯錯誤的時候，做父母的都應該冷靜的認真與之溝通，把他們引入正途，而不能粗暴管制，甚至像劉麗媽媽那樣一棄了之。我們常常會低估一個小動作、一個微笑、一句誠摯的讚美或是最微不足道的關懷對孩子的影響，而恰恰是這些，都可能成為孩子懸崖勒馬的轉機。因為孩子們最不值得你愛的時候，也正是他們最需要你的時候。

心理醫生分析，劉麗的問題屬於心理偏執。所謂的偏執是指極端固執、剛愎的人格表現缺陷。偏執的人通常有過強的自信，只信任自己，不信任別人，因而喜歡隨便懷疑，喜歡爭辯，顯得異常固執任性、剛愎自用。

而對偏執型人格障礙的治療，應採用心理治療為主，以克服多疑敏感、固執、不安全感和自我中心的人格缺陷。主要有以下幾種方法：

1‧認知提高法。

由於具有偏執性人格的人對別人不信任、敏感多疑，不會接受任何善意忠告，所以首先要與他們建立信任關係，在相互信任的基礎上交流情感，向他們全面介紹其自身人格障礙的性質、特點、危害性及糾正方法，使其對自己有一正確、客觀的認識，並自覺自願產生要求改變自身人格缺陷的願望。

2‧交友訓練法。

鼓勵其積極主動的進行交友活動，在交友中學會信任別人，消除不安感。交友訓練的原則和要領是：

（1）真誠相待。

本人必須採取誠心誠意、肝膽相照的態度積極的交友。要相信大多數人是友好的和比較好的，可以信賴的，不應該對朋友，尤其是知心朋友存在偏見和不信任態度。必須明確，交友的目的在於克服偏執心理，尋求友誼和幫助，交流思想感情，消除心理障礙。

（2）對朋友盡量主動給予各種幫助。

這有助於以心換心，取得對方的信任和鞏固友誼。尤其當別人有困難時，更應鼎力相助，患難中知真情，這樣才能取得朋友的信賴和增強友誼。

（3）懂得交友的「心理相容原則」。

性格、脾氣的相似和一致，有助於心理相容，做好朋友關係。另外，性別、年齡、職業、文化修養、經濟水準、社會地位和興趣愛好等亦存在「心理相容」的問題。但是最基本的心理相容的條件是思想意識和人生觀價值觀的相似和一致，所謂「志同道合」。這是發展合作、鞏固友誼的心理基礎。

3・自我療法。

具有偏執型人格的人喜歡走極端，這與其頭腦裡的非理性觀念相關聯。因此，要改變偏執行為，偏執型人格患者首先必須分析自己的非理性觀念。

一出現上述的非理性觀念時，就應該把改造過的合理化觀念默念一遍，以此來阻止自己的偏激行為。有時自己不知不覺表現出了偏激行為、事後應重新分析當時的想法，找出當時的非理性觀念，然後加以改造，以防下次再犯。

4・對立糾正訓練法。

偏執型人格障礙患者易對他人和周圍環境充滿敵意和不信任感，採取以下訓練方法，有助於克服這種對抗心理。

（1）常提醒自己不要陷於「敵對心理」的漩渦中。

事先自我提醒和警告，處世待人時注意糾正，這樣會明顯減輕敵意心理和強烈的情緒反應。

（2）要懂得只有尊重別人，才能得到別人尊重的基本道理。

要學會對那些幫助過你的人說感謝的話，而不要不痛不癢的說一聲「謝謝」，更不能不理不睬。

（3）要學會向你認識的所有人微笑。

可能開始時你很不習慣，做得不自然，但必須這樣做，而且努力去做好。

（4）要學會忍讓和耐心。

生活在複雜的大千世界中，衝突糾紛和摩擦是難免的，這時必須忍讓和克制，不能讓敵對的怒火燒得自己暈頭轉向。

知識窗

偏執是比較常見的一種心理病症。具有偏執心理的人，常常比較敏感，多疑又多心，經常會覺得人總是和他過不去，甚至認為別人都是心狠手辣、不可交往的。由於他們不相信別人，疑心太重，所以常常是自我評價很高，認為自己的看法是對的，甚至明明自己錯了，還強詞奪理，推諉於別人。這種自疑、自負、固執的心理，嚴重的影響人與人之間的正常交往。

奧卡姆的剃刀

　　奧卡姆約西元一三〇〇年出生於英國蘇黎郡的奧卡姆村。奧卡姆早年就讀於牛津大學，成績優異，完成了獲得神學博士學位必需的所有課程，但由於在思想上與基督教正統教義相衝突，因而終身沒能獲得博士學位。西元一三二二年年左右，奧卡姆陸續發表了一些論文反對教皇專權，主張教權與王權分離，教會只應掌管宗教事務，關心「靈魂拯救」，不應干預世俗政權。於是，奧卡姆被教皇宣稱為「異端」。西元一三二四年，奧卡姆被惱羞成怒的教皇拘捕，關進了亞威農教皇監獄。次年底，教會組織了六個神學家專門研究了他的著作，結果有五十一篇被判為「異端邪說」。

　　西元一三二八年初，奧卡姆在一天深夜逃出了監獄。同年六月六日，羅馬教皇革除了他的教籍，下令通緝捉拿。奧卡姆逃往了義大利比薩城，晉見了反對教皇的皇帝路德維希，對皇帝說：「你若用劍保護我，我將用筆保護你！」從此，奧卡姆公開與羅馬教廷斷絕了關係，定居在慕尼黑，展開了對教會和阿奎那正統經院哲學的口誅筆伐。可是，二十年後，路德維希皇帝去世了，奧卡姆再次遭到教廷傳訊。但是教廷還來不及給奧卡姆定罪，一場黑死病在整個歐洲蔓延開了，奧卡姆也沒能倖免於難。

　　奧卡姆是個唯名論者。他認為，只有個別事物是最終的存在，個別事物當中也沒有寄居或隱藏那種「隱蔽的質」。所以，人類的知識是從個別事物開始的，例如：人們多次看到馬，根據重複的相同感覺，人們的理性就產生了「馬」這個一般記號。

　　一般不是思維的虛構或者幻想，而是起源於個別的感覺經驗，是標誌許

奧卡姆的剃刀

多個別事物的相似性的一種記號。人類的認識是一個由感性直觀到理性認識的過程，開始是直覺的直觀知識，然後是抽象的普遍知識。

但是，湯瑪斯・阿奎那卻認為，存在於個別事物中的一般，是寄居在個別事物中的某種「特殊實體」。物體之間的不同特性，是由於這種「隱蔽的質」所決定的。銅之所以為銅，是因為它裡面潛藏著「銅」這種特殊實體。所以，有多少種物體的特性，就有多少種「隱祕的質」。

奧卡姆認為，阿奎那的所謂隱蔽的質的學說，不但沒有把事物本身說清楚，反而增加了比原有事物多一倍的東西。比如：我們用感覺就能知道銅的壓延性，然而「壓延性」這種「隱蔽的質」，不但沒有把銅為什麼能壓延說清楚，反而又增加了一項任務，那就是說明「壓延性」又是個什麼東西。

針對湯瑪斯之流的繁瑣哲學，奧卡姆提出了一個「思維經濟原則」。即「切勿浪費較多的東西去做用較少的東西同樣可以做好的事情」，或者表述為「如無必要，切勿增加實體數目」。奧卡姆說，為了節省時間和精力，就應該把「隱蔽的質」這類累贅的東西，用「思維經濟原則」這把「剃刀」統統剃掉。這就是著名的「奧卡姆剃刀」。

經過數百年的歲月，「奧卡姆剃刀」已被歷史磨得越來越快，它早已超越了原來狹窄的領域，具有了更廣泛、豐富和深刻的意義。

在某種意義上，「奧卡姆剃刀」是一種「反動的」哲學。人類文明的不斷發展，就是不斷為這個世界增添新的內容，而「奧卡姆剃刀」卻不斷的向我們的文明成果發出挑戰，指出許多東西實際上是有害無益的，而我們正在被這些自己製造的麻煩壓垮。

古今中外的許多科學家都接受或者（獨立的）提出了奧卡姆剃刀原理，例如：牛頓提出的一個原則：如果某一原因既真又足以解釋自然事物的特性，則我們不應當接受比這更多的原因。

當代科學巨匠史蒂芬・霍金在他的《時間簡史》中解釋說：「我們仍然可

以想像，對於一些超自然的生物，存在一組完全的決定事件的定律。它們能夠觀測宇宙現在狀態而不必干擾它。然而，我們人類對於這樣的宇宙模型並沒有太大的興趣。看來，最好是採用奧卡姆剃刀的原理，將理論中不能被觀測到的所有特徵都割除掉。」

將奧卡姆剃刀原理普遍運用到人們的生活和工作當中時，人們一般將其理解為以下幾種含義。

- 如果你有兩個原理，它們都能解釋觀測到的事實，那麼你應該使用簡單的那個，直到發現更多的證據。
- 對於現象最簡單的解釋往往比複雜的解釋更正確。
- 如果你有兩個類似的解決方案，選擇最簡單的。
- 需要最少假設的解釋最有可能是正確的。
- 或者以這種自我肯定的形式出現：讓事情保持簡單！

「讓事情保持簡單！」這不是一句空洞的口號，而是一種高效解決問題的重要原理。這個原理也深受愛因斯坦的推崇，他說：「萬事萬物應該盡量簡單，而不是更簡單。」

「奧卡姆剃刀」指出，許多所謂的「現代文明成果」實際上都是有害無益的，

對大多數人來說，工作和上下班占據了整天的時間。現代生活又充滿了各種誘惑，那麼多資訊要篩選，那麼多產品在吸引著你。「我們試圖占有一切，而這往往把我們弄得精疲力竭。」因此，簡單生活對於大多數人來說，難能可貴。

要簡化我們的生活，就意味著對那些令我們花費金錢、時間、精力的事情加以區分，然後採取步驟去擺脫它們。下面是一些關於如何擺脫生活中的混亂而獲得樂趣的建議：

1. 別省小錢而浪費時間。

我們大多數人都被教導要節約金錢，卻不知道更要節約時間。結果，我們甚至可能都沒考慮到，我們為了省幾分錢而浪費了更為寶貴的時間。是否真的值得為找一個畫架的掛鉤，在舊貨市場裡逛，而它就在你家附近的五金店裡一眼可以看到。

2. 溫和的說「不」。

「不」只是個簡單的字，卻可以幫助人們一週內省下不少時間。溫和而迅速的說「不」，給出一個簡短的理由，如「我確實沒有時間」，避免過於詳細的理由，因為別人可能會在你的理由中找出你無法再拒絕的理由來。

3. 關掉你的電視。

對很多人來說，如果他們把在電視機旁處於半催眠狀態的時間拿出三分之一來，生活就會簡單得多。專家建議，應在看收視指南之前先安排好自己的活動日程，決定好要看什麼節目後，把節目錄下來，然後立刻關掉電視。再利用一些固定的時間，譬如，吃飯時或星期天的下午，去看錄下來的電視節目。這樣就省下了你在電視機前等待的時間。

4. 開始新的一天前，盡可能把第二天需要的東西在頭天晚上準備好。

例如：買一個可以定時的咖啡壺，在你起床的時候就自動開始煮咖啡；決定好要穿的衣服，包括首飾、絲巾和襪子；檢查好衣服是否有汙點、皺褶或掉了鈕扣；把任何一件需要帶出去的東西都放在門前。永遠把鑰匙放在同一個地方。研究證明，平均每個成年人一年中有十六個小時在尋找遺失的鑰匙。

5. 清理你的家，你所購買的每一樣家當都需要照料。

從點滴做起！一次整理一個抽屜或一個架子，如果它不適用了，就乾脆扔掉它。有條理是一個好習慣，可以防止收集過程中的雜亂現象。永遠不要「隨手」把東西暫時先放在那裡，別把夾克「暫時先」放在椅子上或把杯子「暫時先」放在水槽裡。就像人們常說的那樣：「別把東西放下，而要把東西放好。」不這麼做的話，就意味著現在沒有一次做完，待會就至少得做兩次了。

在你聽從這些專家的忠告以後，你的生活肯定會比以前變得簡單。而當你的生活變得簡單後，你又可以從中獲得什麼呢？你將又有時間去做那些你最喜愛的事情了，不管是與孩子嬉戲，聽心愛的音樂，還是去旅遊。

知識窗

「奧卡姆剃刀」告訴我們：把事情變複雜很簡單，把事情變簡單很複雜。這個定律要求我們在處理事情時，要把握事情的主要實質，把握主流，解決最根木點的問題。

各領域大顯神通的互惠原理

作為社會人士，我們每一天都會遇到很多這樣那樣的請求，沿街叫賣的商販、上門推銷的業務、上司的指令、客戶的意見、專家的建議甚至是愛人的抱怨和孩子的撒嬌，很多時候我們都對他們說「是」，可是面對那些堆積了足夠用上兩年的牙膏、無謂的保險、缺乏興趣訂購了一年報紙，往往懊惱不已，並不是每一個人都是「天生購物狂」，而是你沒有向對方說「不」。這種現象在心理學上屬於依從心理學研究的範疇，即研究如何讓對方依附、聽從的方法和策略，也即如何對方說「是」，這些成果在各個領域均有應用，尤其在行銷領域中更是大顯神通，本文即介紹依從心理學的一個基礎原理 —— 互惠原理。

康乃爾大學的鄧尼斯‧雷根教授主持過這樣一個實驗：在實驗中，一些實驗對象被邀請參加一次所謂的「藝術欣賞」。實驗分作若干次進行，每次由一個對象與鄧尼斯‧雷根教授的助手（我們稱其為喬）一起給一些畫評分。

實驗在兩種情況下進行。

在第一種情況下，喬主動送了那個真正的實驗對象一個小小的人情：在評分中間短暫的休息時間裡，他出去了幾分鐘。回來的時候，他帶回了兩瓶可口可樂，一瓶給實驗對象，一瓶給自己，並告訴實驗對象：「我問主持實驗的人是否可以買一瓶可樂，他說可以，所以我給你也帶了一瓶。」

在另一種情況下，喬沒有給實驗對象任何小恩小惠，中間休息後只是兩手空空的從外面進來。但是在所有其他方面，喬的表現都一模一樣。

稍後，當評分完畢時，喬要實驗對象幫個忙。他說他在為廠商賣彩券。

如果他賣掉彩券的數量最多，他就會得到五十元獎金。喬想要實驗對象以二十五美分一張的價錢買一些彩券：「買一張算一張，但當然是越多越好了。」結果兩種對象的反應截然不同：這些得過喬的好處的實驗對象都覺得自己欠了喬一點什麼，因此他們購買彩券的數量是另一種對象的兩倍。

上面這個實驗說明，一個正常的人，無論是誰，一旦接受了他人的恩惠，心理上就產生了一種虧欠感，而卸下這種虧欠感的途經只有一條，這就是回報。

客觀的講，一個發達的以互惠原理為基礎的回報體系很可能是人類文明的一個特徵。因為正是這種回報體系，給予人們互相幫助的不竭動力。

互惠原理的威力把另外一種通常也會影響人們的依從性的因素 —— 對提出請求者的印象 —— 完全掩蓋住了。

在上面所提到的那個實驗之後，雷根教授緊接著做了第二個實驗 —— 檢驗對喬的印象與實驗對象買彩券之間的聯繫，雷根教授要求實驗對象填了幾份表格來了解他們對喬的印象，以便分析他們對喬的喜愛程度和他們購買彩券數量之間的關係。結果很自然的，實驗對象對喬越是喜歡，他們購買彩券的數量就越大。這一點並不奇怪：人們總是比較樂意幫助自己喜歡的人，這是每個人都能猜到的結果。

但令雷根教授驚奇的是，當實驗對象接受了喬的可樂以後，這種喜愛和依從之間的關係就完全消失了。對那些欠了他的情的人來說，不管他們喜歡還是不喜歡喬，他們都覺得自己有責任報答他，他們也的確這麼做了。這樣一來，那些不喜歡喬的人與喜歡喬的人買的彩券的數量就沒有什麼區別了。

這個實驗規模雖小，卻巧妙的證明了我們身邊最有效的影響武器之一 —— 互惠原理在人們的行為中所引起的重要作用。

互惠原理認為，我們應該盡量以相同的方式回報他人為我們所做的一切。概括起來就是一種行為應該用一種類似的行為來回報。但「類似行為」

各領域大顯神通的互惠原理

是一個很廣泛的概念，在這個範圍之內到底應該採取什麼行動也還是有相當大的靈活性，因此一個小小的人情造成的虧欠感導致人們報以一個大出很多倍的好處的現象也是常常可以看到的。

一九八五年，衣索比亞可以說是世界上最貧困的國家。它的經濟崩潰了，連年的旱災和內戰將食物供應破壞殆盡，由於疾病和飢餓，人民成百上千的死去。在這種情況下，如果有五千美元的捐款從墨西哥送到這個處於水深火熱中的國家，恐怕誰也不會感到奇怪。但事實是：衣索比亞紅十字會的官員決定捐這筆錢給墨西哥，受惠的是當年墨西哥城地震中的受害者。

衣索比亞在這樣困難的情況下，還是決定捐錢給墨西哥，是因為在一九三五年，當衣索比亞正受到義大利的侵略時，墨西哥曾經給衣索比亞提供過援助。於是，互惠的需要戰勝了文化的差異、遙遠的距離、極度的貧困和自身的利益。可見它的力量。

互惠原理的威力還在於，即使是一個陌生人，或者是一個不討人喜歡或不受歡迎的人，如果先施予我們一點小小的恩惠再提出自己的要求，也會大大提高我們答應這個要求的可能性。

一次世界大戰中，有一種士兵專門深入敵後去抓俘虜來審訊的特種兵。當時打的是塹壕戰，大隊人馬要穿過兩軍對壘前線的無人區是十分困難的，但一個士兵悄悄爬過去溜進敵人的戰壕相對來說就比較容易了。一個德軍士兵熟練的穿過兩軍之間的地域，出乎意料的出現在敵軍戰壕中一個落單士兵的面前。這個毫無警戒的敵兵正在吃東西，一下子就被繳了械，手中只剩下一塊麵包。這時，這個嚇破膽的士兵做了一件可能是他一生中最重要的事：他分了一些麵包給面前的德國士兵。結果這個德國人被深深的感動了。雖然他知道上司會大發雷霆，但還是轉身離開戰壕，兩手空空的回到了自己的營地。因為他無論如何也不能把這個施恩於自己的人當俘虜抓回去。

一塊麵包，竟救了自己一命。雖然付出與得到極不相稱，但正是德國士

兵感到受到的小小的人情沒有辦法還，才放棄了逮捕對方的行動。

　　這說明，即使是一個不請自來的好處，一旦被接受，也會製造出一種虧欠感，讓當事人時刻想著如何去償還，以獲得某種心靈上的安慰。

　　作為一種曾經有效的行銷手段，一般的做法是把少量的有關商品提供潛在的顧客，並說明這樣做的目的是讓他們試一下看自己到底喜不喜歡這個商品。它的妙處在於，當推銷商品的人看似真誠的要消費者了解他們的商品時，其實憑藉真正的柔術方法，把禮物本身所固有的讓人產生虧欠感的自然力量釋放出來。最後結果是，我們會象徵性（意思一下）的買一點，即使我們並不是特別喜歡這種商品。這是店家利用了「互惠原理」。

　　安麗公司就是一個「互惠原理」的專家，他們利用了一種方法來推行免費試用策略，就是將各種各樣的安麗產品，如家具磨光劑、洗衣粉、洗髮精、殺蟲劑等用特製的盤子帶給客戶，在七十二小時內不收費，任由家庭主婦使用，而到了試用期結束後，推銷員往往都能有不小的斬獲。

　　利用互惠原理讓他人答應自己的請求還有另一種方式：相互退讓策略，這與給人一點好處然後要求他們回報的直截了當的方式相比，這種方式就非常有效。看看賣花的小女孩是如何向徜徉在大街上的情侶兜售玫瑰花，她先讓你高興：「你看姐姐多漂亮啊，給姐姐買幾朵花吧。」然後至少會拿出八、九朵，如果你說不要的話，她就說買兩朵吧，買一朵吧，你能拒絕得了嗎？以至於玫瑰花都成了逛街的通行證。但試想，如果小女孩先拿出一朵花被你拒絕了，然後再拿出十朵花、一束花來你還會買嗎？這個問題的關鍵在於如果他人對我們做出了讓步，我們也有義務做出讓步，否則我們似乎有些過意不去。

　　著名的心理學家西奧迪尼曾做過這樣的實驗，他們自稱是青年工作部門的人，去大學校園隨機去詢問大學生是否願意義務陪一群少年犯參觀動物園，百分之八十三的人拒絕了這一個毫無吸引力的要求，但同樣還是這些測

各領域大顯神通的互惠原理

試對象，他們換了一種詢問的方式，首先提出了一個更大的要求，至少在兩年時間內每週花兩小時的時間對少年犯提供諮詢，當然所有人都拒絕了這個極端的要求，然後提出這個讓步的陪同參觀動物園的要求，有百分之八十一的學生答應了這個請求，可見退讓策略的力量。

對於這樣拙劣的行銷手段，為什麼還有很多人上當、受騙？羅伯特·西奧迪尼，這位全球知名的影響力研究專家，他從人類心理學角度出發，用「互惠原理」進行了解釋。他認為，人們總習慣於盡量以相同的方式報答他人為自己所做的一切（這也是一種文明的表現）。簡單的說，就是對他人的某種行為，我們要以一種類似的行為去回報。如果人家給了我們某種好處，我們就應該以另外一種好處來報答他人的恩惠，而不能無動於衷，更不能以德報怨。相關的，有句俗話，吃了人家的嘴軟，拿了人家的手短。於是，這一原理被店家掌握後，就有了「免費試用」等行銷手法。儘管，很多時候我們也知道「天下沒有白吃的午餐」，但是既然有午餐說是免費的，試試總是無妨吧。抱著這樣貪小便宜的心理，所謂理性的我們還是往圈套裡鑽。店家正是充分利用了互惠原理，再配以小小的花招來進行有效行銷的。

現在，我們再來這一原理在政界是否也依然適用。

好奇的美國人發現他們的總統在任期間透過提案數比例與總統的個人政治能力好像並沒有什麼關係，林登·強森總統的提案透過率就遠好於政績赫赫的比爾·柯林頓第一個任期內的表現，後來研究發現在投票前那些反對強森的議員最後卻投了贊同票，原因是強森在參眾兩院任職多年建立的廣泛的人脈關係，很多議員都欠強森的人情。也許我們會說，科學家會在事實方面更為客觀，但心理學家告訴你，這些科學家和平常人對互惠原理並沒有比其他人更強的抵抗力，有一種心臟病的藥物安全問題曾經引起很多爭議，經過調查發現，所有發表了文章支持這種藥的科學家都接受了該製藥公司的資助（免費旅行、研究經費或工作機會）。

看了這麼多的鮮活例子，作為個人，我們應如何防範這種溫柔的似乎無從避免的陷阱呢？

互惠原理這個根深蒂固的社會規則對個人來說就是一把雙刃劍，你可以利用它來達到你的目的，當然你也會成為別人的目的，如果這個目的是別人需要的也是你需要的，那麼互惠就成為一種良性的互動，但也有很多互惠後我們感覺自己成了別人的利用品，我們並不需要別人給予的恩惠和讓步，卻拗不過自己虧欠感。當我們不想成為它的犧牲品，我們就必須設法消減它的力量，有兩個可行的辦法。

其一，要學會拒絕他人的恩惠和妥協，那麼我們就沒有回報他人的義務了。不過其中的關鍵是要分清楚這是一個真誠的請求，還是一個有預謀的反覆剝削，如果把真誠合理的恩惠和妥協拒絕了，我們就不僅僅是不近情理，而且有可能關閉了和他人交往的大門。其二，如果他人最初的提議是我們想要的，不妨接受它，同時意識到我們將來有責任回報他，但如果我們意識到最初的好處只不過是一個機關，一個預謀，那麼我們就要提醒自己對方不是施恩人，而是一個牟利者，面對牟利者我們的虧欠感是不是會減輕呢？

請記住，互惠原理是一種行為應該用另一種類似的行為來回報，當別人想要利用我們的時候，我們不妨把他們的給予的小恩惠就當成是我們利用他們了，您說呢？

要記住的很重要的一點就是，那個想要憑藉互惠原理（或任何其他的影響武器）來使我們答應他要求的人並不是我們真正的對手。那個被他利用的原理才是我們真正的對手。

由於一概拒絕他人的恩惠或讓步是不可能的，因為你不知道誰是善意的誰是在利用規則。

所以另一個辦法似乎更可行一些。如果他人最初的提議是我們想要的，我們就接受它，但我們接受的只是這個提議本身，而不是他人想要這個提議

去扮演的角色。

也就是，當你意識到這個人開始要求回報的時候發現他開始的恩惠看起來像個詭計，那麼我們也不必回報他。因為互惠原理指出了恩惠必須用恩惠來報答，但沒有說詭計也必須用恩惠來報答。

知識窗

社會學家認為人類之所以成為人類，是因為從遠古人類開始就學會了在一個以名譽作擔保的義務償還中，分享他們食物和技能。互惠原理具有非常大的能量，因為這是社會中人的天性，我們中的很多所謂好面子、慷慨的人也僅僅是對這個原理更為敏感而已，他們更容易產生虧欠感，回報迅速並且豐厚。

情緒汙染與踢貓效應

對於環境汙染人們早已耳熟能詳，我們都在盡最大努力去避免所面臨的各種汙染，如空氣汙染、雜訊汙染、光源汙染，但生活中有一種汙染卻尚未引起人們的注意，這就是情緒汙染。

一位女醫生買圍巾，讓年輕女售貨員轉身拿了幾次貨，女售貨員不耐煩的說：「妳是來買圍巾還是來欣賞圍巾的？」女醫生的購物熱情一下子降到冰點，隨後帶著一肚子怒氣上班，擺著一臉的怒容為病人看病，一位病人拿起她剛開的處方對她說：「醫生，這種藥很難吃，是否能換一種？」女醫生怒氣未消，說道：「你是治病還是來品嘗藥味的？」病人啞然。這位病人是銀行職員，坐在收銀櫃檯上越想越氣，她對顧客的臉色、語氣、服務態度可能難以令人滿意。

明朝陸紹珩說，一個人生活在世上，要敢於「放開眼」，而不向人間「浪皺眉」。「放開眼」和「浪皺眉」就是對人生兩面的選擇。你選擇正面，你就能樂觀自信的舒展眉頭，面對一切。你選擇背面，你就只能是眉頭緊鎖，鬱鬱寡歡，最終成為人生的失敗者。

別總是對自己說：「我真倒楣，總被人家誤解、欺負。」那你當然沒有一刻的輕鬆愉快。

當人遇到不幸時，都會身不由己的向別人抱怨、訴苦，這無疑是一種發洩的手段，但是透過祥林嫂的經歷我們可以看出這種方法實在是不可取的。正確的做法是找到一種不會妨礙別人的發洩途徑，排遣掉心中的痛苦，然後再改變觀念，積極的去創造自己的生活，唯有這樣你才能走出自己設置

的陰影。

現代社會資訊交流快捷，人際社交頻繁，環境氣氛對人的影響力強，情緒會相互感染，尤其是家庭成員之間情緒很容易互相傳播。

當然，情緒有好有壞，感染的效果會有正有負。良好的情緒會構成一種健康、輕鬆、愉悅的氣氛，壞情緒會造成緊張、煩惱甚至敵意的氣氛。

心理學研究中有一個叫「踢貓效應」，指的是一個人的惡劣情緒反應很容易波及他人的情緒反應，佛洛伊德對此現象給了一個專業命名 —— 移情。

比如：一位總經理因為闖紅燈而遭到員警罰款和扣駕照的處罰，心裡很是不快，一到辦公室，銷售經理告訴他昨天那筆眼看到手的生意談失敗了。總經理大怒，說銷售經理是白拿這麼長時間的高薪。銷售經理被突如其來的怒火和指責弄得滿心不快，快快的回到辦公室。這時，祕書來告訴他下午的會議安排，銷售經理打斷她，問昨天交代要打好的五封信有沒有完成。祕書說：「還沒有，可是……」「沒什麼可是，你雖然在這裡工作了三年，但並不意味著你沒有被解雇的可能」。祕書回到工作間，心想，幾年來我沒日沒夜的加班工作，現在倒成了奴隸了，這次我不就是沒辦法同時做兩件事而耽擱了一下，就拿解雇相威脅，越想越惱。祕書回到家，看到兒子躺在沙發上看電視，滿臉髒兮兮的，褲子還弄了個洞，不由怒火中燒，怒吼道：「多少次叫你放學後別到處搗蛋，你就不聽，你以為我賺錢很容易嗎？」兒子轉身回到自己的房間，心想，怎麼搞的，媽媽也不聽我解釋一下。這時，一隻貓跑過來了，兒子不由得性起，一腳揣過去怒喝：「滾開，你這死貓！」貓從陽臺上滾下去，正好砸在總經理的頭上……

人類的情緒情感須要順暢的遷移，有時候靠自己遷移就演出了如上故事 —— 外人看來有趣，當事人卻在果報中困苦。

從這踢貓效應不難看出，這是一種惡性因果輪迴，上述小孩子的惡果，源於小孩子父親的因，如果用佛教的因果輪迴來論證，是很容易明白個

中道理。

　　人的不滿情緒和糟糕的心情，一般會隨著社會關係鏈依次傳遞，由地位高的傳向地位低的，由強者傳向弱者，無處發洩的最弱小的便成了最終的犧牲品。其實，這是一種心理疾病的傳染。這就涉及到一個「風度」問題。

　　這讓我想起另外一個故事，相傳有位高僧在外出雲遊前，把自己酷愛的種了滿院子的蘭花交與弟子，並囑咐悉心照料。誰知一天晚上弟子忘了將蘭花搬回室內，恰巧風雨大作，原本開得正豔的蘭花被打得七零八落。弟子忐忑不安等待著師傅的責罵。僧人雲遊回來，得知緣由，只是淡淡說了一句：「我不是為了生氣才種蘭花的。」弟子從中得到啟發，幡然悟道。

　　我們該從這句「我不是為了生氣才種蘭花的」獲得教益，這需要很深的內涵，豁達的姿態。的確，在競爭白熱化的今天，時時保持豁達的姿態，很具挑戰性。然而，在壓力下還能保持風度，就意味著對自己心理弱點的克服，意味著人格魅力的提升。拿破崙的例子恰恰證明了這一點。

　　拿破崙在一次與敵軍作戰時，遭遇頑強的抵抗，隊伍損失慘重，形勢非常危險。拿破崙也因一時不慎掉入泥淖中，被弄得滿身泥巴，狼狽不堪。

　　可此時的拿破崙渾然不顧，內心只有一個信念，那就是無論如何也要打贏這場戰鬥。只聽他大吼一聲「衝啊！」他手下的士兵見到他那副滑稽模樣，忍不住都哈哈大笑起來，但同時也被拿破崙的樂觀自信所鼓舞。一時間，戰士們群情激昂、奮勇當先，終於取得了戰鬥的最後勝利。

　　憤怒的情緒對人的身心健康是不利的。人在憤怒時，由於交感神經興奮，心跳加快，血壓上升，呼吸急促，經常發怒的人易患高血壓、冠心病等疾病，憤怒還會使人缺乏食欲，消化不良，導致消化系統疾病，而對一些已有疾病的患者，憤怒會使疾病加重，甚至導致死亡，這一點古人早有認識，如中醫認為「怒傷肝」、「氣大傷神」等。同樣，憤怒時因為情緒處於激動之中，還可能引發其他不理智的情緒，比如：自以為是、自尊受損、好下結論

等，這些都可能使事態向更嚴重的方向發展，甚至會對別人造成傷害。可見，憤怒於己於人都不是什麼好事，所以我們就要想辦法控制自己的情緒，讓自己少發脾氣。

一天，林肯正在辦公室整理檔案，陸軍部長斯坦頓氣呼呼的走了進來，一屁股坐到椅子上，一句話也不說。

從以往的經驗來看，林肯知道他肯定是又被人指責了。

「怎麼了？發生了什麼事？說說看，說不定我能給你出出主意。」林肯笑著對斯坦頓說。

斯坦頓像是找到了發洩的對象，對林肯一陣咆哮：「你知道嗎？今天有位少將竟然用那種口氣和我說話，那簡直是侮辱，他所說的事根本就不存在啊。」

本以為林肯會安慰他幾句，痛罵那名少將幾句，但林肯並沒有這樣做，而是建議斯坦頓寫一封信回敬那位少將的無禮。

「你可以在信中狠狠的罵他一頓，讓他也嘗嘗被指責的滋味。」

「還是你想得周到，我非得大罵他一頓不可，他有什麼權利指責我呢？」斯坦頓立刻寫了一封措辭激烈的信，然後拿給林肯看。

林肯看完以後，對斯坦頓說：「你寫得太好了，要的就是這種效果，好好教訓他一頓。」林肯把看完的信順手扔進了爐子裡。

斯坦頓看到自己寫的信進了爐子，忙責問林肯：「是你讓我寫這封信的，那你為什麼把它扔進了爐子裡呢？」

林肯回答說：「難道你不覺得寫這封信的時候你已經消了氣嗎？如果還沒有完全消氣，就接著寫第二封吧。」

憤怒是一種極具毀滅力量的情緒，它不僅能夠摧毀你的健康，而且可以擾亂你的思考，給你的工作和事業帶來不良的影響，林肯的處事方法又告訴我們，反擊回去或發洩給別人也不是什麼上策，所以，我們只能自己想辦法

消除心中的不滿，或是把它轉化成一種力量。

那麼，我們應該怎麼做來克制自己的憤怒情緒呢？我們還是先來看一個故事：

從前，有一個脾氣很壞的男孩，他經常和夥伴們吵架。有一天，他的父親給了他一袋釘子，並且告訴他，每次發脾氣或者跟人吵架的時候，就在院子的籬笆上釘一根釘子。一週以後，男孩在籬笆上共釘了三十六根釘子。後面的幾天他學會了控制自己的脾氣，盡量避免發脾氣和別人吵架，每天釘的釘子也逐漸減少了。他發現，控制自己的脾氣，實際上比釘釘子容易得多。終於有一天，他一根釘子都沒有釘，他高興的把這件事告訴了父親。

父親业沒有表揚他，而是說：「從今以後，如果你一天都沒有發脾氣，就可以拔掉一根釘子。」男孩按照父親的話去做了，終於有一天，釘子全部被拔光了，他趕去告訴父親。

爸爸帶他來到籬笆邊上，對他說：「兒子，做得不錯！但是，籬笆上的這些釘子洞，永遠也不可能消失的。就像你和一個人吵架，說了些難聽的話，就在他心裡留下一個傷口，像這個釘子洞一樣。」插一把刀子在一個人的身體裡，再拔出來，傷口就難以癒合了。無論你怎麼道歉，傷口總是在那裡。

透過上面的故事我們可以看出，要克制憤怒不是沒有辦法的。具體而言，我們可以採取以下辦法來控制自己的憤怒：

- · 透過意志力控制憤怒，使憤怒情緒少發生，或有憤怒不發作。
- · 努力控制自己的情緒，當憤怒時多想想盛怒之下失去理智可能引起的不良後果。
- · 不斷提醒自己「不要發怒」，這樣可以達到控制憤怒的作用。
- · 將心中的憤懣、不平向人傾訴，從親朋好友處得到規勸和安慰，可以緩解怒氣。
- · 向使自己憤怒的人說明自己的不滿，說出自己的意見，使矛盾得以調

　　和，不滿得以解除。

　・盡量避免接觸使自己發怒的環境，減少憤怒情緒，或者在即將發怒時透過轉移注意力而減輕憤怒。

　・盡快離開當時的環境，避免進一步的刺激，使憤怒情緒消退。

　　戰勝憤怒，比戰勝勁敵更難。身體上的傷口和心靈上的傷口一樣都難以恢復，控制你自己，笑對你的朋友，他們是你最大的財富。

　　哲學家笛卡爾說過，不求改變命運，只求改變自己。改變你所能改變的，接受你所不能接受的，這是很重要的、很有用的人生智慧。

　　經濟危機的延伸產生了諸多社會問題，關鍵是要把握和分析問題成因和制定解決辦法。透過合理的方式舒緩壓力，採納科學的解決方案來克服困難。如果自我意願失控，那後續的問題或許不堪收拾！

知識窗

情緒汙染是指在壞的情緒影響下，造成心情不暢的氛圍。現代醫學告訴我們，大多數人的疾病往往會從不良的情緒、失衡的心理中產生。為此，人們應該像重視環境汙染一樣，重視情緒汙染。

好的說服力從哪裡來

　　錯誤的說服效果往往讓事情的處理結果大打折扣。生活中有非常多這樣的例子。例如：健康中心或醫院在候診區公告爽約的病人人數，令人沮喪的是，這樣一來病人的爽約率反而越來越高；政客們責備冷漠的選民，以為這樣能讓人們多去投票，結果人們更少參與投票了。

　　一位男青年轉述了這樣一件事，他和未婚妻去該公園遊玩。他未婚妻是個非常老實的人，借用迴紋針都要還。當她看見公園裡要求人們不要偷拿矽化木片的告示後，這位一向循規蹈矩的女孩居然說：「我們也拿一塊吧。」

　　為證實負面案例對說服力的影響，一位研究員連同其他科學家製作了兩種內容的告示：一種是負面性的告示，同時也傳達了偷竊行為的普遍性，上面寫到：「很多遊客偷拿了矽化木，破壞了公園內的自然景觀。」文字旁還配有幾位遊客彎腰撿起木片的圖片。第二張告示則只是單純告訴人們偷拿木片是不對的，它寫到：「為保護本公園的自然環境，請不要帶走園內的矽化木。」文字旁是一位遊客偷拿木片的圖案，遊客手上畫了個大大的紅色圓圈外加斜線（表示禁止的圖案）。

　　未驚動遊客的情況下，他們把做好記號的矽化木放在園內的各個通道上。同時在某些路口張貼我們製作的告示，來看看效果。

　　實驗結果出乎公園管理方的意料：未張貼告示的地方木片失竊率為百分之二點九十二。貼有負面告示的地方失竊率高攀至百分之七點九十二，簡直是在鼓勵偷竊；而張貼另一類告示的地方失竊率僅為百分之一點六十七。

　　實驗結果說明，當說服過程影射不當行為的普遍性時，效果可能就會和

您的初衷相違背了。因此這類情況下，最好避免運用反面案例，您可以直截了當的告訴人們該做什麼不該做什麼。

那麼，如何更好的說服別人呢？借鑒專家的經驗，我們共歸結了以下十二項說服規則。

第一項規則：避免爭論。

班傑明‧富蘭克林常說：「如果你爭強好勝，喜歡爭執，以反駁他人為樂趣，或許能贏得一時的勝利，但這種勝利毫無意義和價值，因為你永遠得不到對方的好感。」

對任何人來說，無論他的智力高低，都絕不能爭辯來改變他的想法。

佛祖釋迦牟尼說：「恨不止恨，唯愛能止。」誤會永遠不能靠爭辯來消除，只有靠技巧、調解、寬容以及用同情的眼光來看待對方的觀點。

有一次，林肯責罰一位與同事發生了激烈爭執的青年軍官。「凡是決心想要成功的人，」林肯說，「絕不能在私人成見上浪費時間，而爭辯的結果也是他無法承受的，包括脾氣變壞，喪失自制，如果你們各自都有正確的一面，你不妨多讓步些；即便是你完全正確，也不妨向對方做些讓步，哪怕少讓一點。與其同狗爭道而被狗咬，還不如讓狗先走。因為，即便將狗殺死，也治不好你被狗咬的傷口。」

第二項規則：尊重別人的意見，千萬不要指責別人的錯誤。

無論你用什麼方式，例如用眼神、聲調或手勢，指責別人說他錯了，就像用話一樣來明顯的說他錯了，你以為他會同意你嗎？絕對不會！因為你直接打擊了他的智慧，他的判斷力，他的自豪和自尊。這只會使他站起來反擊，但永遠不會使他改變他的看法。即使你搬用所有柏拉圖或康德式的邏輯與他辯論，也改變不了他的看法，因為你傷了他的感情。

「教導他人時，不能使其發現是在受教導；指出人所不知的事，使其覺得那只是提醒他一時忘記了的事。」三百多年前，義大利著名天文學家伽利略

說：「你不可能教會一個人所有的事情，你只能幫助他自己學會處理這種事情。」這正如英國十九世紀的著名政治家查斯特菲爾德對他兒子所說的：「如果可能，應該比別人聰明；但絕對不能對人說你比他聰明。」

蘇格拉底在雅典一再告誡他的門徒說：「我只知道一件事，那就是我什麼也不知道。」

如果一個人說了一句你認為錯的話 —— 是的，即使你肯定那是錯的 —— 但你這樣說也許更好：「噢，是這樣的！不過我還有另一種想法，但我也許不對。我總是會出錯的，如果我錯了，還請你指正。且讓我們看看問題在哪裡。」

如果你承認或許是你錯了，那麼你永遠不會惹來麻煩。這樣做你不僅可以避免所有的爭論，而且還能使對方和你一樣寬容大度，承認他也難免會犯錯。

如果你習慣於指出別人的錯誤的話，就請你在每天早晨以前，坐下來讀一讀下面這段文字。它摘自詹姆斯・哈威・魯賓遜教授那本極具啟迪意義的《決策的過程》一書。

「有時候我們會在熱情或衝動之下改變自己的思想，但是如果有人指出了我們的錯誤的話，我們反而會固執己見，並遷怒於對方。我們會在無意識中改變自己的某種觀念。這種行為完全是潛移默化，不被我們注意的。但如果有人要來指正我們這種觀念，我們反而會極力維護它，使其不受侵犯。很明顯，這並不是由於那些觀念本身非常寶貴，而是我們的自尊心受到了傷害……在為人處世時，『我的』這簡單的兩個字，是最重要的詞。妥善適當的用好這個詞，才是智慧之源。無論是『我的』飯，『我的』狗，『我的』屋子，『我的』父親，『我的』國家，還是『我的』上帝，這些都有著同樣的力量。我們不但不喜歡別人說我的手錶不準，或我的汽車太破舊，也不喜歡別人糾正我們對於火星上水道的模糊的概念……或對於亞述王利亞大帝生卒年月的錯

誤……我們總是願意相信以往所習慣的東西，當我們所相信的任何事物受到懷疑時，我們就會產生反感，並尋找各種理由來為辯護。結果呢，我們所謂的理智、所謂的推理等等，就變成了維繫我們所慣於相信的事物的藉口。」

當我們犯錯的時候，我們或許會自己承認。如果對方待我們非常和善友好，我們也會向別人承認，甚至會對我們這種直率坦承而感到自豪，但如果有人硬是要將難以下嚥的東西塞進我們的喉嚨，那可辦不到……

第三項規則：如果你錯了，迅速坦誠的承認錯誤。

假如我們知道自己免不了要受責備的話，為什麼不搶先一步，積極主動的認錯呢？難道自己責備自己，不比別人的斥責要好受得多？要是你知道別人正想指責你的錯誤時，你就應該在他有機會說出來之前，以攻為守，自己把他要說的說出來。很有可能，他就會採取寬厚諒解的態度，而寬恕你的錯誤。

一個有勇氣承認自己錯誤的人，也可以得到某種滿足感。這不僅只是消除罪惡感和自我辯護的氣氛，而且有利於解決實質性的問題。

任何傻瓜也會為他的錯誤做辯護 —— 而且大多數愚蠢的人也正是這樣做的。而敢於承認自己錯誤的人，都會獲得別人的諒解，給人以謙虛而高尚的形象。

「用爭鬥的方法，你永遠不會得到滿足；但用讓步的方法，你的收穫將比你所期望的更多。」

第四項規則：用友善的方法開始贏得別人的心。

「如果你握緊兩個拳頭來找我，」威爾遜總統說，「對不起，我敢保證我的拳頭會握得和你一樣緊。但如果你到我這裡來說，『讓我們坐下來商量，看看為什麼我們彼此意見不同。』那麼不久我們就會發現，我們的分歧其實並不大，我們的看法同多異少。因此，只有我們有耐心相互溝通，我們就能相互理解。」

林肯說：「一句古老的格言說：『一滴蜂蜜比一加侖膽汁，能捕到更多的蒼蠅。』對人也是這樣。如果你要讓別人同意你的觀點，你就要先使他相信你是他真正的朋友。這就猶如一滴蜂蜜，用一滴蜂蜜贏得了他的心，那麼，你就能使他走在理智的大道上。」

第五項規則：使對方立刻說「是，是」。

在與人交談時，千萬不要一開始就討論你們意見有分歧的事。剛開始應先強調 —— 並且堅持不懈的強調 —— 你們都同意的事。繼而強調 —— 如果可能的話 —— 你們雙方都在追求同一目標，你們之間的唯一差別只是在方法上，而不是在目標上。應該讓對方在剛開始的時候就說：「是，是」。要盡可能的便他避免說「不」。

「一個『不』的反應，」阿弗斯特教授在他寫的《影響人類的行為》一書中說，「是最難克服的障礙。一旦一個人說出『不』以後，他所有的自尊心，都會促使他固執己見。以後他也許會覺得『不』是不甚恰當的，然而當時他必須考慮他寶貴的自尊！一旦一句話說出口，他就必須堅持到底。所以，一開始就使人採取肯定的態度極為重要。」

「善於講話的人，常常會在談話一開始時，就使對方說『是』，從而將對方的心理導向肯定的方向。這就好比打棒球：向前方把球擊出並不難，但若要使球沿著某方向反彈回來的話，就不那麼容易了。」

「如果一開始的時候就使一名學生或顧客、孩子、丈夫或妻子說『不』，那恐怕要有神仙般的智慧和耐心，才能使那種絕對否定的態度變為肯定的態度。」

批評是危險的，因為他常常傷害一個人寶貴的自尊，傷害他的自重感，並激起他的強烈反抗。由批評所引起的嫉恨，只會降低員工、家人以及朋友的士氣和情感，同時你所批評的事情也不會得到任何改善。

第六項規則：使對方多說話。

法國哲學家羅西法考說：「如果你想結下仇人，那你就要比你的朋友表現得更加出色；但如果你想要得到朋友，那就要讓你的朋友表現得比你出色。」

第七項規則：使對方覺得那是他自己的主意。

沒有人喜歡覺得自己是在被迫去買什麼東西或被人命令去做某件事。我們寧願覺得我們是自願購買的，或遵循自己的意念在做事。我們喜歡別人關心我們的願望、需要及想法。

第八項規則：真誠的從對方的觀點來看待事情。

在你與別人交談時，不要把對方自己都不在意的錯誤牢記在心，也不要指責別人，傻子才會那樣做；而要盡量了解別人，那才是明知大度，超凡脫俗的人。對方之所以會那樣思考，會那樣行動，自然有他的理由。如果你能找出那個隱藏著的原因，你就找到了理解他們的行為和人格的鑰匙。

「暫停一分鐘，」肯尼斯·古德在他的作品《如何使人變得高貴》一書中說，「暫停一分鐘，將你對自己事情的濃厚興趣，和你對別的事的漠不關心做一做比較。然後你就會明白，世界上任何其他的人也是同樣的態度。以後，你就能像林肯、羅斯福一樣，把握住任何工作的基礎和機會。換句話說，為人處世成功與否，全在於你能否以同情之心，接受別人的觀點。」

「在與人會談以前，我情願在那人辦公室外的走道上多走兩個小時，」哈佛大學商學院院長唐哈姆說，「而不願貿然走進他的辦公室，如果我對於我所要說的，以及他 —— 根據我對他的興趣及動機的認識來推斷 —— 可能會做出什麼答覆都沒有很清晰的認識的話。」

第九項規則：同情別人的想法和願望。

你不希望擁有一個神奇的語句，它既可以阻止爭執，去除厭惡感，帶來和諧融洽，又可以使對方注意傾聽你嗎？

希望？太好了。這就是那個神奇的句子：「我一點都不奇怪你有那種感受。如果我是你，我無疑也會和你的感受一樣。」

你明天將要遇見的人中，有四分之三都渴望得到同情。如果你能給他們同情，他們就會喜歡你。

亞瑟・蓋茲博士在他的名著《教育心理學》中說：「所有的人都普遍的渴求同情。例如小孩急於展示他所受的傷害，甚至於故意割傷或弄傷自己，以期獲得大量的同情。出於同樣的原因，成人也會向別人展示他們的傷痕，敘述他們的意外、疼痛，特別是動手術開刀的詳情，為真實的或想像中的不幸而『自憐』，這幾乎是普遍的心理現象。」

第十項規則：透過一件好事激發人們高尚的動機。

事實上，你所遇見的每一個人 —— 甚至你在鏡子裡所見的那個人 —— 都會過高估計自己，認為自己是善良而不自私的人。摩根在他的一篇短文中分析說：「一個人做任何事，通常有兩種理由，一種是動聽的，另一種是真實的。」每個人都會想到那個真實的理由，因此你不比過度強調它。而我們每個人心中又大都是理想主義者，總喜歡聽到那個說來動聽的動機。所以，要改變人們，就需要激起他們「高尚的動機」。

第十一項規則：戲劇化的表現你的想法。

這是一個富有戲劇色彩的時代，僅僅是敘述真理還遠遠不夠，必須使之更生動、更有趣、更戲劇化。你必須使用吸引人的方法。電影是如此，廣播是如此，所以如果你想要引起別人的注意，你必須如此去做。

如果你要使人們 —— 有精神的人、有勇氣的人 —— 同意你的觀點。

第十二項規則是：向對方提出一項有意義的挑戰。

超越對手的欲望！挑戰！這才是激勵人的精神的絕對可靠的方法。

「每個人都有害怕的時候，但是勇敢者會將畏懼放置一邊，繼續勇往直

前，結果或許會走向死亡，但更多的則是邁向勝利。」這是古希臘一位先哲的名言。

　　這正是每個成功者所喜愛的：競爭和表現自我的機會，證明他自己的價值，超越對手，獲取勝利的機會 —— 渴望超越別人，渴望有一種重要的感覺。

知識窗

吉拉德‧利奧德在他的作品《深入他人之心》中評論說：「當你認為別人的觀念，感覺與你自己的觀念和感覺同等重要，並向對方表示這一點時，你和別人的交談才會輕鬆愉快。在談話開始的時候，要盡量使對方提出這次談話的目的或方向。如果你是個聽者，你就要克制自己不要隨意說話。如果對方是聽，你接受他的觀點，將會使他大受鼓舞，能夠與你開懷暢談並接受你的觀念。」

花一百美元排隊去聞夢露的鞋子

　　一杯冷水和一杯熱水同時放入冰箱的冷凍室，哪一杯水先結冰？「當然是冷水先結冰了。」相信很多人都會毫不猶豫的做出這樣的回答。可是，很遺憾，這個答案是錯的。發現這一錯誤的是非洲坦尚尼亞的馬乾巴中學的國三學生彭巴。

　　一九六三年的一天，彭巴發現自己放在冰箱冷凍室裡的熱牛奶比其他同學的冷牛奶先結冰。這令他大為不解，於是，他立刻跑到老師那裡去向老師請教。老師卻很輕易的說：「肯定是你搞錯了，彭巴。」彭巴不服氣，又做了一次實驗，結果還是熱牛奶比冷牛奶先結冰。

　　某天，坦尚尼亞最高學府的沙蘭港大學物理系主任奧斯玻恩博士到彭巴所在的學校訪問。彭巴就鼓起勇氣向博士提出了他的問題。奧斯玻恩博士的回答說：「我不能馬上回答你的問題，不過我保證等我一回到沙蘭港就親自做這個實驗。」結果，博士的實驗和彭巴說的一樣。於是，人們就把這種現象稱為「彭巴現象」。四十多年來，「彭巴現象」就一直被人們當作真理認可到今天。

　　一九二〇年，心理學家桑代克提出光環效應，又稱月暈效應，是指人們對事物的某種品性或特製有強烈的自我知覺，印象比較深刻、突出，這種感覺就像月暈形式的光環一樣，向周圍彌漫、擴散，影響了人們對周圍事物的其他特質或特點的認識和判斷。

　　美國心理學家 H·凱利和 S·E·阿施等人在印象形成實驗中證實了這種效應的存在。阿施選用了五十七對形容詞，第一對都是由正反、褒貶意義

花一百美元排隊去聞夢露的鞋子

的片語成，如：「清潔—骯髒」等，他發現一個人最突出的核心特質產生一種類似暈輪的作用。如：「熱情—冷酷」分別反映了兩個人的主要特質，當要求被試回答；這兩個人中那個「慷慨」、「風趣」、「有幽默感」、「勤奮」、「有禮貌」時，百分之九十以上的被試回答熱情的人是慷慨、風趣、懂禮貌的，並且有幽默感；大多數被試認為冷酷的人是粗魯的。

可見，「光環效應」是一種認知偏差，是一種以偏概全的評價傾向。光環效應是在人們並沒有意識到的情況下發生作用的。我們完全可以把「光環效應」通俗化為「情人眼中出西施」，也就是說，由於光環效應的作用，一個人的優點或缺點一旦變為光圈被誇大，其缺點或優點也就退隱到光圈背後視而不見了，嚴重者甚至可以達到「愛屋及烏」的程度，只要認為某個人不錯，就會把一切好的特質都賦予他，簡直就是一好百好，他的東西、他的朋友、他的家人，也肯定都錯不了。

美國心理學家凱利曾做過一個心理實驗：讓一位演講者在某大學兩個班級分別做內容相同的演講。演講前，凱利對甲班學生說演講者熱情可親，對乙班學生說演講者不可接近。演講結束後，甲班學生與演講者親密攀談，而乙班學生則對演講者冷淡迴避。同一個人做同樣的演講，為什麼會有如此不同的效果？原因就在於學生受凱利的引導後戴上了有色眼鏡，使得演講者被罩上了不同色彩的光環。

據說，航海家麥哲倫就曾利用光環效應獲得了西班牙國王卡洛爾羅斯的幫助。哥倫布航海成功後，許多投機者或騙子也紛紛出入王宮以求得資助，致使國王對航海家的印象大打折扣。麥哲倫為表明自己的與眾不同，特地邀請了著名的地理學家路易·帕雷伊洛一同去覲見國王。帕雷伊洛還真給麥哲倫幫忙，他用地球儀作道具，向國王陳述了麥哲倫航海的必要性及種種好處。卡洛爾羅斯國王最終被帕雷伊洛說服了，並給麥哲倫頒發了航海許可證。但當麥哲倫航海歸來後，人們發現當時用來說服國王的資料存在許多偏

差。可見，帕雷伊洛勸說國王的內容並不重要，重要的是帕雷伊洛是一個地理學家，他對國王所說的是「專家的建議」，所以國王認定帕雷伊洛的勸說值得信賴。

另外，人們還會經常發出這樣的疑問：為什麼拍廣告片的總是那些有名的歌星、影星，而不是那些名不見經傳的小人物呢？為什麼明星推出的商品更容易得到大家的認同呢？

這就是光環效應的作用。那麼，光環效應到底是怎樣發生作用的呢？

是人的感情傾向牽引出來的「光環效應」。人的感情傾向是很主觀的，也是很武斷的，它會毫不猶豫的牽引著你去著重認識事物的某個符合自己感情狀態的側面，並加以印證、放大。同樣，對於那些與自己既定感情不相符合的方面，則會採取迴避、虛化。這樣就出現了「一葉障目，不見泰山」的現象，以至於使我們在與別人交往時，不敢實事求是評價一個人，而往往是根據我們對別人已有的了解和第一印象去對別人的其他方面進行推測。

可見，在真正了解一個人之前，切不可太輕信事前得到的資訊，更不可憑一時的感覺下結論。

美好的事情總是讓人無法忘懷，時時刻刻都會想到它。即使它已不存在，人們也會回想起它的美麗。就像曇花雖然凋謝了，可是他的美麗卻能夠長時間的留在人們的腦海中；雞冠花雖然生命長久，可是因為它太普通，人們就很少注意它。

在行銷學著名《影響力》一書中，學者羅伯特·希奧迪尼發表了這樣的見解：人們通常會下意識的把一些正面的特質加到外表漂亮的人頭上。希奧迪尼的觀點展現在經濟學領域就是：知名品牌很自然的要被人們賦予光環，並因此吸引更多的資源——人才、資金、市占率等等。

但是，製造品牌效應也是一個循序漸進的過程，並要力爭使品牌與公司形象相輔相成，相互推動，效應疊加，共同提升。這一點寶鹼公司就做得

非常好。

有著一百多年歷史的、在業界被尊稱為「品牌教父」的寶鹼公司，在推出新品牌時，非常善於利用光環效應。他們在初始階段十分突出公司形象，以此帶動品牌形象的提升，以後再逐漸過渡到以傳播品牌形象為主。而這個品牌的成功推出，又進一步強化了公司形象。

寶鹼公司的成功告訴我們，成功的品牌策略能達到三種效果：突出品牌價值；強化品牌形象；樹立權威性和影響力。

光環效應不愧為一種增加可信度和說服力的有效方法，會大大提高個人和企業為人處事的成功率。

在肯定光環效應的同時，也要看清這一效應的負面影響，即光環負效應。

俄國著名詩人普希金就曾吃過光環效應的苦頭。娜坦麗，被公認為「莫斯科第一美人」，她的美麗讓普希金瘋狂的愛上了她。在普希金看來，一個漂亮的女人也必然有非凡的智慧和高貴的品格，然而事實並非如此。他們結婚後，普希金發現娜坦麗雖然容貌美麗，但是卻與自己志不同道不合。每次當普希金把自己的詩讀給她聽時，她總是不耐煩的捂著耳朵說：「不聽！不聽！」相反，她卻總是要普希金陪她遊玩，參加晚會、舞會。普希金為了娜坦麗拋棄了詩歌創作，還弄得債務高築，甚至還為了她和別人決鬥而犧牲了生命。

有這樣一則笑話。有一天，一個老師上課，發現兩個學生在睡覺，他們都把書鋪在自己的面前，結果老師把其中的一個功課較差的學生叫起來批評說：「你看看人家（指著另一個睡覺的學生，平時成績很優秀），人家睡覺還看書呢，你呢？一看書就睡覺。」

其實，很多教師都會不同程度對學生認識上有這種光環效應的偏差。一個學生的學業成績好，就會被認為是一個智力很高、聰明、熱情、靈活、有

創造性的學生；而如果學生在某一方面表現不好，如成績不好或頑皮搗蛋，那麼往往就會被教師認為什麼都不行，一無是處。這種事情並不少見。比如說，老師往往讓學業成績好的孩子來擔當體育或者文藝等等，實際上，學業成績好的孩子並不一定文藝和體育方面也優秀。

據說瑪麗蓮·夢露死後，有一位收藏家買到了夢露的一隻鞋子，收藏家把這隻鞋子拿到市場上去展示，如果有參觀者想聞一下，需出一百美元的高價，令人匪夷所思的是願意這樣做的人竟然絡繹不絕，排起一條長龍。

一雙鞋子為什麼有那麼大的魅力呢？這是因為夢露頭頂上耀眼的「光環」所產生的「光環效應」。

生活中這些活生生的事例告訴我們，在現實生活中確實應該警惕光環效應，千萬不能讓「一白遮百醜」蒙蔽了我們的雙眼和理智。

光環效應是一種以偏概全的主觀心裡臆測，這就勢必會存在其固有的錯誤：

- 只抓事物的個別特徵，以點帶面，以個別推及一般，實際上是犯了盲人摸象的錯誤。
- 硬把不相關的東西聯繫到一起，並得出不合邏輯的結論。
- 存在受主觀偏見支配的絕對化傾向，說好就全部肯定，說壞就全部否定。
- 既然有錯誤存在，就一定會產生相對的負面影響。

比如說，光環效應會給人的心理帶來很大的人之障礙，在對別人的認知和評價方面，往往在不了解的情況下，就片面的給某人如何如何的評價。這是不公平的，於人於己都不是什麼好事。尤其是企業的管理者在選人用人時，一定要盡量的避免和克服月暈效應的副作用。一個明智的管理者，對人對事都應保持平常心，給自己和他人留一個適應定位，從而切實防止思維盲點的出現。其次，對事前得到的各種資訊，管理者須作理性分析，不可

道聽塗說，輕易下結論，需要在過程中慢慢了解，以避免光環效應帶來的認知偏差。

另外，光環越是耀眼就越可能處在目光的焦點和輿論的中心。一旦出一點差錯，引起的關注與沒有名氣的人或事相比，其負面影響也是不可同日而語的。這也驗證了「樹大招風」這句老話。

教育過程中的「光環負效應」也是不容忽視的。因為它不僅僅是教師心理上的一種偏見，而且會阻礙教育過程的良好發展。比如：對學生做出的錯誤判斷，其結果輕則造成師生心裡融洽的障礙，重則會對學生造成不必要的傷害，影響學生心理的健康發展。

所以我們在執著的追求光環效應正面影響的同時，千萬不能忽略了它的負面作用，因為，籠罩在光環之下的人或事物，一旦有問題，引起的後果就有可能毀滅性的。

知識窗

光環效應是一種十分普遍的認知偏見，表現為在個體的社會知覺過程中，不加分析的用對對方的最初印象來判斷、推論它的其他特質。如一個人最初印象被認為是好的，那麼他就被一種積極的有利的光環所籠罩，人們易將其他好的特質也賦予他。相反，一個人最初被認為是不好的，他就會被一種消極的不利的光環所籠罩，人們易將其他不好的特質加給他。

解讀算命先生的天書

　　親愛的讀者，儘管我們素未謀面，但我卻非常的了解你，真的，請相信我所說的。怎麼，不信？那好吧，請聽我慢慢道來。

　　「你很需要別人喜歡並尊重你。你有自我批判的傾向。你有許多可以成為你優勢的能力沒有發揮出來，同時你也有一些缺點，不過你一般可以克服它們。你與異性交往有些困難，儘管外表上顯得很從容，其實你內心焦急不安。你有時懷疑自己所做的決定或所做的事是否正確。你喜歡生活有些變化，厭惡被人限制。你以自己能獨立思考而自豪，別人的建議如果沒有充分的證據你不會接受。你認為在別人面前過於坦率的表露自己是不明智的。你有時外向、親切、好交際，而有時則內向、謹慎、沉默。你的有些抱負往往很不實際。」

　　怎麼樣，是不是很準啊？！

　　不用目瞪口呆，更不要拍案叫奇，這不是什麼偶然巧合，也並非什麼鬼使神差。這就是一個簡單的心理學效應 —— 巴納姆效應，即人很容易相信一個籠統的、一般性的人格描述特別適合他。即使這種描述十分空洞，他仍然認為反映了自己的人格面貌。該效應的名稱來源於一個名叫肖曼・巴納姆的著名雜技師。他在評價自己的表演時說，他之所以很受歡迎是因為節目中包含了每個人都喜歡的成分，所以他使得「每一分鐘都有人上當受騙」。

　　以下就讓我與你一同解讀那些算命大師們的天書。

　　現在，請你回想一下，你上次算命、占卦，大師們對你所說的話吧 ——「你很善良，但有時不被人理解，你最近事業不太順利，消化系統有點問題，

因為有小人作怪，近日要多提防交通事故。行事多小心謹慎，定可免禍消災，活到古稀。」毫無疑問，你就是一個善良的人，誰會認為自己惡貫滿盈、陰狠毒辣。張三聽了很認可，李四聽後也覺得很同意。幾乎每個人都有冤家對頭，活在世上不可能時時刻刻都一帆風順，總會與人有過摩擦，難免有過幾次碰撞摩擦，於是就有了「小人作怪，」來算命、求卦的人大多都是心有不順，希望得到神明保佑，大師點化，所以「事業不太順利」自然也就對上號了。焦慮往往導致緊張，身體不適，心理問題導致的生理反應，最明顯的就是消化系統的不正常，更何況，十人九胃，說的是，十個人中有九個人多少都有些腸胃不適，瞧，消化系統有點問題不也對上了。上班上學的人天天都要過馬路，哪天不是都要小心躲避車輛，更何況現在車多人多，交通事故的發生率是居高不下，提防交通事故本就應該是每天都必須要做做到的，不過是不疼不癢的萬能建議。俗語說得好，退一步海闊天空，小心使得萬年船。任何人，只要做事情更加小心謹慎，都會避免更多不必要的麻煩，這「行事多小心謹慎，定可免禍消災」也就很有道理。再看看看最後一句，就更是廢話，人均壽命都達到七十以上了，你能活到古稀那就很正常啊。退一步說，就算你確實沒活到古稀，你都死了又如何找他對質去？

　　再看看，那些卦書，也大多用了巴納姆效用。比如：他們對不同的人的卦詞分別為「春逢助力，夏展宏圖，秋增權位，冬日收成」和「春有財祿，夏更豐收，秋令平平，冬可事成。」多麼相似的論調，看了這樣的卦詞，誰不樂意給算卦人一點小費呢！

　　朋友一次問我世界上什麼事最難。我說賺錢最難，他搖頭。哥德巴赫猜想？他又搖頭。我說我放棄，你告訴我吧。他神祕兮兮的說是認識你自己。的確，那些富於思想的哲學家們也都這麼說。

　　我是誰，我從哪裡來，又要到哪裡去，這些問題從古希臘開始，人們就開始問自己，然而都沒有得出令人滿意的結果。

然而，即便如此，人從來沒有停止過對自我的追尋。正因為如此，人常常迷失在自我當中，很容易受到周圍資訊的暗示，並把他人的言行作為自己行動的參照，從眾心理便是典型的證明。

　　其實，人在生活中無時無刻不受到他人的影響和暗示。比如：在公車上，你會發垷這樣一種現象：一個人打了哈欠，他周圍會有幾個人也忍不住打起了哈欠。有些人不打哈欠是因為他們受暗示性不強。哪些人受暗示性強呢？可以透過一個簡單的測試檢查出來。

　　讓一個人伸出雙手，掌心朝上，閉上雙眼。告訴他現在他的左手上繫了一個氫氣球，並且不斷向上飄；他的右手上綁了一塊大石頭，向下墜。三分鐘以後，看他雙手之間的差距，距離越大，則暗示性越強。

　　認識自己，心理學上叫自我知覺，是個人了解自己的過程。在這個過程中，人更容易受到來自外界資訊的暗示，從而出現自我知覺的偏差。

　　在日常生活中，人既不可能每時每刻去反省自己，也不可能總把自己放在局外人的地位來觀察自己。正因為如此，個人便借助外界資訊來認識自己。個人在認識自我時很容易受外界資訊的暗示，從而常常不能正確的了解自己。

　　在日常生活中，我們既不可能每時每刻去反省自己，也不可能總把自己放在局外人的地位來觀察自己，於是只能借助外界資訊來認識自己。正因如此，每個人在認識自我時很容易受外界資訊的暗示，迷失在環境當中，受到周圍資訊的暗示，並把他人的言行作為自己行動的參照。「巴納姆效應」指的就是這樣一種心理傾向，即人很容易受到來自外界資訊的暗示，從而出現自我知覺的偏差，認為一種籠統的、一般性的人格描述十分準確的揭示了自己的特點。

　　有位心理學家曾經針對這種一效應做過一個實驗，他給一群人做完明尼蘇達多相人格檢查表（MMPI）後，拿出兩份結果讓參加者判斷哪一份是自

己的結果。事實上，一份是參加者自己的結果，另一份是多數人的回答平均起來的結果。參加者竟然認為後者更準確的表達了自己的人格特徵。

這項研究告訴我們，每個人很容易相信一個籠統的、一般性的人格描述特別適合他。即使這種描述十分空洞，他仍然認為反映了自己的人格面貌。曾經有心理學家用一段籠統的、幾乎適用於任何人的話讓大學生判斷是否適合自己，結果，絕大多數大學生認為這段話將自己刻畫得細緻入微、準確至極。

湯姆每天中午幾乎定時的在工廠對面的鐘錶店出現，抬起手腕上的表與牆上的掛鐘對一下，然後匆匆離開。有一天，鐘錶店老闆問他：「為什麼你每天中午到我店前對時間呢？」湯姆回答說：「我是對面工廠的領班，每天中午要拉鈴通知工人們吃飯。我怕我手錶的時間不準而被工人抱怨，所以每天來你這裡對一下。」老闆大吃一驚：「不會吧，我店裡所有鐘錶的時間都是以你們廠的鈴聲為準啊！」

也就是說當你跟別人比時，是否考慮過別人也正在以你為參照物呢？如果別人比你差或者與你相差無幾，你就會安於現狀，不思進取。和自己比，才是上策。以縱向的思維看待自己，才能鞭策自己不斷進步。每個人的成長經歷不一樣，思維方式也不一樣，理想、目標、信念等更有天壤之別。我們不能簡單的像照鏡子一樣，隨便拉過來一個人作為參照。這樣只會給自己帶來錯覺，甚至做出錯誤的判斷。只有深刻的了解自己，才能判斷出自己所處的狀態，從而正確的判斷未來的方向。你就是自己唯一的鏡子。

從前有個秀才去趕考，到了京城，住宿在一個店家。快殿試了，心情非常緊張，晚上做了一個夢。一是夢見自己在牆頭上種白菜；二是夢見自己戴著斗笠在打傘；三是自己和女人裸體背對背睡覺。第二天他的心情很煩悶，到大街上找了一個算命先生給自己解夢。秀才把自己的夢一說，算命先生說：你夢見在牆頭上種白菜，這是白費力；二是戴著斗笠在打傘，不是多此一舉

嗎？三是裸體背對背和女人睡覺；那是沒有戲啊。秀才聽了他的話覺得有理，就回到店家，開始收拾自己的東西，準備回家。店老闆看到了，問秀才，快考試了，你怎麼要走啊，你不是來考試的嗎？秀才把自己的夢和解的夢給店家說了。店家聽了笑著說，我也會解夢，你聽我說：一是牆頭種白菜是說你高種（中）；二是戴著斗笠打傘，那是有備無患；三是背對背和女人裸體睡覺，說你翻身的時候就要到了。秀才聽了也對，就聽從店家的勸告，於是精神振奮的去參加考試，結果高中探花。

故事中的秀才因為自身缺乏自信，就很容易接受外界心理暗示，尤其是聽到模稜兩可的話，自己就主動的「對號入座」，改變了自己的既定計畫。

巴納姆效應告訴我們：

首先，要認識你自己，你自己才是你生命的座標；

其次，自信，才不迷信，不要盲目相信來自外界資訊的暗示。

我們之所以在乎別人的評價和態度，就是因為還不夠了解自己。只有自己掌握生命的航向，從不會受到別人軌跡的影響；只有充分自信，才能讓生活處處充滿陽光。

要避免巴納姆效應，客觀真實的認識自己，有以下幾種途徑：

第一，要學會面對自己。

有這樣一個測驗人的情商的題目是：當一個落水昏迷的女人被救起後，她醒來發現自己一絲不掛時，第一個反應會是捂住什麼呢？答案是尖叫一聲，然後用雙手捂著自己的眼睛。

從心理學上來說，這是一個典型的不願面對自己的例子，因為自己有「缺陷」或者自己認為是缺陷，就透過自己方法把它掩蓋起來，但這種掩蓋實際上也像上面的落水女人一樣，是把自己眼睛蒙上。所以，要認識自己，首先必須要面對自己。

第二，培養一種收集資訊的能力和敏銳的判斷力。

很少有人天生就擁有明智和審慎的判斷力，實際上，判斷力是一種在收集資訊的基礎上進行決策的能力，資訊對於判斷的支援作用不容忽視，沒有相當的資訊收集，很難做出明智的決斷。

有一個故事說，一個替人割草的孩子打電話給一位陳太太說：「您需不需要割草？」陳太太回答說：「不需要了，我已有了割草工。」這個孩子又說：「我會幫您拔掉花叢中的雜草。」陳太太回答：「我的割草工也做了。」這孩子又說：「我會幫您把草與走道的四周割齊。」陳太太說：「我請的那人也已做了，謝謝你，我不需要新的割草工人。」孩子便掛了電話。孩子的哥哥在一旁問他：「你不是就在陳太太那裡割草打工嗎？為什麼還要打這電話？」孩子帶著得意的笑容說：「我只是想知道我做得有多好！」

這個孩子可以說是十分關於收集針對自己的資訊，因此可以預見他的未來成長以及可能取得的成就，絕非是一般小孩子能比。

第三，以人為鏡，透過與自己身邊的人在各方面的比較來認識自己。

在比較的時候，對象的選擇至關重要。找不如自己的人作比較，或者拿自己的缺陷與別人的優點比，都會失之偏頗。因此，要根據自己的實際情況，選擇條件相當的人作比較，找出自己在群體中的合適位置，這樣認識自己，才比較客觀。

第四，透過對重大事件，特別是重大的成功和失敗認識自己。

重大事件中獲得的經驗和教訓可以提供了解自己的個性、能力的資訊，從中發現自己的長處和不足。越是在成功的巔峰和失敗的低谷，就越能反映一個人的真實性格。

有人說「成功時認識自己，失敗時認識朋友」固然有一定的道理，但歸根結柢，我們認識的都是自己。無論是成功還是失敗時，都應堅持辨證的觀點，不忽視長處和優點，也要認清短處與不足。

知識窗

那些求助算命的人本身就有易受暗示的特點。當人的情緒處於低落、失意的時候，對生活失去控制感，於是，安全感也受到影響。一個缺乏安全感的人，心理的依賴性也大大增強，受暗示性就比平時更強了。加上算命先生善於揣摩人的內心感受，稍微能夠理解求助者的感受，求助者立刻會感到一種精神安慰。算命先生接下來再說一段一般的、無關痛癢的話便會使求助者深信不疑。

反向心理如何產生

從前某地有兩家酒店，為招攬顧客，各自在門口張貼廣告。一家說，「本店以信譽擔保，出售的完全是陳年佳釀，絕不摻水」；另一家則說，「本店出售摻水一成的陳年老酒，如有不願摻水者，請先告知，但飲後醉倒概與本店無關」。結果，「摻水一成」的酒店卻比標榜「絕不摻水」的酒店生意興隆。

從心理學上講，後一則廣告的高明之處，就是巧妙的抓住了顧客的反向心理。

所謂反向心理，也稱逆向心理和對抗心理，是指人們彼此之間為了維護自尊，而對對方的要求採取相反態度和言行的一種心理狀態。

例如：有些人處理問題常持「你不讓我這樣做，我偏要這樣做」的態度，這種與常理背道而馳，以反常的心理狀態來處理問題的行為，就來自反向心理。

試想，如果摻水的酒事先沒有告訴人們這是摻水的，結果被發現是摻水的，人們恐怕要找消保官了。可是如果明白告訴你是摻水的，反而引起人們的好奇，不明白它為什麼要自暴其短，而產生了強烈的好奇心想嘗一嘗。

人為什麼會有這種「讓你往東你往西，讓你打狗你打雞」的反向行為呢？人們的這種反向，到底是因為什麼，又對自己有什麼好處呢？心理學家告訴我們，反向心理一般有以下三種情況。

第一種是自我價值保護反向。

人的自我價值是一個熱愛生活、追求生活意義的心理根基。任何一個人都不能接受自己無價值的生存在社會上。當一個人的自我價值受到影響和損

害時，自然的會進行自我價值的保護，在態度或行為上抗拒外界的勸導和說教。我們把這種反向心理稱作「自我價值保護反向」。

很多父母的家庭教育中，最容易犯的毛病就是不顧孩子的自尊心，不管在什麼場合，看到孩子的毛病，劈頭蓋臉就是一頓訓斥。在這種情況下，即使你的批評是正確的，也會使孩子感到丟臉，自我形象和自我價值受到貶低的和損害，久而久之，會使孩子形成對你的反向心理。

為了感覺自己是有主見的，為了顯示自己是獨立的而不是人云亦云的，孩子會對你以後的話形成牴觸和對抗。你讓他做的他偏不愛做，即使你說的是對的。人就是這樣，壓迫越大，反抗越大。

心理學家費尼·貝克和辛德茲做過這樣一個實驗。他在某大學的男洗手間裡掛上禁止塗鴉的牌子。其中一塊署名為「大學員警保全部長」，並嚴屬的口頭警告：「嚴禁胡亂塗寫」；另一塊署名為「大學員警區委員」，並以相對柔和的語氣聲明：「請不要胡亂塗寫」。每隔兩個小時換一次警告牌，然後調查掛牌子的洗手間裡被塗寫的數量。結果「嚴禁胡亂塗寫！大學保全部長」的洗手間被塗抹的情況反而更嚴重。這說明是嚴加禁止，越是擺出權威，參與塗抹的人也就越多。

國外有一種以家庭主婦為對象的電視節目，其中有許多供主婦訴說苦惱的節目。有個四十多歲的家庭主婦正在訴說丈夫竟然背著她與別的女人持續交往了幾年，這時如果主持人附和說：「怎麼能跟那種男人一起生活下去呢，別再猶豫了，趁早分手吧，這種事絕不能容忍。」那麼這位主婦反而會變得猶猶豫豫，似乎不願提及離婚二字。越是「慫恿分手」越不願分手，反過來越是勸阻，便越發的一意孤行，這就是人們的「反向心理」。

第二種是超限反向。

超限反向是指身體在過度接受某種刺激之後所做出的逃避反應。這也是人類出於自然本能的一種自我保護性的心理反應。

反向心理如何產生

這是因為我們任何人接受某種刺激（乃至是嚮往的刺激）都是有限度的。

著名作家馬克‧吐溫有一次在教堂聽牧師演講。最初，他覺得牧師講得很好，很感動人，就準備捐款，並掏出自己所有的錢。又過了十分鐘，牧師還沒有講完，他就有些不耐煩了，決定只捐些零錢。又過了十分鐘，牧師還沒有講完，他於是決定一分錢也不捐。到牧師終於結束了冗長的演講並開始募捐時，馬克‧吐溫由於氣憤，不僅未捐錢，還從盤子裡拿走了兩元。

刺激過多、過強或作用時間過長，就會引起心理極度煩躁或反向心理。

超限反向在家庭教育中時常發生。如：當孩子不用心而沒考好時，父母會一次、兩次、三次，甚至四次、五次重複對一件事作同樣的批評，使孩子從內疚不安到不耐煩最後反感討厭。被「逼急」了，就會出現「我偏要這樣」的反抗心理和行為。因為孩子一旦受到批評，總需要一段時間才能恢復心理平衡，受到重複批評時，他心裡會嘀咕：「怎麼老這樣對我？」孩子挨批評的心情就無法恢復平靜，反抗心理就高亢起來。

可見，家長對孩子的批評不能超過限度，應對孩子「犯一次錯，只批評一次」。如果非要再次批評，那也不應簡單的重複，要換個角度，換種說法。這樣，孩子才不會覺得同樣的錯誤被「揪住不放」，厭煩心理、反向心理也會隨之減低。

夫妻之間也是如此，如果一方就某事嘮叨個沒完，就可能超出對方的承受極限，由默默忍受變為大發雷霆，反而使溝通遇到更大障礙。

俄國作家克雷洛夫寫過一篇著名的寓言，叫《傑米揚的湯》。大意是：傑米揚是一個十分好客的人。有一天，一位朋友遠道來訪，傑米揚非常高興，親自下廚燒了最拿手的好菜 ── 一大盆鮮美的魚湯來招待。朋友喝了第一碗，感到很滿意。傑米揚勸他喝了第二碗。第二碗下肚，朋友有點嫌多了。可傑米揚沒有覺察，仍然「勸湯」。朋友終於忍無可忍，丟下碗，拂袖而去。

當前，不少家長在「望子成龍、盼女為鳳」的觀念支配下，總是對子女

不厭其煩的說教、囑咐、訓斥，終日喋喋不休，以為只有如此，才能讓孩子「銘記不忘」。殊不知，這種教育方式也會導致「超限效應」。一番苦心，換來的往往是孩子的無動於衷甚至造成反感。

那麼，家庭教育中應如何警惕出現「超限效應」呢？

首先，表揚或批評要注意把握「尺度」。表揚或批評，是家庭教育的「常規武器」。表揚時，要善於抓住孩子的「特質」，及時捕捉孩子的每一次、每一點進步。但表揚不能太頻繁、太「廉價」，不要大事小事都表揚，讓孩子成天生活在讚美聲中。否則，時間長了，孩子「膩」了，表揚就達不到應有的作用了。批評時，更要講究藝術。要切記：「孩子犯一次錯，只能批評一次。」如果孩子犯了同樣的錯誤，應該換個角度、變個方式，千萬不能「窮追不捨」。否則，孩子要麼用「又來了，又來了」的話語「硬頂」，要麼用捂耳、哼歌或做別的事不理。更有甚者，索性「對抗到底」。想像一下，這時家長的「金玉良言」還能「震撼孩子的心靈」嗎？

其次，家長要講究教育的「布白」藝術。書法繪畫講究「疏可走馬，密不透風」。「疏可走馬」指的就是「布白」。有了空白，才能產生美感。家庭教育也同此理。心理學原理告訴我們：適當的「布白」，更易激起孩子想像的浪花、好奇的漣漪。家長在平時與孩子的交談中，要「點到為止」，適時的留點「空白」，讓他們自己去思考，去反省。這樣，孩子就會敞開心扉，和你交心，與你為友。否則，過於嘮叨，孩子會很反感。

第三種是禁果反向。

禁果效應也叫做「羅密歐與茱麗葉效應」，越是禁止的東西，人們越要得到手。這與人們的好奇心與反向心理有關。

在生活中常常會遇到這樣的情況：你越想把一些事情或資訊隱瞞住不讓別人知道，越會引來他人更大的興趣和關注，人們對你隱瞞的東西充滿好奇和窺探的欲望，甚至千方百計透過別的管道試圖獲得這些資訊。而一旦這些

反向心理如何產生

資訊突破你的掌握，進入了傳播領域，會因為它所具有的「神祕」色彩被許多人爭相獲取，並產生一傳十、十傳百的效果，從而與你隱瞞該資訊的願望背道而馳。這一現象被稱作傳播中的「禁果效應」。所謂禁果效應，指一些事物因為被禁止，反而更加吸引人們的注意力，使更多的人參與或關注。有一句諺語：「禁果格外甜」，就是這個道理。

在古希臘神話故事中，有位叫潘朵拉的女孩從萬神之神宙斯那裡，得到一個神祕的小匣子，宙斯嚴令禁止她打開，這就激發了女孩的獵奇和冒險心理，一種急欲探求盒子祕密的心理，使她終於將它打開，於是災禍由此飛出，充滿人間。潘朵拉女孩的心理正應一句俄羅斯諺語：「禁果格外甜」，也就是所謂「禁果效應」。

馬鈴薯從美洲引進法國時，人們都以為它對人有害。法國農學家帕爾曼切在德國吃過馬鈴薯，就想把它推廣到法國。西元一七八七年，他得到國王的許可，在一塊地裡栽培馬鈴薯，並用一支身穿依仗服裝的、全副武裝的國王衛隊看守這塊地，但白天看守，晚上警衛就撤了。這使人們非常好奇，於是商量好，晚上來偷著挖馬鈴薯。回到家去一吃，發現非常好吃，使馬鈴薯得到了推廣。這正是得益於禁果效應。

「禁果效應」存在的心理學依據在於，無法知曉「神祕」的事物，比能接觸到的事物對人們有更大的誘惑力，也更能促進和強化人們渴望接近和了解的訴求。我們常說的「吊胃口」、「賣關子」，就是因為受傳者對資訊的完整傳達有著期待的心理，一旦關鍵資訊的闕如在受傳者心裡形成了接受空白，這種空白就會對被遮蔽資訊產生強烈的召喚。

很多專家也日益認識到，由於禁果效應的存在，關於性的知識不應該對青少年諱莫如深，這樣反而使他們對性充滿了好奇心和神祕感，而不能正確的理解。

「禁果效應」存在的心理學依據在於，無法知曉的「神祕」的事物，比能

接觸到的事物對人們有更大的誘惑力，也更能促進和強化人們渴望接近和了解的訴求。我們常說的「吊胃口」、「賣關子」，就是因為受傳者對資訊的完整傳達有著一種期待心理，一旦關鍵資訊的闕如在受傳者心裡形成了接受空白，這種空白就會對被遮蔽的資訊產生了強烈的召喚。這種「期待 - 召喚」結構就是「禁果效應」存在的心理基礎。特別在涉及大眾切身利益的問題上，人們恐懼的往往不是確定的事實，而是不確定的、難以知曉的事情，在無法知曉和渴望知曉的搏殺過程中，大眾會因為恐懼心理而像饕餮一樣渴望獲得資訊。

想要解決反向的心理並不難，只要掌握兩個基本原則就可。

第一就是我們要提高自己的認知程度，廣涌博見，這是我們克服反向的第一劑良藥。

我們知道人在反向的時候，思維非常狹隘。我們經常是一根筋式的對付對方，從來沒有換位思考，不肯站在對方的角度為對方考慮。

也許你會認為，我憑什麼要換位思考，他現在領導著我，我要換位思考，我不就成他的老闆了嗎。其實，工作中，如果你不學會換位思考，將很難有長進。有的人抱怨說，我們部門經理是馬屁精，我們的副總是笨蛋，我們的老闆是糊塗蛋，董事長一無是處。總之，所有的人都不如他，都不行，他們做的決策，都有問題。

其實，當換位成董事長、老闆、部門經理的時候，再來想問題，角度就不一樣，就會考慮更多的因素，而不是單純站在員工的角度了。這個時候你就知道，換位思考，廣涌博見，對於克服反向心理是很有幫助的。

第二就是要有足夠的想像力，這是我們克服反向心理的又一劑良藥。

很多有反向心理的人，其實內心深處是缺乏想像力的。他一直認為只有用這種方式來解決問題，或者說只有用這種方式對待對方，沒有想到還有其他更好的辦法。

知識窗

人在反向的時候，往往認為只有一種方法可應對目前的問題，缺乏想像力，不知道在這個世界上，還有很多種方法可供選擇。

反向心理最容易激化的是人和人之間的矛盾，也就是說兩人反目成仇，而不是形成策略夥伴。良好的人際社交是我們每個人一生中寶貴的財富。如果你的反向心理強烈的影響了你的人際社交，最後你失去的是人生財富。因此我們一定要開拓自己的想像力，想出各種好的辦法來解決這種唱反調的局面。

色盲成為藝術大師：跨欄定理的最有力實證

一位名叫阿費烈德的外科醫生在解剖屍體時，發現一個奇怪的現象：那些病患的器官並不如人們想像的那樣糟，相反在與疾病的抗爭中，為了抵禦病變它們往往要代償性的比正常的器官機能更強。

最早的發現是從腎臟病患者的遺體中發現的，當他從死者的體內取出那個患病的腎時，他發現那個腎要比正常的大。當他再去分析另外一個腎時，他發現另外一腎也大得超乎尋常。在多年的醫學解剖過程中，他不斷的發現包括心臟、肺等幾乎所有人體器官都存在著類似的情況。他為此撰寫了一篇頗具影響的論文，從醫學的角度進行了分析。他認為患病器官因為和病毒作鬥爭而使器官的功能不斷增強，假如有兩個相同的器官，當其中一個器官死亡後，另一個器官就會努力承擔起全部的責任，從而使健全的器官變得強壯起來。

他在給美術學生治病時又發現了一個奇怪現象，這些藝術學生的視力大不如人，有的甚至還是色盲。阿費烈德便覺得這就是病理現象在社會現實中的重複，他把自己的思維觸角延伸到廣泛的層面。在對藝術院校教授的調研過程中，結果與他的預測完全相同。一些頗有成就的教授之所以走上藝術道路，原來大都是受了生理缺陷的影響，缺陷不是阻止了他們，相反促進了他們走上了藝術道路。阿費烈德將這種現象稱為「跨欄定律」，即一個人的成就大小往往取決於他所遇到的困難的程度。

其實，按照阿費烈德的「跨欄定律」，可以解釋生活中許多現象，譬如盲人的聽覺、觸覺、嗅覺都要比一般人靈敏；失去雙臂的人的平衡感更強，雙

腳更靈巧。豎在你面前的欄越高，你就會跳得也越高。

　　阿費烈德所發現的這一「跨欄定律」，有著很深刻的內涵，它對我們教育工作者有著很多的啟迪。

　　試想，我們眼前所面對的是一群充滿著生機與活力的青少年，這些芸芸後生們正處於人生成長的轉型期。顯然，這是一個關鍵時期，它將決定著他們以後的人生取向。但要將他們培養成為一個對民族、對國家有用的人才，就必須使他們接受優質的教育和良好的薰陶。眾所周知，人的天賦是千差萬別的，人的個性又是豐富多彩的，也就是說，我們培養人才的形式和方法也應該多元和多維的。而我們傳統的學校教育則過於制度化、形式化、格式化與單一化，從而「學生的生活被組織化、非主體化和符號化」(《教育活動論》第二五五頁) 了。

　　一位哲人所說：「當所有的門都對一個人關閉起來的時候，其實上帝還為你留著一扇窗。」顯然，正因為這一扇窗，就可能為他提供人生的一幀獨好風景。哲人的話，同樣揭示了這樣一個道理：一個人的成就大小往往取決於他所遇到的困難的程度，一個人缺陷往往就是上蒼賜予他成功的資訊。

　　我們是否也該進入了思考？是否也應該自己豎立個高欄，並努力跨越它呢？所以說，苦難不是絕對的，它對弱者是萬丈深淵，對強者是向上的階梯。就像疾病一樣，它使弱者的臟器受損，最後奪去弱者的生命，疾病同樣能使強者的臟器更加強大，使人的抵抗力更加頑強。

　　就看你怎麼去對待它，在走路的時候也是一樣的，絆腳石總是存在於我們的腳下，一不小心就疼痛。這時候你如果厭煩的踢開它，這個阻礙是沒有了，可是你就會發現石頭越來越多，總是在你的腳下讓你躲閃不及，心情越來越糟糕；但是如果你像個小孩子一樣玩著踢石頭的遊戲輕輕踢走它，等你到達路的盡頭你就會發覺，你一路走來心情都是那麼愉快，事情做好了，身心也更加舒暢了。

知識窗

心理狀態能展現出身體的好壞，心理狀態好，身體也更好，力量也就越足。因此要學跨欄的人，把自己面前的欄杆豎得高一點，高興的跨過去，即使一次兩次不行也沒有關係，因為你高興去做你就可以堅持下去，你就有好的身體，足夠的力量進行下去，你就會完成自己的事情。

透過六個人，你就可以結識比爾蓋茲

　　許多人都有這樣的經歷：與素不相識的人聊天，卻發現大家有著共同的朋友或熟人。科學家說，這種現象並非簡單的巧合，對其成因和後果的認知已促成了一個新的領域 —— 小世界理論 —— 的產生。

　　耶誕節期間，你可能會有這樣的經歷：晚會上，你與素不相識的人聊天，卻發現你們有著共同的朋友或同事。大多數人對此一笑置之，說一句「世界真小」，就把一切拋在腦後了。當然，世界其實很大。儘管我們當中的大多數人的大部分時間是在自己的小圈子裡度過的，但「小世界效應」的出現仍然頻繁得驚人。

　　多年來，科學家們往往認為，所有這一切只是巧合。現在不同了：這種效應如今已經成為科學界最熱門的話題之一，物理學和經濟學等諸多領域的研究人員都在認真加以探討。對其成因和後果的認知促成了一個新的科學領域 —— 小世界理論 —— 的產生。

　　一九六七年，哈佛大學的心理學教授斯坦利‧米爾格倫想要測定我們的社會網路的典型規模：有多少人是我們的朋友，或者朋友的朋友等等。為了達到這個目的，他給內布拉斯加州和堪薩斯州的一百個人發了信，要他們把這些信函寄給麻薩諸塞州的「目標」人士。這聽起來很簡單，可是接收人並不知道「目標」人士住在什麼地方：只知道此人的姓名、職業和其他若干個人情況。米爾格倫要求接收人把信函寄給任何親密到足以直呼其名、比較有可能把信函寄給「目標」人士的熟人。

　　試驗的結果令人驚訝：信函往往只需轉寄五次就能送到「目標」人士手

中。米爾格倫重複這項試驗，得到了相似的結果：在美國，信函似乎只需透過五次轉寄就能送到任何人的手中。如果在一個人口超過兩億的國家，只需透過五次轉寄就能找到任何人，那就意味著人們往往與其他五十個人熟悉到了可以轉寄信函的程度。也就是說，只需再多轉寄一次，就能把信函送到世界上的任何人手中。情況似乎表明，真實世界確實是個小世界。

這個理論就是直至當今，依然久負盛名的「六度空間」理論，又稱作六度分隔理論。可以通俗的闡述為：「你和任何一個陌生人之間所間隔的人不會超過六個，也就是說，最多透過六個人你就能夠認識任何一個陌生人。」

他曾在大眾場合公開並堅定的說道：「你與比爾蓋茲、布希或者薩達姆是朋友嗎？似乎不太可能。或者任意點一個人，如果你想聯繫上他，應該怎麼辦？你可以這樣做：找一個最有可能和他有聯繫的親友，把問候轉達給他，然後他也照樣去找下一位親友。那麼，一共需要多少個這樣的親友中轉，才能找到對方呢？這個問題的答案或許有點讓人吃驚：不論你想找那位腰纏萬貫的首富，或者地球上任何一個普通人，大約只需要六步。」

二十五歲的沃茨是康乃爾大學的博士生，他也是六度空間理論創始人坦利‧米爾格倫的兒子。一九九五年，他在研究鳴叫的蟋蟀時遇到了一個問題：鳴叫的蟋蟀為何能夠如此迅速的相互呼應？每隻蟋蟀究竟是在傾聽其他所有蟋蟀的叫聲，抑或只是在傾聽距離最近的蟋蟀的叫聲？後來，沃茨想起了自己的父親若干年前說過的話，世界上的所有人與美國總統之間都只相隔六次握手。沃茨很奇怪，蟋蟀的齊聲鳴叫是否也基於相同的原理。

沃茨忐忑不安的向論文導師 —— 數學家史蒂夫‧斯特羅加茨 —— 提出了這個觀點。斯特羅加茨並沒有大笑著把他趕出辦公室，反而認為這種想法很有意思。兩個人開始合作。

一九九八年六月，他們在《自然》雜誌上發表了一篇總結研究成果的論文，並且在這一過程中創立了一個全新的科學領域：小世界理論。

透過六個人，你就可以結識比爾蓋茲

　　哥倫比亞大學的「小世界研究計畫」目前正在全球範圍內徵集志願者，他們的任務就是發送數千封 Email，並讓這些 Email 最終能夠到達指定的接收者。當然前提有一個，那就是每封郵件你只能發給你認識的人，每次只能發一封。然後研究者會對這些 Email 進行追蹤，觀察它們到底是怎麼傳播的。當年，米爾格蘭姆做實驗的時候，他挑選了大概三百個實驗對象，目標人選只有一個。但是哥倫比亞大學的研究者們這次的實驗對象擴大到了幾萬人，目標人選也增加到了二十個。

　　「這在社會學研究中是一個非常重要的課題」，哥倫比亞大學負責此項研究工作的科學家彼得‧謝里丹‧多德茲說，「我們在實驗中得到的結果將具有很大的統計學價值，說不定能總結出什麼社會學定律來。」研究人員將搜集那些參與者的背景資料，以便了解有哪些原因可能會對 Email 的順利傳遞造成障礙，此外，他們還要分析參與者們會採用哪些手段把 Email 傳到既定目標。

　　就算「小世界現象」的確存在，就算這是一個資訊高速發達的網路時代，也並不意味著你就可以毫不費力的發現它。雖然近幾年來網路的發展速度快得驚人，但事實上，想要透過社會關係這張大網找到某個人，還是和三十年前米爾格蘭姆所生活的那個年代一樣困難。「問題的本質沒有變 —— 你還是得透過朋友來完成這項任務。」該研究專案負責人、哥倫比亞大學社會學助教敦坎‧瓦茨說。

　　到目前為止，已經有一些美國和澳洲的參與者透過他們的關係網，把電子郵件成功的傳到了遠在西伯利亞的目標收件人。這一結果讓研究人員興奮不已，他們認為，這一研究的意義絕不只是傳傳電子郵件那麼簡單，其意義深遠，比如：它們可以幫助我們理解電腦病毒或網路上的資訊資源，究竟是如何透過網路傳播的。

　　在另一個研究項目中，俄亥俄州的研究人員正在試圖繪製出一張網路的

社會地圖。如果成功的話，這張地圖將會告訴我們把人們聯繫起來的方式究竟有多少種，資訊究竟是如何在社會上傳播的，還有，整個社會網路實際上究竟有多大（或者說有多小）。他們的這項計畫由美國國家科學基金組織提供研究資金，他們希望透過研究能夠發現，世界上一個個獨立的人，是如何透過自己的關係紐帶互相交織，繼而形成一張龐大複雜的人際關係網的。

俄亥俄州立大學主導這項研究計畫的社會學家詹姆士・穆迪說：「Email看上去好像是個人對個人的很隱私的事情，誰會想到它們集合在一起的時候會有這麼大的社會學意義呢？米爾格蘭姆的理論很有創意，但它僅僅只是第一步，我們希望能證實並完善他的理論。」

每個參加者將接受一項線上調查，調查範圍包括他們的社會背景、Email 使用習慣，還有他們的 Email 關係網等情況。到目前為止，已經有八百多人完成了這項調查。但這些資料似乎離目標還有很長一段距離，俄亥俄州大學的研究者們希望最終能搜集到五十萬人的資料。

在參加者們填寫完以上調查表之後，研究者們還將對他們進行為期一年的追蹤調查，以便發現他們的 Email 關係網在這段時間裡發生了哪些變化，以及他們的 Email 關係網和現實生活中的人際關係網有什麼不同。這項實驗也將對一些關於網路時代的種種說法進行驗證 —— 比如很多人認為透過網路，人類從此逾越了種族、性別和貧富差異所造成的鴻溝 —— 情況真是這樣嗎？詹姆士・穆迪說，從目前的研究結果來看，在網路世界裡，人種和貧富差異所造成的隔閡依然存在，但是 Email 似乎真的讓整個世界變成了一個村莊。

在現如今的數位行動時代，人手都有智慧型手機，想要理解地球上數十億人中間不過隔著幾步之遙這樣一個概念，似乎並不是件很困難的事。不說別的，只要看看那些電腦病毒的傳播情況就知道了 —— 一隻病毒，只要一天就可以傳遍大半個世界，讓無數公司的網路系統癱瘓，而這些病毒賴以傳

播的途徑，正是你電子郵件、陌生網址連結等。

「大家都知道不要隨便打開不認識的人給你發的 Email 及網址連結，」詹姆士・穆迪說，「如果能為整個網路中那些我們能信任的關係網畫張地圖的話，我們就能對整個網路有一個比較清晰的認識了。」

無論是人際網路，還是全球資訊網的架構，還是透過超文字連結的網路、經濟活動中的商業聯繫網路、生態系統中的食物鏈，甚至人類腦神經元以及細胞內的分子交互作用網路，有著完全相似的組織結構。透過網路使六度分隔理論對人人之間都可以構成弱紐帶，當然理想的狀態是人人都置身在連接的世界中，這個目標在不斷接近。社會中普遍存在的弱紐帶，透過弱紐帶人與人之間的距離變得非常「相近」，這在社會關係中發揮著非常強大的作用。

人、社會、商業都有無數種排列組合的方式，如果沒有資訊手段聚合在一起，就很容易損耗掉。在網路上聚合的弱紐帶當然還是虛擬的，虛擬雖然是網路世界的一種優勢，但是和商業社會所要求的實名、信用隔著一條鴻溝。透過熟人之間，透過六度分隔產生的聚合，將產生一個可信任的網路，這其中的潛能的確是無可估量的。

知識窗

依據六度理論，以認識朋友的朋友為基礎，擴展自己的人脈。並且無限擴張自己的人脈，在需要的時候，可以隨時獲取一點，得到該人脈的幫助。SNS 是一個採用分散式技術，通俗的說是採用 P2P 技術，構建的下一代基於個人的網路基礎軟體。SNS 透過分散式軟體程式設計，將現在分散在每個人的設備上的 CPU、硬碟、頻寬進行統籌安排，並賦予這些相對伺服器來說很渺小的設備更強大的能力。這些能力包括：計算速度，通迅速度，儲存空間。

社會性網路（社會網路，Social Networking，SN）：是指個人之間的關係網路，這種基於社會網路關係系統思想的網站，就是社會性網路網站（SNS 網站）現在許多 WEB2.0 網站都屬於 SNS 網站，如網路聊天（LINE）、交友、影片分享、部落格、FB、IG、線上影音、音樂共享等。社會性網路的理論基礎源於六度理論（六度分隔理論，Six Degrees of Separation）和 150 法則（Rule Of 150）。

SNS 的技術起源：在網路中，PC 主機、智慧型手機都沒有強大的計算及頻寬資源，它們依賴網站伺服器，才能瀏覽發布資訊。如果將每個設備的計算及頻寬資源進行重新分配與共用，這些設備就有可能具備比那些伺服器更為強大的能力。這就是分布計算理論誕生的根源，是 SNS 技術誕生的理論基礎。

SNS 網站：就是依據六度理論建立的網站，幫你營運朋友圈的朋友。

別讓慣性思維矇騙了你

我曾聽過這樣一個故事：在一座無人居住的房子外，一隻鳥每日總是準時光顧。牠站在窗臺上，不停的以頭撞擊玻璃窗，每次總被撞落回窗臺。但牠堅持不懈，每天總要撞上十來分鐘之後才離開。人們猜測這隻鳥大概是為了飛進那房間。然而，在鳥站立的窗臺邊，另一扇窗戶是打開的，於是人們便得出這樣的結論：這是一隻笨鳥。後來，有人用望遠鏡觀察，發現那玻璃窗上黏滿了小飛蟲的屍體。鳥每次吃得不亦樂乎！人們怎麼也沒有想到鳥有如此獨特的覓食方式，而人類總是按照自己日常的思維方式去評判鳥的世界。

慣性思維在我們的生活中非常普遍，甚至有些已經扎根於我們的頭腦中難以除去。慣性思維是在我們不斷的生活和學習中逐步形成的，它大部分是我們在生活中的經驗的反映，多數時候都能幫助我們正確的思考、解決問題。但正如例子中所舉，慣性思維恰恰在某些方面會影響人們的思維指向，把人們往錯誤的方向引導，比如：有鳥籠一定要養鳥。其實不然，有鳥籠不一定就非要養鳥。

一句老話說得好：「世界之大，無奇不有。」特別是科技發展日新月異的今天，越來越多人們本來認為不可能的事情成為可能，要是再按照慣性思維來思考一切，那我們就會落入一個「創新 —— 否定 —— 再創新 —— 再否定」的循環，社會發展的速度也會受影響。所以，必須打破慣性思維。

我們每個人在長期的工作、生活中總會形成自己所特有的工作方式和生活經驗，這些經驗確是每個人不可或缺的一筆寶貴財富，值得珍惜和收藏，

它可以讓人少走彎路，對社會生活中出現的各種各樣的情況能應付自如，從容面對，其生命的狀態正如孔子所言「三十而立，四十不惑，五十知天命，六十耳順，七十不逾矩。」但經驗多了也會帶來一些負作用，先前形成的知識、經驗、習慣，會使人們形成認知的固定傾向，從而影響後來的分析、判斷，形成「慣性思維」── 即思維總是擺脫不了已有「框框」的束縛，慣性思維最大的危害就是會嚴重影響到一個人創造性的發揮。

　　一天，有位都市青年在鄉下看到一位老農把一頭大水牛拴在一個小木樁上，就走上前，對老農說：「大伯，牠會跑掉的。」老農呵呵一笑，語氣十分肯定的說：「牠不會跑掉的，從來都是這樣的。」這位都市青年有些迷惑的問：「為什麼會這樣呢？這麼一個小小的木樁，牛只要稍稍用點力，不就拔出來了嗎？」老農靠近他說：「小夥子，我告訴你，當這頭牛還是小牛的時候，就給拴在這個木樁上了。剛開始，牠不是那麼乖，有時想從木樁上掙扎，但是，那時牠的力氣小，折騰了一陣子還是在原地打轉，來就放棄了。後來，牠長大了，卻再也不想跟這個木樁鬥了。有一次，我拿著牧草來餵牠，故意把草料放在牠脖子伸不到的地方，我想牠肯定會掙扎木樁去吃牧草的。可是，牠沒有，只是叫了兩聲，就站在原地望著牧草了。」聽完這個故事，都市青年頓悟。原來，約束這頭牛的並不是那個小小的木樁，而是牠多年的習慣。

　　牛的這種情形，放到人身上就叫「慣性思維」，也就是習慣的順著定勢的思維思考問題，不願也不會轉個方向、換個角度思考問題，這是很多人的「病症」。

　　這一意識一直影響著它，於是，它不再嘗試拉斷鐵鍊，而安於被拴著的命運── 一以至於到長大後的今天，它有能力拉斷時自己卻不知道。這種現象在我們人身上也同樣存在，當我們在成長的歲月裡經歷了一次又一次的打擊，我們也一次又一次和命運抗爭，可是我們都失敗了，於是，我們漸漸順從了命運，漸漸的失去了和命運抗爭的勇氣，漸漸的連抗爭的想法都沒有

了，以至於我們有能力擊敗命運時，卻依然在頹喪的安於命運的擺布。可見慣性思維是一件多麼令人可怕的事情，它會讓人在機遇面前裹足不前，錯失良機；它會讓人安於現狀，麻木不仁，做了奴隸還自我感覺良好。

再比如說看魔術表演，不是魔術師有什麼高明之處，而是觀眾有慣性思維：比如人從紮緊的袋子裡面奇蹟的出來了，人們總習慣於想他怎麼能從布袋紮緊的上端出來，而不會去想布袋下面可以裝拉鍊。慣性思維讓大家都傻了，才顯出了魔術師的聰明。

現在，我們簡單做了小測試，看看你是否也受慣性思維的影響？

1　在荒蕪人跡的河邊停著一艘小船，這小船只能容納一個人。有兩個人同時來到河邊，兩個人都搭乘這艘船過了河。請問：他們是怎樣過河的？

2　籃子裡有四個蘋果，由四個小孩平均分。分到最後，籃子裡還有一個蘋果。請問：他們是怎樣分的？

3　一位警察局長在茶館裡與一位老頭下棋。正下到難分難解之時，跑來了一位小孩，小孩著急的對警察局長說：「你爸爸和我爸爸吵起來了。」老頭問：「這孩子是你的什麼人？」警察局長答道：「是我的兒子。」請問：這兩個吵架的人與警察局長是什麼關係？

4　已將一枚硬幣任意拋擲了九次，掉下後都是正面朝上。現在你再試一次，假定不受任何外來因素的影響，那麼硬幣正面朝上的可能性是幾分之幾？

5　有人不拔開瓶塞，就可以喝到酒，你能做到嗎？（注意：不能將瓶子弄破，也不能在瓶塞上鑽孔。）

6　抽屜裡有黑白襪子各七雙，假如你在黑暗中拿襪子，至少要拿出幾隻才能保證拿到一雙顏色相同的襪子？

好，現在我們來看答案。

1　很簡單，兩人是分別處在河的兩岸，先是一個渡過河來，然後另一

個渡過去。對於這道題，你大概「絞盡了腦汁」吧？的確，小船只能坐一人，如果他們是處在同一河岸，對面也沒有人（荒無人跡），他們無論如何也不能都渡過去。當然，你可能也設想了許多方法，如一個人先過去，然後再用什麼方法讓小船空著回來等等。但你為什麼始終要想到這兩人是在同一岸邊呢？題目本身並沒有這樣的意思呀！看來，你還是從習慣出發，從而形成了「思維堵塞」。

2　四個小孩一人一個。對於這一答案你可能不服氣：不是說四個人平均分四個蘋果嗎？那籃子剩下的一個怎麼解釋呢？首先，題目中並沒有「剩下」的字眼；其次，那三個小孩拿了應得的一份，最後一份當然是最後一個孩子的，這有什麼奇怪呢？至於他把蘋果留在籃子裡或拿在手上並沒有什麼區別，反正都是他所分得的，不是嗎？

3　警察局長是女的，吵架的一個是她的丈夫，即小孩的父親；另一個是警察局長的父親，小孩的外公。有人曾將這題對一百人進行了測驗，結果只有兩人答對；後來對一個三口之家進行了測驗，結果父母猜了半天猶豫不決，倒是他們的兒子（小學生）答對了。這是怎麼回事呢？還是定勢在作怪。人們習慣上總是把警察局長與男性聯繫在一起，更何況還有「茶館」、「老頭」等支持這種定勢。所以，從經驗出發就不容易解答。而那位小學生因為經歷少，經驗也少，就容易跳出定勢的窠臼。

4　二分之一，這道題本來很簡單。硬幣只有兩面，不要說任意拋十次，就是任意拋擲一千次，正面朝上的可能性也始終是二分之一，不會再多，也不會再少了。對這道題，如果沒有上題的那種定勢在作怪，一般馬上就可以說出答案來。

5　可以將瓶塞壓入瓶內。在多數情況下，人們總是拔開瓶塞後才喝酒的。但是，也可以將瓶塞壓入瓶內，不過，只是人們不常這樣做罷了。

6　三隻，這也是一個簡單的問題。有人曾用這道題去考四名大學生，

別讓慣性思維矇騙了你

其中居然有三人回答說，至少要拿出八隻，才能保證取到一雙顏色相同的襪子。這個問題的關鍵是「相同」與「不同」。取一雙顏色相同的，答案是三隻；取一雙不同的，答案才是八隻。那麼，既然題只要求取出顏色「相同」的又為什麼會產生顏色「不同」的定勢呢？這主要是由於題目中「黑白襪」和「各七隻」的影響。

這是個挺有趣的實驗，實驗對象必須是受過教育的成年人，文盲和兒童是不行的。提問：三點水右邊加一個「來」字念什麼？答曰：念「淶」。再問：三點水右邊加一個「去」字呢？被問者至少有一半以上頓時語塞，有的甚至當即斷然回答：根本就沒有這個字！而實際上，這個「法」字的使用頻率遠比「淶」字高得多。一般情況下，認識「淶」字的人不會不認識「法」字。那麼問題出在哪裡呢？這就是慣性思維的作用了。三點水加一個「來」念成「淶」，這是漢字中典型的「左形右聲」的思維方式加以考慮，而「法」卻並不念「去」，於是立即否定了這個常用字的存在。

問題就是這麼簡單，卻又如此令人不可思議。當然，這種「定勢」必須有其成因─形成這種定勢所需要的知識結構。若以同樣的問題向小學三、四年級的學生發問，「上當」的人就幾乎沒有。這是因為他們還不具備形成這種定勢的知識結構。

有一道智力的測驗題，也可以用來說明「慣性思維」的存在：一位農夫趕著馬車，車後部坐著一個小孩。路人問小孩：趕車的是你的爸爸嗎？小孩回答：是。路人又問趕車人：車上坐著的是你的兒子嗎？車夫答：不是。求解：車夫與小孩是什麼關係？

同樣有很多人在這個問題面前苦思冥想無可奈何。其實答案很簡單：那小孩是車夫的女兒。只是由於提問者巧妙的利用概念的縮小設了一個「機關」，往往就使被問者不知不覺的陷入了自己的慣性思維中。

這種慣性思維常常誤人、誤事，又最容易把原本十分簡單的問題弄得複

雜化，有時甚至還能鬧出笑話來。

慣性思維之所以令人防不勝防，是因為它利用了人類的自以為是和想當然。經驗是好的，但人們卻常常會犯「經驗錯誤」，為什麼？太過自信使然。謙虛做人，謹慎行事，時刻保持清醒的頭腦，不要把複雜的問題簡單化，更不要把簡單的問題複雜化。

慣性思維的危害有目共睹，「人人皆欲誅之而後快」。那麼我們怎樣才能走出慣性思維，不讓習慣捆住我們開拓創新的手腳呢？

首先，要廣學博覽，見多識廣。我們不但要學書本知識，更要了解社會知識，兩者相比，社會知識更活、更實用、更博大精深，用社會知識來消化吸收書本知識，來檢驗書本知識的真偽。要樹立終身學習的理念，並異時宜，與時俱進。廣博的知識是走出慣性思維，進行創新的基礎和前提，沒有知識做鋪墊，你就只能永遠在自己舊思維的框框裡打轉，想有所創新只能是一句空話。

其次，要懷疑一切，敢於說不。頭腦是讓我們思考的，不是給人看的，更不是一種擺設。我們首先要有懷疑的精神和意識，這是一種主動，正如寫文章的人首先必須要有強烈的寫作欲望和投稿意識，否則再多的素材擺在你面前也只是白搭。也許我們從小就養成了在家聽父母，在公司聽主管的習慣，這是我們走出慣性思維的一大障礙，但我們只要充分意識到這一點，就能在我們的工件、生活中加以防範。我們在平常的工作、生活中一定要養成思考的習慣，凡事多問幾個為什麼，做到不迷信權威，不迷信主管，不跟風，不人云亦云。

再次，要大膽設想，小心求證。走出慣性思維需要大膽懷疑，但在懷疑之後，就要大膽設想。創新需要設想，設想是一切生命和事物美好里程的動力源頭。有了好的設想只意味著成功了一半，要獲得成功還要「小心求證」。求證的過程中有鮮花有陽光，更有險灘，有急流，全程充滿著艱辛。有時進

退兩難，有時遍體鱗傷，這就要求我們始終要保持頑強的鬥志，堅韌的毅力和吃苦的精神。求證的過程還是曲折的不斷修正的過程，我們的設想是不確定性的，在求證過程中要不斷的去蕪存菁，去偽存真，修剪思維中的旁枝斜杈，使我們的方向在波折中日臻準確，日漸明確。求證的過程更是充滿著智慧的過程，要會借力，要會整合，要會統籌，要不斷的提高自己靠近真理、發現真理的能力和水準，這樣才能早日使設想變為現實。

知識窗

定勢是由先前的活動而造成的一種對活動的特殊的心理準備狀態，或活動的傾向性。在環境不變的條件下，定勢使人能夠應用已掌握的方法迅速解決問題。而在情境發生變化時，它則會妨礙人採用新的方法。消極的慣性思維是束縛創造性思維的枷鎖。

所謂慣性思維，就是按照累積的思維活動經驗教訓和已有的思維規律，在反覆使用中所形成的比較穩定的、定型化了的思維路線、方式、程序、模式（在感性認識階段也稱作「刻板印象」）。

安慰劑效應治頑症

一個歇斯底里症候群患者，打開傘舉在頭上，稱自己變成了「蘑菇」，整天蹲在角落裡，不吃、不喝、不動。一位有經驗的精神病科大夫也打著一把傘，一聲不響的蹲在病人的身邊。過了一會兒，病人問道：「你是誰？」醫生說：「我是蘑菇。」又過了一會，醫生站了起來收了傘。病人忙問：「蘑菇能站起來嗎？」醫生回答說：「怎麼不能，我不是站起來了嗎？」

於是病人也收了傘，站了起來。醫生去喝水，病人也去喝水；醫生不停的做著日常活動，病人也跟著學。幾天之後，病人完全正常了，忘記自己曾經是「蘑菇」了。

還有一位患癔病的法國婦女更是叮笑，她屢次到醫院看病，反覆講自己吞了一隻青蛙，腹中難受至極，非讓醫生想辦法把青蛙弄出來不可。面對這位難纏的太太，醫生們束手無策。法國臨床內科醫師特魯梭為此也傷透了腦筋，因為怎麼解釋這位患者也不聽。一次，他看魔術表演，突然想出了治病的辦法。當輪到特魯梭出診給這位病人看病的時候，他抓了一隻青蛙藏在身上。他告訴病人，他這次一定會治好她的病，要求她密切配合，她高興的點點頭。他給病人喝催吐劑，當嘔吐開始時，他悄悄的把青蛙放在盒裡。

「您看，太太，這隻青蛙終於結束了折磨您的『病史』，現在沒事了，您的病全好了。」

從這兩則病例可以看出，醫生對這種患者的治療，不動刀、不開藥，透過言語，再借助一些態度和行為的影響，就可以達到治療效果。

這種治療就叫做心理治療也叫做精神治療。這種心理療法是人類和疾病

抗爭的一種古老方法，只是沒有得到科學的解釋，不被人們認識，卻被蒙上了封建迷信的色彩。

安慰劑效應於一九五五年由畢闕博士提出，也理解為「非特定效應」或受試者期望效應。

現實醫療工作中，醫務人員可以利用安慰劑，以激發病人的安慰劑效應。當對某種藥堅信不疑時，就可增強該藥物的治療效果，提高醫療品質。當某種新藥問世，評價其療效價值時，要把藥物的安慰劑效應估計進去。如果某種新藥的療效與安慰劑的療效經雙盲法試用後，相差不大，沒有顯著的差異時，這種新藥的臨床使用價值就不大。這也就是為什麼一些新藥剛剛問世時，人們往往把它們當作靈丹妙藥，而經過一段時間的使用後，其熱潮消失、身價下降的原因。安慰劑效應在藥物使用過程中比比皆是。甚至如心絞痛這樣嚴重的器質性疾病，使用安慰劑也有三分之一以上的患者獲得症狀的改善，許多鎮痛劑都具有明顯的安慰劑效應。還有一些病人，在使用安慰劑時，也可能出現噁心、頭痛、頭暈及嗜睡的藥物副作用，這也屬於安慰劑效應。

使用安慰劑時容易出現相對的心理和生理效應的人，被稱為安慰劑反應者。這種人的人格特點是：好於交往、有依賴性、易受暗示、自信心不足、好注意自身的各種生理變化和不適感、有疑病傾向和神經質。

安慰劑效應是一種不穩定狀態，可以隨疾病的性質、病後的心理狀態、不適或病感的程度和自我評價，以及醫務人員的言行和環境醫療氣氛的變化而變化。所以，就出現了安慰劑效應有時明顯，有時不明顯，或根本沒有的現象。需要特別注意的是，在病人中安慰劑效應是較易出現的，大約有百分之三十五的軀體疾病病人和百分之四十的精神病病人都會出現此種效應。也正由於病人有此心理特點，才使江湖醫生和巫醫術士得以有活動市場，施展其術。

美國牙醫約翰・杜斯在其二十七年行醫生涯中，就常常遇到這種情況：一些牙痛患者在來到杜斯的診所後便說：「一來這裡我的感覺就好多了。」其實他們並未說假話──可能他們覺得馬上會有人來處理他們的牙病了，從而情緒便放鬆了下來；當他們接觸到醫生的手時，病痛便得以緩解了⋯⋯實際上，這和安慰劑所起的作用大同小異。

作為全美醫療作假委員會的創始人，杜斯醫生對安慰劑研究的興趣始於其對醫療作假案件的調查。他指出，牙醫和其他醫生一樣，有時用誤導或誇大醫療需求的辦法來引誘病人買藥或接受較費錢的手術。為了具體說明「安慰劑效應」究竟是怎麼回事，他援引了美國醫療協會期刊刊登的有關末梢神經痛的研究成果。據悉，接受試驗的人員分為四組：A 組服用一種溫和的鎮痛樂；B 組服用色澤形狀相似的假藥；C 組接受針灸治療；而 D 組接受的是假裝的針灸治療。試驗結果顯示：四組人員的痛感均得以減輕，四種不同方法的鎮痛效果並無明顯差異。這說明，鎮痛藥和針灸的效果並不見得一定比安慰劑或安慰行為更為奏效。

實際上，人類使用安慰劑的歷史已相當悠久。早在抗生素發明以前，醫生們便常常給病人服用一些明知無用的粉末，而病人還滿以為有了希望。不過最後，在其中某些病例中，病人果真奇蹟般的康復了，有的甚至還平安的度過了諸如鼠疫、猩紅熱等「鬼門關」。

安慰劑研究專家羅莎認為，能給病人服用價格低廉又並無任何副作用的安慰劑而又能達到療效自然是美事一樁，但遺憾的是，在大多數情況下，安慰劑未必能達到真正又持久的療效，而真正意義上的治療卻被耽擱了。今天，有關「安慰劑效應」的心理和生理上的原因仍然是一個難解的謎，新的發現還有待於進一步的深入研究。

磁療手鐲是曾經流行的一種保健品，有關店家聲稱它能有效止痛、沒有副作用。據估計，一九九九年全世界磁療手鐲銷售額達到五十億美元。但磁

療手鐲是否真有止痛效果？如果有的話，磁場強度多大、佩戴時間多長可得到最佳療效？這些問題都還不清楚。

要檢驗一種醫療產品是否真正有效，必須進行雙盲試驗，即在試驗過程中，參與試驗者和工作人員都不知道哪些是真品、哪些是外表與真品相同的對照產品。由於人們能輕而易舉的判斷所戴手鐲是否有磁性，因此很難將假的磁療手鐲混進真品中進行嚴格的雙盲試驗。

為此，英國德文郡卡倫普頓外科學院的專家設計了另一項試驗。參與試驗者有兩百人，年齡在四十五歲至八十歲之間，都患有髖部或膝部的骨關節炎。工作人員給每人發放一個磁療手鐲，要求他們全天佩戴，其中有的手鐲有較強磁性，有的磁性很弱，有的則是完全沒有磁性的假貨。

在佩戴十二個星期之後，所有參與試驗者都說疼痛有所減輕，其中所戴手鐲真有磁性的人，疼痛緩解程度比戴假手鐲的人更大。但是，儘管真手鐲磁場強度各不相同，所有戴真手鐲的人報告的「療效」在統計上沒有顯著差異。而如果疼痛緩解的確是磁場影響人體所致，緩解程度應當因磁場強度不同而不同。

科學家說，這一結果顯示，磁療手鐲的止痛效果很可能只是安慰劑效應，而不是實際療效。

安慰劑效應不止展現在病人身上，我們來看一個其他方面的例子。

安達信會計師事務所為成千上萬家公司做財務審計，由於是由它來完成審計，我們對這些公司充滿信心，它們看起來更有實力，而且，毫不奇怪的是，也確實會讓它們變得更有實力。可安然事件發生之後，安慰劑效應消失了。同樣的公司，同樣的審計師，可突然之間，這些公司看起來不那麼有實力了，結果呢？它們變得確實不那麼有實力了。

安慰劑效應的魔力在於，你不可能把它用在自己身上。你需要一個同謀，需要一些權威人士主動給你講故事。

這就是行銷人員的工作實質。我們都可以製造安慰劑效應。當然，我們首先要說服自己，讓自己確信，參與這樣的工作，無論是在道德倫理上，還是在經濟上，都是可以接受的。安慰劑效應畢竟會帶來很大的爭議，而且它所產生的許多影響都是心照不宣的。我們很少會告訴人們：「這是我們的最新程序控制交換機，專門適用於《財富》一千強企業。可實際上，它們跟我們的上一個模型完全一樣，只是這次我們請青蛙設計公司來設計，所以它們看起來更加美觀，更加親切，人們也更願意花上幾分鐘來學習怎麼使用，客戶滿意度會上升，我們也就會賣出更多產品——可事實上，我們在技術上並沒有任何改變。」

　　伏特加的行銷者們很少說出這樣的真相：「這是我們的新式伏特加，它本來是從供應商那裡買來的八美元一桶的普通貨品。可是我們的伏特加卻可以賣到每瓶三十五美元，而且包裝非常非常漂亮，我們的廣告也會讓小女孩們相信我們的酒可以為她們在約會時助一臂之力。」

　　從來不會有和尚或塔木德學者告訴你：「是的，我們燒香（或者關燈，或敲響鈴鐺，或點亮蠟燭）的目的就是為了營造一種神祕的氣氛，從而讓人們以為在祈禱的時候可以更有效果。」可事實上，他們就是這麼做的。而且你知道嗎？這樣做並沒有什麼錯。

　　我們不願意承認自己是在講故事，不願意承認自己工作的實質就是提供安慰劑。相反，我們總是在大談功能和收益，並告訴自己，我們的工作只是在幫助客戶說服自己。

　　事實上，你的博客設計乃至你的服裝，本質上都是在提供一種安慰劑效應。

　　那麼，在家庭教育中應該如何使用「安慰劑效應」呢？

　　1　需要滿足法。就是父母根據孩子需要「安慰」的內容、程度、先後程序和方式，運用言語、物質等「安慰劑」滿足孩子正當、合理的需

求，力求滿足孩子最低需要，特別當孩子受到嚴重挫折或情緒低落時，防止沒有得到適當安慰而出問題，而且把需要滿足作為起始環節，引導孩子「人往高處走」，透過「安慰」，引發孩子向上，始終保持朝氣蓬勃的精神狀態。

2　慰藉疏導法。就是父母用表示「安慰」的方法進行心理疏導。通常對孩子的恐懼、悲觀、消沉、憂鬱、傷感等作具體分析，不僅使孩子得到心理慰藉，而且從思想上把問題解決在萌芽狀態，防患於未然。

3　合理宣洩法。就是父母引導孩子把壓抑在內心的煩悶、不滿、委屈、憂傷，透過合理而又適當的方式釋放出來。一般有直接的宣洩——直接針對引發不快的刺激來表達情緒。當直接發洩對己對人不利時，則用間接方式發洩情緒的方式。例如：可以引發孩子「哭出來」宣洩，也可以激發孩子「說出來」宣洩，還可以轉移孩子興趣去「玩樂」、「工作」宣洩，從而取得「安慰劑效應」。

4　自我安慰法。就是父母引導孩子客觀的認識自己，評價自己，客觀的看待現實，及時調適，合理的進行自我安慰。例如：孩子有自卑感時，啟發引導孩子自勵自慰：「我很討人喜歡」、「我能學的更好」等等。

不過，在使用「安慰劑效應」時，家長們應注意，充分考慮孩子的年齡和個性。年齡越小，就越應講一點「安慰劑效應」。個性越弱，就應越多給一點安慰。但絕不可操之過急，否則很可能會事與願違。

在生活、工作、共事、管理等與人打交道的時候都可以巧妙運用安慰劑效應產生有利的效果！其實已有很多運用成功的案例。阿 Q 精神勝利法就是最典型的安慰劑效應例子！

知識窗

所謂安慰劑，是指既無藥效又無副作用的中性物質構成的、形似藥的製劑。安慰劑多由葡萄糖、澱粉等無藥理作用的惰性物質構成。安慰劑對那些渴求治療、對醫務人員充分信任的病人能產生良好的積極反應，出現希望達到的藥效，這種反應就稱為安慰劑效應。

針對孩子的糖果誘惑實驗

　　每個成長中的孩子都有需要和欲望想得到滿足。很多時候他們只知道考慮如何去滿足自己，而忽略了一個細節，是應該馬上滿足這種需要還是應該「延遲滿足」這種需要呢？這個細節問題究竟是無足輕重還是舉足輕重呢？這樣做有什麼樣的影響呢？

　　一九六〇年代，在心理學家米卡爾的企劃組織下，美國史丹佛大學附屬幼兒園基地內進行了著名的「延遲滿足」實驗。實驗人員給每個四歲的孩子一顆好吃的軟糖，並告訴孩子可以吃糖。但是如果馬上吃掉的話，那麼只能吃一顆軟糖；如果等二十分鐘後再吃的話，就能吃到兩顆。然後，實驗人員離開，留下孩子和極具誘惑的軟糖。實驗人員透過單面鏡對實驗室中的幼兒進行觀察，發現：有些孩子只等了一會就不耐煩了，迫不及待的吃掉了軟糖，是「不等者」；有些孩子卻很有耐心，還想出各種辦法拖延時間，比如閉上眼睛不看糖、或頭枕雙臂、或自言自語、或唱歌、講故事……成功的轉移了自己的注意力，順利等待了二十分鐘後再吃軟糖，是「延遲者」。

　　這實驗之後，研究者進行了長達十四年的追蹤調查，最終得出這樣一個事實：能夠「延遲滿足」的學生，數學、語文的成績要比那些熬不住的學生平均高出二十分。參加工作後，他們從來不在困難面前低頭，總是能走出困境獲得成功。那些在四歲時能以堅忍換得第二顆軟糖的孩子常成為適應性較強，比較自信，獨立，性格良好的少年；而那些在早年已經不起軟糖誘惑的孩子則更可能成為性格孤僻、易受挫、固執的少年。那些能夠為獲得更多的軟糖而等待得更久的孩子要比那些缺乏耐心的孩子更容易獲得成功，這樣看

來，培養孩子「延遲滿足」的能力對培養孩子的良好性格是非常重要的。

　　如何培養呢？關鍵就在於幫助孩子形成控制、調節自己的情緒和行為的能力。「延遲滿足」不是單純的讓孩子學會等待，也不是一味的壓制他們的欲望，更不是讓孩子「只經歷風雨而不見彩虹」，說到底，它是一種克服當前的困難情境而力求獲得長遠利益的能力。培養孩子這種能力的方法可謂多樣，但針對不同年齡層的孩子應該有不同的側重點。

　　一歲至三歲這個年齡層的孩子已經可以和父母進行日常的交流，身體協調能力也進一步加強。「延遲滿足」能力的培養可以逐步把動作保持和情緒控制結合起來。在動作上，加強孩子動作協調能力，尤其是精細動作的培養，有助於人腦抑制功能的發展，而這種功能是情緒控制的基礎；在情緒上，當孩子有控制不良情緒的表現時，要及時獎勵孩子。當孩子出現「無理取鬧」的情緒波動時，在保證安全的前提下，應該採取適當忽視的方法。

　　比較好的建議是：和孩子一起玩「金雞獨立」的親子遊戲，看誰用一隻腳站的時間最長。或者讓孩子用繩子把開口較大的小環穿起來，看看一分鐘最多能穿多少個。在孩子想吃某種喜愛的糖果之前，先和孩子共同完成一個類似的遊戲，如果成績「達標」，就獎勵孩子想吃的糖果。另外，「延遲」的時間可以逐漸加長，告訴孩子「剛才你已經吃過一顆糖了，這顆糖要等晚上吃完晚餐才能吃」，讓孩子學會適當控制自己「渴望」與「失望」的情緒，並讓孩子逐漸認識到「任何東西不是想要就立刻能得到的」。

　　三歲至六歲這個年齡層的孩子已經具備了較高的認知水準和情緒控制能力。「延遲滿足」的重點可以轉移到情緒的控制和調節上來。「延遲」的時間也可以從幾天逐漸延長至幾個星期，甚至幾個月。孩子變得「懂事」以後，就可以讓他適應這樣一個規則：很多願望不是近期就能實現的，你必須為此付出較長時間的努力。此時對孩子的獎勵也不僅僅局限於物質，父母、朋友、幼兒園老師的稱讚，以及孩子自己感受到的「榮譽」，會對他們產生更大

的吸引力。

比較好的建議是：四、五歲的孩子已經有了許多自己喜歡的活動，孩子如果參加了舞蹈班，就應該告訴他們：「每次都要認認真真的跟老師學，兒童節演出的時候你才能上臺表演給其他小朋友看。」對於參加了棋類活動的孩子，可以告訴他們：「不要著急，一步一步來，堅持到最後你就是最棒的。」如果孩子想去遊樂園，可以說：「這個星期爸爸媽媽很忙，我們下週末去遊樂園好嗎？」

總而言之，孩子的「延遲滿足」能力實際上是一種「自我控制」能力的表現。這種能力的獲得，並非一朝一夕、隻言片語所能奏效；甚至延遲與否，延遲多長時間，都不是關鍵所在，最關鍵的是父母要幫助孩子形成一種認識並最終成為習慣：任何願望都必須透過自己的不斷努力來實現。

如何在生活中用延遲滿足來鍛鍊孩子的自控能力？我們可以從以下三個方面來嘗試。

第一個方面 —— 吃

孩子要吃，爸爸媽媽不要一概接受或拒絕孩子，可以採用「延遲滿足」的方法。比如：在保證孩子三餐吃飽的前提下，讓孩子完成一個「任務」後，再吃零食。「任務」可以是等待，也可以是學一個小本領，或者是聽媽媽講一個故事，只要是能夠轉移孩子注意力的「延遲」方式都是可取的。

第二個方面 —— 玩

和孩子做遊戲的時候，不要讓孩子想玩什麼就玩什麼，也可以運用「延遲滿足」培養孩子的自控能力。又比如孩子想買一個新玩具，爸爸媽媽可以建議等到節日或他生日時再買給他；在和孩子一起玩競賽遊戲的時候，不要每次都讓孩子贏，讓他先輸再贏的方法也能讓孩子獲得延遲滿足。這樣，孩

子在和別的小朋友玩的時候或正式比賽時，就不會經受不起挫折或因失敗而失去信心了。

第三個方面 —— 學

孩子在學習新本領的時候，常常會碰到不會做或一下子學不會的時候。這個時候，爸爸媽媽可以讓孩子延遲滿足。首先，孩子碰到不會做的事時，爸爸媽媽不要立即幫助孩子，而是在一旁仔細觀察，看看孩子的問題到底出在哪裡。等了解孩子的情況後，再慢慢的給予指導，切忌直接把解決方法告訴孩子。其實在觀察孩子的過程中，孩子的需要就已經被延遲了。而且，孩子在這段時間內的探索，其實是在自我學習，對提高孩子解決問題的能力有益無害。

延遲滿足三技巧

技巧一：延遲從一分鐘開始

培養孩子的自我控制能力，要遵循小步遞進的原則。也就是說，不要期望孩子一開始就能等待二十分鐘。只要孩子能等上一小段時間，而且在等待的時間裡不哭也不鬧，這樣就是在自我控制了。爸爸媽媽可以有意識的讓孩子等待，時間由短到長，逐步增加。

注意點有兩個：

- · 最初的延遲時間不要過長，否則會讓孩子灰心喪氣，徹底放棄追求的目標和信心。
- · 延遲持續的時間每次要逐步加長。

技巧二：等待時不要過度關注

延遲滿足是一種自律行為，可是孩子還小，往往需要透過他律才能做到延遲滿足。這時，爸爸媽媽可以利用其他工具，比如讓孩子把注意力轉移到

他喜歡的東西上。隨著孩子年齡的成長，爸爸媽媽不要總是親力親為，對孩子進行監督，也可以讓孩子嘗試自我監督，這是非常重要的。

注意點有兩個：

· 孩子在等待時，爸爸媽媽可以自己做自己的事，不要讓孩子感覺爸爸媽媽正在看著他。

· 孩子在等待時可能會哭鬧，這時爸爸媽媽一定要堅持住，不要因為不忍心就滿足了孩子。

技巧三：採用代幣法來延遲滿足

代幣法也是延遲滿足的好方法之一。等孩子年齡稍大一點時，爸爸媽媽可以和孩子約定，如果要買一樣新的玩具或者是想吃一樣好吃的東西時，要用平時累積起來的「五角星」來進行交換。「五角星」是平時孩子表現好的時候獲得的「獎勵」。這些獎勵主要是精神上的鼓勵和表揚，不要採用物質獎勵。一般在孩子累積到五次或十次後就可以滿足自己的需要。孩子每次獲得「獎勵」的過程就是一種等待。

注意點有三個：

· 爸爸媽媽每次給予獎勵的標準一定要統一，不能視具體情況而定，失去了原則性。

· 爸爸媽媽和孩子的約定要根據孩子的實際能力來制訂，不要和孩子約定他難以達到的目標。

· 和孩子約定的事，爸爸媽媽一定要做到。

「延遲滿足」的目的在於訓練孩子的自我控制能力，學會忍耐。而有延遲滿足能力的孩子，在今後的學習中更易成功，在未來的人生路上也會更有耐性，較易適應社會。因此，爸爸媽媽不要因為愛孩子而一味的滿足他，延遲滿足能讓孩子將來獲得更大的成功。

延遲滿足的這個個實驗說明的是，要取得大的成績就不能急功近利，不

能為當前名利所誘惑，能按社會需要不怕挫折、堅持不懈奮鬥是取得成就的重要因素。

這就解釋了，在成人世界裡，為什麼有些人比另外一些人更容易迷戀賭博。因為這些人比另外一些人更想要甚至需要馬上獲得結果。賭場裡各種賭博形式中賭鬼們最喜愛的就是老虎機了。賭王是不玩老虎機的，因為他們在這種純粹的賭博中得不到樂趣的同時也不能保證收益。但是賭鬼們不一樣，儘管這些賭鬼和賭王一樣有著強烈的盈利欲望，但是，賭鬼潛意識裡還有另外一個更需要滿足的欲望 —— 那就是「馬上看到結果」。老虎機可以在這方面滿足這些賭鬼 —— 它的操作極為簡單，拉一下搖桿，五秒鐘之內就得到結果 —— 結果是輸是贏其實並不重要，重要的是「五秒鐘之內就得到結果」！

同樣的道理，酗酒無度的、嫖娼樂此不疲的、吸毒不顧死活的、玩電玩沒完沒了的，都是這種「希望自己的欲望馬上獲得滿足的天性」使然。要命的是，整個社會在用各種各樣的方式刺激人們的這種天性並使其越來越強烈。電視廣告告訴你所有的減肥藥都有神奇的功效，當天開始見效。報紙上的醫療廣告告訴你無論你得了病都不要怕，找他 —— 手到病除。各種培訓班告訴你不管學什麼都要速成，因為人生苦短。有一種防身術學習班期期火暴，看看它的名稱就知道為什麼這麼火暴了 —— 「一招制敵」！

也許最善於利用人類天性的商業機構就是銀行了。想住大房子？好！我給你辦貸款，慢慢還，不著急，三十年之內還清就好。想買新款轎車？好！我給你辦貸款，不用還得太快，三五年之內還清就可以。房子有了，車子有了，還想要什麼？說，沒關係。不怕你沒有錢，我可以給你辦信用卡，透支嗎？給你十萬的信用額度，想買什麼就買什麼吧！這是一個「先享受後付款」的時代！並且人人如此！當然了，關於銀行是如何對付那些最終欠債不還的人，它可從來不會在廣告上提及，也盡量不對外公開。

其實，承認「希望自己的欲望馬上獲得滿足」是自己的天性就好辦了。

針對孩子的糖果誘惑實驗

因為，平靜接受並且正確認識自己的天性是改變天性的第一步。就算有些時候天性難移，無法徹底改變，那麼也起碼還可以稍加控制，略微改善。沒必要控制自己的各方各面，這不是很難做到，而是乾脆不可能做到。尤其是對大腦格外活躍的人更是如此。所以，有的時候成為高手需要愚鈍，金庸小說裡的郭靖成為一代宗師的根本原因更可能是因為他傻到一定程度，所以，很多人或事情對別人來講是誘惑，對他來講是不存在的；於是，他可以用普通的智商長期只專注在一件最應該做的事情上，最終天下無敵。

控制這種天性正確的方法是，仔細審視一下自己都在哪方面這種天性尤為強烈？再一次拿出紙筆羅列。經過幾天甚至幾個月的長期反覆審視，你會發現那個列表變得越來越長。別怕，相信我，誰都是這樣的 —— 至少百分之九十九點九的人是這樣的。然後從列表中挑出一個最重要的（如果你有野心的話，再挑出一個也很重要的），寫在隨時可以看到的地方，不停的提醒自己這方面一定要控制這種天性。

真正擁有耐心，甚至驚人的耐心的你，生活就會從此開始發生天翻地覆的變化。你會發現，你對追逐新潮的電子商品失去了興趣 —— 那可是過去你為之不停的浪費時間和金錢的主要管道之一。你會很自然的等待到下一個新產品的推出之前，用相對很低的價格買下它，然後，在避免了所有相容性麻煩的情況下，讓那個曾經時髦的產品在你的手中變成實用的產品。

知識窗

「延遲遲滿足感」是心智成熟的人必備的能力，也是需要掙扎和鍛鍊才可以習得的能力。在生活中，只有極少數人最終掌握了這個能力，也因此使得他們與眾不同的同時又往往令他人迷惑的意味「我怎麼看不出來他到底比我強在哪裡呢？」其實，說穿了就很簡單，掌握了「推遲滿足感」之技巧的人早就有因此獲的極大的、只有少數人才會獲得的利益的經歷。於是，他們最終表現為比絕大多數人「更有耐心」── 甚至，驚人的耐心。這些耐心被用來不動聲色的承受更多的打擊和挫折，輕鬆坦然的面對更多的威逼和利誘；甚至，可能會僅僅因為他們驚人的耐心，那些打擊和挫折對他們來講不再稱得上是打擊或者挫折，那些威逼和利誘對他們來講根本並不存在......

感覺被剝奪的滋味如何

　　感覺是意識和心理活動的重要依據，人們理解周圍的事物的過程，首先是從視覺、聽覺、觸覺等感覺開始的。那麼一旦人失去感覺後，他會變得如何？

　　一九五四年，加拿大麥基爾大學的心理學家柏克森與他的同事首先進行了「感覺剝奪」實驗：實驗中給被試者戴上半透明的護目鏡，使其難以產生視覺；用空氣調節器發出的單調聲音限制其聽覺；手臂戴上紙桶套袖和手套，腿腳用夾板固定，限制其觸覺。被試單獨待在實驗室裡，幾小時後開始感到恐慌，進而產生幻覺……在實驗室連續待了三四天後，被試者會產生許多病理心理現象：出現錯覺幻覺；注意力渙散，思維遲鈍；緊張、焦慮、恐懼等，實驗後需數日方能恢復正常。這個實驗表明：大腦的發育，人的成長成熟是建立在與外界環境廣泛接觸基礎之上的。只有透過社會化的接觸，更多的感受到和外界的聯繫，人才可能更多的擁有力量，更好的發展。

　　第一個感覺剝奪實驗的研究工作是由加拿大麥基爾大學的心理學家赫布和貝克斯頓在一九五四年進行的。他們徵募了一些大學生為被試，這些大學生每忍受一天的感覺剝奪，就可以獲得二十美元的報酬。當時大學生打工的收入一般是每小時五十美分，因此一天可以得到二十美元對當時的大學生來說可算是一筆不小的收入了，而且在實驗中，大學生的工作好像是一次愉快的享受，因為實驗者要他們做的只是每天二十四小時躺在有光的小房間裡的一張極其舒服的床上，只要被試願意，盡可以躺在那裡賺錢。

　　在實驗的過程中，給大學生被試吃飯的時間、上廁所的時間，但除此之

外，嚴格的控制被試的任何感覺輸入，為此，實驗者給每一位被試戴上了半透明的塑膠眼罩，可以透進散射光，但圖形視覺被阻止了；被試的手和胳膊被套上了用紙板做的袖套和手套，以限制他們的觸覺；同時，小房間中一直充斥著單調的空調的嗡嗡聲，以此來限制被試的聽覺。

參加實驗的大學生們本以為實驗為他們提供了一次安安心心睡上一大覺的機會，他們正可利用感覺被剝奪後的清靜安寧，思考學業或整理畢業論文的思路，但學生們不久就發現，他們的思維變得混亂無章，他們忍受不了幾天就要求立刻離開感覺剝奪的實驗室，放棄二十美元的報酬。實驗後，學生們報告說，他們對任何事情都無法做清晰的思索，哪怕是在很短的時間內；他們感覺自己的思維活動好像是「跳來跳去」的，進行連貫性的集中注意和思維十分困難，甚至在剝奪實驗過後的一段時期內，這種狀況仍持續存在，無法進入正常的學習狀態。還有部分被試報告說，在感覺剝奪中，體驗到了幻覺，而且他們的幻覺大多都是很簡單的，比如有閃爍的光，有忽隱忽現的光，有昏暗但灼熱的光。只有少數被試報告說是體驗到較為複雜的幻覺，比如曾有一個被試報告說他「看到」電視螢幕出現在眼前，他努力嘗試著去閱讀上面放映出的不清楚的資訊，但卻怎麼也「看」不清。

自此後，許多學者發展出了多種形式的感覺剝奪實驗研究方法，所有的實驗都顯示了在感覺剝奪情況下，人會出現情緒緊張憂鬱、記憶力減退、判斷力下降，甚至各種幻覺、妄想，最後難以忍受，不得不要求立即停止實驗，把自己恢復到有豐富感覺刺激的生活中去。可見，豐富的感覺刺激對維持我們的生理、心理功能的正常狀態是必需的。

英國科學家們又進行了類似上述實驗，將六名志願者分別關入一個與外界幾乎隔絕的密封室中，觀察他們在被剝奪視覺、聽覺及觸覺後產生的一系列變化。其中一位志願者的實驗全過程被公開。我們具體來看一下。

三十七歲的喜劇演員亞當·布魯姆是六名志願者之一，他同意接受「單

感覺被剝奪的滋味如何

獨監禁」，並同意觀察者們使用監視器監視他的活動並製作成電視記錄片。在整整兩天兩夜的時間裡，他坐在完全黑暗、絕對安靜的屋子中，研究人員使用夜視攝影機觀察他的行為。

實驗前，布魯姆把即將發生的一切想的很輕鬆：「我是個忙碌的人，腦子裡總是裝滿了各種想法和念頭。我算了一下，只有四十八小時，不太長，我相信自己可以應付。」

然而當門被「砰」的一聲關上後，布魯姆不知不覺中有了異常反應。「最初的半個小時，我不斷說話、唱歌，給自己講笑話聽。但是不久後就感到厭煩、焦慮。我坐在床上，目不轉睛盯著前方，開始回憶過去的生活。我甚至開始擔心家人。」

幾個小時後，布魯姆睡著了。但是當他醒過來後，情況變得更糟。「沒有手錶和日光，完全失去了時間的概念。我只有不停的打盹混時間，但是再次醒來後的感覺更痛苦。」

八個小時後，布魯姆出現妄想症狀。「我開始唱歌，突然變得痛哭流鼻涕。我感覺情緒正在漸漸失控，甚至懷疑實驗是一個騙局。我胡思亂想，如果實驗者們都走了，我是不是要被永遠留在這裡？儘管我知道這些想法荒謬可笑，但是我擺脫不了這些想法。」

二十四小時後，布魯姆的注意力開始渙散，思維遲鈍。「沒有光線，大腦得不到任何刺激，我感覺好像就要睡著一樣。」

但是布魯姆的真正麻煩來自進入實驗三十個小時以後。英國心理專家史蒂芬・羅賓斯教授介紹說：「他在小房間中不停的踱步。這種動作經常出現在被限制自由的動物身上。」

四十個小時後，布魯姆開始產生幻覺：他看到一大堆牡蠣殼。「我可以看到牡蠣殼上發出珍珠似的光輝，就像白天一樣。隨後，我感覺整個房間飛了起來。我覺得自己已經失去了求生的意志。」

經歷了四十八小時的心理測驗後，布魯姆走出房間。根據對他的測試，布魯姆處理資訊的能力受損，記憶力減退、暗示感受增強。不過布魯姆認為參加實驗非常值得。

布魯姆的實驗全過程已經被製作成記錄片，將在英國廣播公司播放。羅賓斯教授表示：「理解感覺剝奪的影響非常重要，因為很多國家將這種方法作為一種審訊手段。」

對實驗結果的研究發現，豐富的、多變的環境刺激是有身體生存與發展的必要條件。對感覺剝奪現象的研究不僅對研究病理心理現象有益，還對航太、航海、潛水等特殊環境下的工作人員有重要的實踐意義。

但是這種實驗風險也很大。加拿大心理學教授唐納德·海布曾對五十多名志願者進行過類似的實驗，最終他不得不放棄，因為志願者們的最大忍受極限不超過四十八小時。

創造是人的全部體力和智力，都處在高度緊張狀態下的有益的創新活動。而人的全部體力和智力從鬆弛狀態轉入高度緊張狀態，需要給予適度的刺激。缺乏刺激的環境，就培養不出傑出的創造型人才。在沒有刺激因素的環境中長期生活，人的意志就會衰退，智慧就會枯竭，理想就會喪失，才能就會退化。只有經常給予適度的刺激，才能激發起人的事業心、責任感和驚人的毅力。因此，對於不同的人才分別給予適度的刺激，是充分發掘他們創造力的一種有效方法。

1　社會刺激。主要包括整個社會的體制、制度、政治、法律，人們的思想、觀念、道德規範、社會輿論、心理狀況，工作環境和群體的人際關係等等，這一切都應該產生足以「刺激」人才個體充分發揮創造力的強人壓力，創造一種開拓進取的社會環境。工作富有挑戰性，壓力適中，負荷得當，有利於人才奮發進取。壓力過輕，會使人能量「過剩」，滋生自滿情緒；壓力過重，又會使人能量「耗盡」，

產生畏難情緒；唯有壓力適度，人才才能恰到好處的發揮和使用自己的創造能量。

2　自我刺激。這是透過自我認識、自我鞭策、自我調節、自我控制，最大限度的開發人才創造力的一股重要的內在動力。

3　物質刺激。這是人才賴於生存和發展的重要物質基礎，它可以激勵人才克服保守情緒、怠惰情緒、知足情緒，不斷進取，不斷開拓，從而使自己的創造力得到充分發揮。

感覺剝奪現象在特殊環境下工作的人員身上易發生。沙漠遠征的人、飄落孤島的海上遇難者往往發生感覺剝奪現象。但在我們的家庭生活中成人們正用類似的方式對待孩子。孩子們沒有了自己的休閒空間，沒有了自己的意志，沒有了與父母的正常溝通，沒有了鮮活的生活。我們不知道「感覺剝奪」狀態下生活的孩子即使學習好受益的能是誰？我們不知道培養出沒有高級情感的人我們的社會將是怎樣？

知識窗

目前，感覺剝奪現象研究越來越受到重視。加拿大、美國、俄國、英國、法國、日本等很多國家都建立專門的研究機構，進行感覺剝奪的研究。「感覺剝奪」現象的研究不僅對於討論病理心理現象有其理論意義，對於特殊環境下（航太、航海、潛水等）的工作人員有重要的實踐意義，更重要的是它提醒我們每一個家長和教師：如果你想讓孩子安全、健康、快樂的生活在這個世界上，請別以「感覺剝奪」的方式對待孩子。

你會愛上自己的水中倒影嗎

　　傑克是一名二十二歲的美國青年，大學剛畢業，像很多美國青年一樣，帶著他的夢想來到了首都華盛頓，也找到了一份不錯的工作。可是，剛工作不久，他的同事就發現他酷愛與人辯論，無論你說什麼，他一定會提出相反的觀點。在工作中，他很難與同事合作，即使是老闆批評他，他也會據理力爭，絲毫不退讓。老闆覺得很可惜，這麼有才華的青年，卻無法與人相處，只好辭退了他。

　　此後，同樣的故事不斷的重演，每次他工作不到三個月，就會被老闆莫名其妙的辭退。傑克覺得非常委屈，認為自己這匹千里馬，怎麼就沒有遇到伯樂呢？於是他走進了心理診室。

　　醫生了解到，傑克出生在一個富裕家庭，上有三個姐姐，他是家中最小的、也是唯一的男孩。傑克從小就覺得自己是上天賦予了某種特殊使命的人，絕非平庸之輩。從他記事起，周圍就充滿了讚揚之聲，說他聰明好學，能言善辯，家人稱他是「常有理」，老師和同學稱他是「辯論家」。大學畢業後，他根本不屑在小公司工作，認為只有到在大的公司發展，才能成為一個大人物。

　　希臘一個神話能夠很好的解釋傑克的心理問題：

　　有一個俊美的青年叫納西斯，有一天他在水中看到了自己的倒影，立即不可救藥的愛上了自己，他每天在水邊唏噓感歎，最終跳進了水裡，變成一朵美麗的水仙花。心理學上就用水仙花這個詞來稱呼這種只愛自己的、自戀型人格的人。

這個故事給了人們一個啟示：對自己過度關注可以將人毀滅。

奧斯卡·王爾德在他的名作《道林格雷的畫像》裡講述了一個類似的故事。一個風的翩翩的美男子有一幅自己的肖像，他希望這幅肖像隨著時光的消逝漸漸的衰老，自己卻永保青春。他如願了，那張肖像變老了，同時也把他的罪惡樁樁件件都顯露出來。他被激怒了，終於擊破了肖像，想把它一毀了之。結果，他竟因此而死去。人們發現他的時候，那幅肖像又重放異彩，他卻成了老人，變成一具僵屍。

不管那科索斯是的神話故事，還是王爾德的《道林格雷的畫像》都告誡人們：請注意，過度的自戀是有害的。

人的自戀心理如何產生的呢？哪種自戀屬於健康的自戀心理呢？心理學知識告訴我們，人在剛出生的時候，只會吃、睡和哭。在這段時間，媽媽常常要給孩子餵奶，對孩子拍著、呵護著，讓孩子滿足生理需要的同時，還感受到了媽媽的溫暖、親情與關注。這時，孩子雖然不知道自己是誰，但是，由於母親對孩子良好的照顧，孩子能夠逐漸體會到「親情」和「愛」。

隨著心理的發育，孩子逐漸能夠區分出母親和自己是兩個人，並在繼續依戀母親的同時，在心裡會出現這樣的感受：「媽媽是愛我的。當然，我自己也是很棒的，也是一個可愛的好寶寶。」這時，好媽媽已經作為一種良好的形象，刻在孩子心裡。當媽媽一旦不在時，孩子心中有「好媽媽」形象，有「好媽媽」的愛和保護，就會感到自己是安全、可愛的。這種由「母親愛孩子」的現實轉化而來的「我很可愛」的感受，就構成人們心中的「自戀」情感。

如果在幼年的早期階段，媽媽雖然曾經愛過孩子，但是後來就不夠關心照顧他了，會出現什麼情形？例如把一歲的孩子送去爺爺奶奶或祖母家代養——孩子曾經嘗到過母愛的甘甜，而又突然過早缺失，孩子就會猛然感到自己的弱小和無能為力。他會認為，自己是不可愛的，無法把握自己的命運，因此就會產生不安全感、被遺棄感，感到恐懼與自卑。

為了對抗這種難受的心理體驗，他就開始在心理上幻想著、盼望著「得到一位照顧我、絕對愛我的媽媽，而我要努力做個非常可愛的孩子，讓所有的人都喜歡我、愛我！」這樣的孩子在成長過程中，對自己總是心存疑問：「我可愛嗎？」「大家會喜歡我嗎？」並特別注重：「我如何才能讓別人喜歡我？如何才能得到大家對我更多的讚美？我會不會惹別人不高興？他們是否在討厭我？……」

　　由此可見，在幼年持續得到足夠母愛的孩子，長大後會對自己有信心，感到自己有能力，認為自己是可愛的，並敢於承認缺點和不足，有勇氣面對現實。他們心中充滿理想，同時又能夠立足眼前、腳踏實地、勇於進取。這樣的自戀，可以說是比較健康的一種。

　　而曾經一度體驗到母愛，很快又失去母愛的孩子，在今後的成長過程中，他們對自己缺乏信心。他們渴望別人的愛，永不滿足的尋求著他人的讚美，卻不敢相信別人真的會愛自己。他們所做的一切努力，都是想證明自己是可愛的。面對自己的缺點和不足，他們聽不得別人的批評，不能承受小的挫折和失敗。他們給自己樹立極高的理想，而這樣的理想往往是任何人都難以實現的。

　　在堅持「高標準、嚴要求」的早期階段，他們可能比一般人做得更好。小的目標達到之後，他們還會提出更高的目標，直到把自己徹底挫敗為止。他們之所以這樣做，是因為他們擔心自己不夠可愛，會被他人所遺棄。由於目標太高，當他最終無法實現時，他會更加感到自己無能、悔恨、自我厭惡，憂鬱自卑。這樣的自戀，就屬於不健康的自戀，實際上屬於假自戀，或不自戀。

　　健康的自戀相信自己是可愛的，並認為這是不證自明的，不管別人評價如何。這樣的人首先對自己有一種基本的信任，認為自己就是值得喜歡的，即使有人批評自己，也肯定是關心愛護自己。而不健康的自戀，則不相信自

己是可愛的，總是需要透過別人的評價來證明。如果遇到批評，則一定不會認為自己不好，別人是在對我進行惡意攻擊。

健康的自戀，能夠區分自己的想像與現實的差別，在面對理想的同時，立足於現實。對世界、對他人的評價都比較符合實際，能夠較寬容的對待自己和他人。

不健康的自戀者，他們難以區分幻想與現實，凡事憑主觀想像。他們要求現實一定要達到「絕對美好」的程度，沉醉於自己的幻想。對他人強求，要求別人一定要對自己好，卻又不停的抱怨、感歎人心叵測、生不逢時，在討好他人的同時，卻不信任他人，甚至對他人充滿深深的敵意。

健康自戀的人，能夠區分自己與他人的不同。他們愛自己，也愛他人，尊重自己，也尊重他人，能夠平等、友好的與他人相處，希望自己過得好，也願意別人得到幸福。而不健康的自戀者，他們難以區分自己與他人。表面上看上去他們自尊心很強，而實際上，卻是因為無法相信自己。他們往往以自我為中心到了不會為他人著想的地步。他們在誇獎別人的同時，總是要表明自己更優秀，甚至不惜貶低他人來標榜自己。

健康的自戀與不健康的自戀是兩個相反的極端，更多的人是處在中間的某個位置，或者稍微更偏近健康的一端或不健康的一端。究其原因，我們需要真心實意愛自己。只有真誠的愛自己，才能真誠的愛他人和愛世界。

人人都應該愛自己，但是愛得過了火就危險了。很多藝術家在某種程度上的自戀，有時候不僅不是問題，反而可以增加他們的個人魅力。但適度很重要，自戀就像炒菜用的鹽，少了則淡而無味，多了便難以入口。千萬別把自戀發揮到極致，那會成為一種病。想知道自己有沒有潛伏的自戀傾向，請回答以下問題。

1. 見到三款又平又亮的鏡子，你會買以下哪一款？

    A 圓形沒圖案的

B 四方形淨色的

C 有花繞邊的

2. 公司每年夏天都會舉辦不同的活動，你會選擇以下哪一項？

A 滑水比賽 B 潛水比賽 C 滑浪風帆比賽

3. 你照鏡子時喜歡從哪個角度望自己？

A 正面半身

B 正面全身

C 側面全身

4. 逛街時，你朋友說去買彩券，等他之際，你會做什麼？

A 拿本小說出來看

B 從路邊的玻璃中望一下自己

C 四周張望路人的一舉一動

5. 如果要你身上有一部分必須是紅色，你會選擇以下哪一項？

A 鞋

B 背心

C 皮帶

6. 你說話時會慣性的觸摸自己身體的哪一部位？

A 頭髮

B 臉

C 手指

7. 如果去日本旅行，你會選擇以下哪一項活動？

A 爬山 B 購物 C 泡溫泉

8. 你有沒有偏食的習慣？

A 沒有

B 少許偏食

C 嚴重挑食

9. 你喜愛養以下哪一種寵物？

A 貓

B 狗

C 兔

10. 進了地鐵，才知道手機忘在家裡了，你會：

A 下一站下車回家裡拿

B 和同事借來用

C 沒帶就算了

計分方法

題號 ＼ 對應得分	選項 A	選項 B	選項 C
1	3	1	5
2	5	1	3
3	3	5	1
4	3	5	1
5	3	5	1
6	1	3	5
7	3	1	5
8	1	3	5
9	5	3	1
10	5	3	1

測試結果

10～20 分（自戀度百分之零）：自戀不足自卑有餘

你對自己沒有信心，不但說不上自戀，而且你很自卑。表面上看來，你是一個普通的人，有自戀傾向，但其實你經常希望在別人面前有表現自己的機會，可惜自己卻不爭氣，因而產生顧影自憐的感覺。但放心，這只是一個過程，這種心理障礙很快就會消失。最重要的是學習如何去勸解自己、面對現實。

21～30分（自戀度百分之五十）：愛人又愛己

恭喜你！屬於此類型的人，可以說是最正常不過的。你也許有時會自戀一番，但這種心理反應是每個人也總會有的，自戀的程度也為人所接受。至於戀愛方面，由於你懂得適度表現自己美的一面，自然而不做作，令戀人也因此而感到驕傲、自尊。

31～50分（自戀度百分之百）：一生最愛是自己

追求完美無瑕的生活是你一直渴望的。你對人對己的要求也十分高。你對自己的外貌、身材、才學各方面都十分有自信，認為沒人能比得上你，甚至認定自己是沒有缺點的人。你從不懷疑自己的思想言行，覺得自己所做的一切都是理所當然的。在愛情的道路上，你的另一半會愛得很痛苦，因為你是一個以己為先，愛自己甚於愛他人的人。

其實，每個人都會有或多或少的自戀傾向 —— 小到對一枚指甲的專心修飾，大到因太愛自己而不能與另外的人相愛。人人都應該愛自己，但是愛得過了火就危險了。自戀者自我欣賞，又很在乎別人是否關注自己，並且期望得到別人的認同或讚美，但因為缺少與他人平等相處與溝通的能力，所以活得很累。

一般性的自戀不一定是壞事。如：藝術家在某種程度上的自戀，有時候不僅不是問題，反而可以增加他們的個人魅力。但適度很重要，自戀就像炒菜用的鹽，少了則淡而無味，多了便難以入口。

日常生活中，我們隨處可見自戀的情形。很多人在櫥窗、車窗、電梯裡，甚至在辦公大樓的玻璃門前，認真端詳自己，其實就是一種最簡單的自戀。

近些年，隨著對個性的尊崇和追求，以及出現更多表現自我的空間，為自戀提供了土壤。比如說，寫網路日記 FB、IG 成了一種新的時尚，這也是某種程度的自戀表現。有些人喜歡購買高檔消費品，則是希望透過物質的提

升來提升自我價值，也屬於自戀行為。

自戀性病態人格是人格障礙之一，國際通用的《精神疾病診斷和統計手冊》第三版把這種人格描述為自以為是、自我陶醉的人格。其主要特徵是：強烈的自我表現欲和從他人那裡獲得注意與羨慕的願望；一貫自我評價過高，自以為才華出眾、能力超群，常常不現實的誇大自己的成績，傾向於極端的自我專注；好產生海闊天空的幻想，內容多是自我陶醉性的，如幻想自己成就輝煌，榮譽和享受接踵而來；權欲傾向明顯，期待他人給自己以特殊的偏愛和關心，不願相互承擔責任，很少意識到其剝奪性行為是自私的和專橫的；缺乏責任心，常用自負傲慢、妄自尊大、花言巧語和推諉轉嫁等態度來為自己的不負責任辯解，漠視正確的自重和自尊；在人際社交方面，與他人缺乏感情交流，喜歡占便宜；在面臨批評和挫折時，要麼表現出不屑一顧，要麼表現出強烈的憤怒、羞辱或空虛；容易給人造成一種毫不在乎和玩世不恭的假象，事實上卻很在意別人的注意和稱讚；為謀取個人利益不擇手段，只願享受，不想付出等等。

自戀是人性中廣泛存在的現象，但符合自戀性人格診斷標準的只有極少數。

從表面上看，自戀性人格障礙患者處處為自己物質的和心理的利益考慮，而實際上，他的一切利益都因為自戀而受到了損害。

第一，自戀是一種對讚美成癮的症狀，為了獲得讚美，自戀者會不惜一切代價。比如有人冒生命危險而求得「天下誰人不識君」的知名度，這就走向了自戀的反面 —— 自毀、自虐。

第二，自戀是一種非理性的力量，自戀者本人無法控制它，所以就永遠不可能獲得內心的寧靜，永遠都會被無形的鞭子抽打，只知道朝前奔走，而沒有一個可感可知的現實目標。

第三，自戀者也會下意識的明白，總是從別人那裡獲得讚美是不可能

的，所以他會不自覺的限定自己的活動範圍，以迴避外界任何可能傷及自戀的因素。

第四，在與他人的交往中，自戀者會因為他的自私表現而喪失他最看重的東西——來自別人的讚美，這對他來說是毀滅性的打擊，並且可以使其進入追求讚美——失敗——更強烈的追求——更大的失敗的惡性循環之中。自戀者易患憂鬱症，原因就在這裡。

知識窗

只愛自己的人，其實內心是極度自卑的，他們誇大自己的成就和才智，往往沉湎於無限成功、權力和理想的愛情幻想中，否則就無法認同自己是被別人需要的人。他們極力表現出驕傲和傲慢，不然就無法面對自己內心的空虛和無助，如果不透過和別人辯論並取勝，就無法表明自己是「獨特」的。他們不合理的要求讚揚、特殊的優待，要求別人順從他，卻從不設身處地為別人著想。別人比他優秀時，他妒忌；別人不贊同他時，他就認為別人在妒忌自己，認為自己只能被同樣特殊的人所理解。

要想解決這個問題，除非他能發自內心的認識到這一點，設身處地為別人著想、尊重他人，否則就需要求助於專業的心理醫生來解決這一問題了。

業餘演員的超級表演

在我們周圍，似乎總是縈繞著這麼一群愛把秀做到極致的人，恨不得整個世界都是他們的舞臺，「語不驚人死不休」，要努力搞出一些花邊新聞。跟職業演員不一樣，他們的舞臺就在生活中，隨時隨地誇張的擺 pose，用做作的腔調念臺詞，言行中充滿了極強烈的表演性。

有位女性，工作學習都不錯，可有一點與眾不同，總喜歡高談闊論，有意無意標榜自己。在愛情方面，吹噓帥哥們是如何欣賞她，追求她，而她又是如何刁難他們，大放闕詞。為了引人注意，甚至不顧個人尊嚴。而且，平時喜怒無常，高興時嘻嘻哈哈，勁頭十足，稍不順心，大吵大鬧，弄得人際關係十分緊張。一天，正當她瞎吹時，經一位朋友提醒，她頓時覺得自己並非魅力超群，立刻萎靡不振，非常難過。然而傷心歸傷心，以後她依然我行我素。

她所存在的問題，就是一種較為典型的表演型人格障礙。表演型人格又稱歇斯底里人格，其典型的特徵表現為心理發育的不成熟性，特別是情感過程的不成熟性。具有這種人格的人的最大特點是做作、情緒表露過度，總希望引起他人注意。此類型人格障礙多見於女性，各種年齡層次都有，尤以中青年女性為常見，一般年齡都在二十五歲以下。

表演型人格障礙產生的原因目前尚缺乏研究，一般認為與早期家庭教育有關，父母溺愛孩子，使孩子受到過度的保護，造成生理年齡與心理年齡不符，心理發展嚴重滯後，停留在少兒期的某個水準，因而表現出表演型人格特徵。另外，患者的心理常有暗示性和依賴性，也可能是本類型人格產生的

原因之一。

具表演型人格障礙的人，其行為反應模式有下述特點：

(1) 活潑好動，性格外向，不甘寂寞。例如：在人多的場合，願意成為大家注意的中心。

(2) 與他人交往時感情用事，感情勝過理智。

(3) 這些人常常奇裝異服，在服裝上追求時髦、趕新潮，目的是吸引別人對自己的注意。

(4) 這些人具有表演才能，他們平時與人接觸交往，就像一位戲劇賞在舞臺上演戲一樣，表情豐富，談話內容過度誇張。

(5) 自我中心，在人際社交中只考慮自己的需求，絲毫不考慮別人當時的實際情況，為此常常造成人際關係緊張。

(6) 對人際關係的親密性看得超過實際情況。例如：認為自己有很多知心朋友，但實際情況並非如此，只能說這是他的一廂情願而已。

(7) 在人際關係受挫折情況下，較易產生自殘或自殺行為。其自殘行為一般程度較輕，常常只是表皮劃傷等，較少見傷及深部的血管和神經，帶有表演性。

(8) 暗示性增強，很容易接受他人或周圍情景的影響，這與他們在日常生活中缺乏冷靜分析的頭腦有一定關係。

據有些專家學者的意見，以上八項只要有五項，就可確定表演型人格障礙診斷，所具有的項目數越多，人格障礙程度就越嚴重。

表演型人格障礙與其他類型的人格障礙一樣，有些人在童年、少年時就有上述某些表現，有些人則開始於成年早期，但要到十八歲以後臨床上才能做出人格障礙的診斷。表演型人格障礙一旦形成，目前的治療方法很難將其徹底改變。但經較長時間的心理治療，對改善緊張的人際關係，是有一定效果的。

鐘斯女士，三十六歲，流行時裝店的經理，因驚恐障礙來求治。她衣著

華麗，留著精心設計且富有戲劇性的髮型，高約一百六十公分，體重超過五十公斤。在諮詢室內，她帶著太陽鏡並不停的撥弄著，緊張得一會取下一會又帶上，為了強調某個觀點時則揮動眼鏡。在訪談中她大聲哭泣，用掉了大量的面紙，一遍又一遍的尋求保證：「我正常嗎？我能好嗎？」在諮詢過程中，她不停的訴說，當諮詢師以緩和的方式打斷她時，她連聲道歉，笑著說：「我知道我講得太多了。」但依然如故，喋喋不休。

在鐘斯還是一個嬰孩時，她的父母就離異了，她跟著做表演藝術的母親來到了巴黎，開始進入表演行業。童年時，她每年才能見到父親一、兩次。她清楚的記得他不得不與父親身邊的同事和女人競爭，以獲得父親有更多的時間與她在一起。鐘斯很漂亮，但父親要她做一個完美無缺的女孩，她努力想達到父親的期望，但又經常擔心是否會讓父親失望！母親再婚，又有了小弟弟，無暇顧及她。

在她還是一個懵懂少女時，就有一個男孩愛上他並熱烈追求她。鐘斯大學畢業後進入演藝圈，開始演話劇，開始與一個同事戀愛，談了幾個月便告失戀，迅即找到另一位男演員朋友並快速結婚。她說結婚前兩人關係特別好，但結婚後丈夫很快便控制了她。然而她的陳述與後來的描述相互矛盾，後來她稱在結婚前夕他常求男友不要娶她，男友則威脅說如果不結婚就殺了她。在仔細問到男友控制她是什麼意思時，她才承認男友嗜酒並無休止的賭博，輸盡鉅款，並經常對她進行肉體虐待，而且有外遇，結婚不到半年他們就離婚了。

抱著對演藝圈的失望，鐘斯憑著自己的聰明進入了時裝行業，並很成功，但對她而言存在的最大問題就是婚戀一直失敗，男朋友談了到不少，但每談到結婚這些人便從她身邊消失了。官員、富商等朋友很多，但這些人走馬燈似的變換常常難以持久，到頭來感情投入不少卻一無所獲，曾經因此自殺過幾次，但都有驚無險，慢慢的菸酒也成了她的老朋友。久而久之便常常

失眠、胃口也不好，但人卻越來越胖，工作無精打采，生意也受到影響。無可奈何之下，前來諮詢。

鐘斯屬典型的表演型人格，這種人格的核心特徵是：過度情緒化和尋求他人注意，一般在十八歲以前形成。其主要言行表現是：

（1）表情變化快，但情感表達不深；（2）語言風格給人深刻印象，忽略細節描述；（3）喜歡自我表演，戲劇化、誇張化的表達自己的情感；（4）在估計與他人的關係時，往往比實際情況親密；（5）與人交往時常常表現出不恰當的性吸引力或是誘惑性的行為。（美國精神病協會二〇〇〇年診斷標準）。一般人們以為此種人格女性較多，但實際情況並非如此。若患者是男性則有可能發展成為反社會人格，若為女性則有可能發展成為軀體化障礙。

此種人格患者有這樣的一個認知：我無法處理我的生活，所以需要別人的照顧，只有讓別人喜歡我，他們才能幫助我。鐘斯童年時為了獲得父愛，必須要討父親歡喜才可以達到，缺乏正常的父愛與母愛，使她一生都在尋求愛，但卻因自己人格方面的缺陷以失敗告終！人們對於她戲劇化的情感和誇張化的引人注目，心存疑慮，以為她是一個水性楊花的女人，所以只願與她交朋友卻不言婚姻。父母離異的代價要由兒女一代來承擔，這實在是不公。

人格障礙以其程度輕重可分為輕微、中度和嚴重三種，輕度可做一些自我治療，但若屬中度和重度，就需要尋求專業心理諮商師的幫助。

如果你生活中恰好有一位有表演型人格障礙傾向的人，那該如何應對呢？難道非要忍受觀看她的拙劣表演以及她對你正常節奏的干擾嗎？

第一：冷處理。不管她如何表演，做到視若無睹。

千萬別對她的表演進行迎合，別挑逗起她的興趣，不要掉進她的圈套之中。

第二：群體冷戰。建立自己的朋友支援系統，一起對她實行冷戰政策。

如果她主動湊上來展示自己，大家只要面無表情的簡單回答「嗯」、

「啊」、「我很忙，過一會再說」等等之類的短語即可。時間一長，其演出的熱情多少會有所消退。

第三：潑冷水。必要的時候告訴她，你對她的表現並不感興趣。

告訴她如果她希望表達和溝通，要盡量簡短而理性，打斷她過度的情緒渲染。

如果你感覺自己有一些表演型人格的傾向，你可以：

1　跟社交生活疏離一段時間。給自己一個足夠安靜的空間，訓練自己獨立於他人，不靠取悅獲得自我滿足的能力。

2　開始內在的醒覺之旅。你可以透過寫日記、閱讀等來跟自己的內心對話。

3　學習緘默。把一些感覺、感受藏在心底，醞釀一下再表達。

4　自我暗示。對自己說「我是一個有價值的人，我的存在價值並不需要一定得到他人的認可。」

5　學習昇華。如果你實在有剩餘的精力需要發洩，那麼就把這種表演衝動昇華到文學創作、舞蹈音樂等活動裡面去吧。記住，要把舞臺跟現實生活分開，這樣更明智。

知識窗

表演型人格障礙是一種過度情感化和用誇張的言行吸引他人注意為主要特點的人格障礙。這類人感情多變、容易受別人的暗示影響，常希望主管和同事表揚和敬佩自己，愛出風頭，積極參加各種人多的活動，常以外貌和言行的戲劇化來引人注意。他們常感情用事，用自己的好惡判斷事物，喜歡幻想，言行與事實往往相差甚遠。

那些你不願承認的邪惡

重返 64 處心理學案發現場，揭露最陰暗的人性

作　　者：李麗

發 行 人：黃振庭

出 版 者：崧燁文化事業有限公司

發 行 者：崧燁文化事業有限公司

E-mail：sonbookservice@gmail.com

粉 絲 頁：https://www.facebook.com/
　　　　　sonbookss/

網　　址：https://sonbook.net/

地　　址：臺北市中正區重慶南路一段六十一號八
　　　　　樓 815 室

Rm. 815, 8F., No.61, Sec. 1, Chongqing S. Rd.,
Zhongzheng Dist., Taipei City 100, Taiwan (R.O.C)

電　　話：(02)2370-3310

傳　　真：(02) 2388-1990

印　　刷：京峯彩色印刷有限公司（京峰數位）

國家圖書館出版品預行編目資料

那些你不願承認的邪惡：重返 64
處心理學案發現場，揭露最陰暗的
人性 / 李麗著 . -- 第一版 . -- 臺北市
：崧燁文化事業有限公司 , 2021.11
　　面；　公分
POD 版
ISBN 978-986-516-921-3(平裝)
1. 應用心理學
177　　　110018283

定　　價：499 元

發行日期：2021 年 11 月第一版

◎本書以 POD 印製

電子書購買

臉書